EN EL PAÍS QUE AMAMOS

EN EL PAÍS QUE AMAMOS

MI FAMILIA DIVIDIDA

Diane Guerrero

con Michelle Burford

Henry Holt and Company
New York

Henry Holt and Company, LLC
Editores desde 1866
175 Fifth Avenue
Nueva York, Nueva York 10010
www.henryholt.com

Henry Holt® y 𝕄® son marcas registradas de Henry Holt and Company, LLC.

La Biblioteca del Congreso de Estados Unidos ha catalogado así la versión en inglés de
este libro:
Names: Guerrero, Diane, 1986– | Burford, Michelle, author.
Title: In the country we love : my family divided / Diane Guerrero with Michelle Burford.
Description: First edition. | New York : Henry Holt and Company, 2016.
Identifiers: LCCN 2015040990 (print) |
LCCN 2015045324 (ebook) | ISBN 9781627795272 (hardback) | ISBN 9781627798334
(spanish language hardcover) | ISBN 9781627795289 (electronic book)
Subjects: LCSH: Guerrero, Diane, 1986– | Guerrero, Diane, 1986– —Family. | Actors—
United States— Biography. | Children of illegal aliens—United States—Biography. |
Immigration enforcement— United States. | BISAC: BIOGRAPHY & AUTOBIOGRAPHY /
Personal Memoirs. | BIOGRAPHY & AUTOBIOGRAPHY / Cultural Heritage. | SOCIAL
SCIENCE / Emigration & Immigration.
Classification: LCC PN2287.G7455 A3 2016 (print) | LCC PN2287.G7455 (ebook) | DDC
791.4302/8092—dc23
Ficha de la Biblioteca del Congreso disponible en: http://lccn.loc.gov/2015040990

Nuestros libros pueden ser adquiridos al mayoreo con fines promocionales, educativos
o de negocios. Por favor, póngase en contacto con la librería más cercana a su domicilio
o con el Departamento de Ventas Prémium y Corporativas de Macmillan al (800)
221-7945, extensión 5442, o escriba a la dirección electrónica
MacmillanSpecialMarkets@macmillan.com.

Nota: Algunos nombres y detalles de identificacioó han sido cambiados para proteger la
privacidad de los individuos.

Primera edición: 2016

Diseño: Meryl Sussman Levavi

Impreso en Estados Unidos de América
10 9 8 7 6 5 4 3 2 1

Para mi papi y mi mami:

*Ya sea que estemos cerca o lejos,
tomados de la mano o divididos por continentes,
espero que nuestro amor permanezca íntegro por siempre.*

Para Toni Ferrera:

*Tu recuerdo sigue vivo en los
corazones de todos aquellos a quienes tocaste.
Para mí, tu luz es la que más brilla.*

Índice

EN EL
PAÍS QUE
AMAMOS

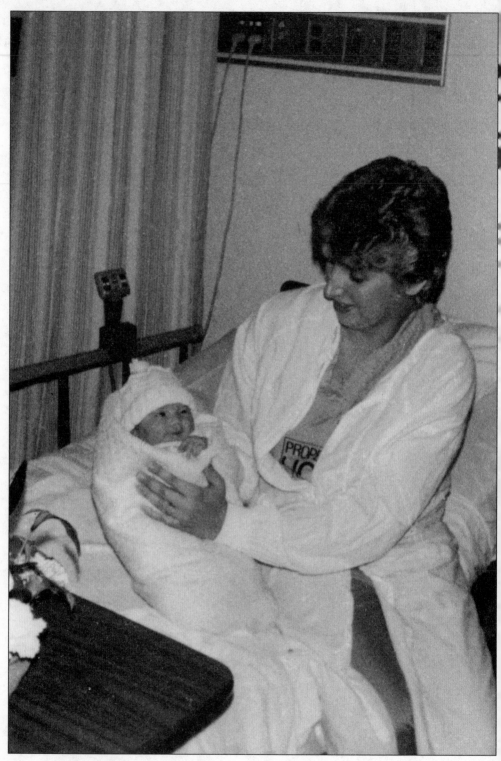

A la izquierda está la "manzanita" de mi padre. Mis padres decían que yo parecía una manzanita cuando nací. A la derecha está la enfermera, Diana, que ayudó en el parto.

Prefacio

Hay capítulos en cada
vida que rara vez se leen,
y ciertamente no en voz alta.

—Carol Shields,
novelista ganadora del premio Pulitzer

Un momento, eso es todo lo que se necesita para que tu mundo se parta en dos. Para mí, ese momento ocurrió cuando tenía catorce años: volví a casa de la escuela y descubrí que a mis padres —inmigrantes y muy trabajadores—, se los habían llevado. En un instante irreversible —en el lapso de un solo respiro—, la vida tal como yo la había conocido quedó alterada para siempre. Esa es la parte de mi historia que he compartido. Este libro es el resto de ella.

Deportados. Mucho antes de entender del todo lo que significaba esa palabra, había aprendido a temerla. Cada vez que oía el timbre de nuestra casa, cada vez que pasaba una patrulla de policía por la calle, una posibilidad horripilante flotaba en el aire: algún día mis padres podrían ser devueltos a Colombia. Ese miedo impregnó cada parte de mi infancia. Día tras día, año tras año, mis padres trataron desesperadamente de convertirse en ciudadanos estadounidenses y de mantener unida a nuestra familia. Suplicaron, planearon, rezaron. Recurrieron a otros en busca de ayuda. Y al final, ninguno de sus esfuerzos bastó para mantenerlos aquí, en este país que amamos.

Mi historia es desgarradoramente común. Hay más de once millones de inmigrantes indocumentados en Estados Unidos, y cada día un promedio de diecisiete niños son puestos bajo cuidado estatal una vez que sus padres son detenidos y deportados, de acuerdo con la Agencia de Inmigración y Aduanas de EE.UU. (ICE). Esas cifras no tienen en cuenta las decenas de personas que, como yo, simplemente cayeron por las grietas burocráticas. Después de que mis padres me fueron arrebatados, ningún funcionario del gobierno vino a verme. A nadie parecía importarle ni darse cuenta siquiera de que yo estaba completamente sola.

No es fácil para mí ser tan sincera sobre lo que pasó con mi familia, especialmente después de pasar tantos años escondidos en las sombras. Realmente he tenido dificultades para contar mi historia. Así que ¿por qué decido revelar tantas cosas ahora? Porque aquella tarde cuando llegué a una casa vacía, me sentí como la única niña que jamás hubiera afrontado algo tan abrumador. Y en los años angustiosos que siguieron, habría significado todo para mí saber que alguien, en algún lugar, había sobrevivido a lo que yo estaba pasando. Para los miles de niños sin nombre que se sienten tan olvidados como me sentí yo, este libro es mi regalo para ustedes. Es tanto para su sanación como lo es para la mía.

Del mismo modo en que un momento puede traer consigo la desesperación, también puede dar lugar a un comienzo nuevo y poderoso. Una vida diferente. Un sueño de seguir adelante y hacia arriba en lugar de ir hacia atrás. Lo que ustedes leerán en estas páginas trata, en última instancia, de esa esperanza, del mismo deseo que alguna vez trajo a mi familia a esta nación. Esa esperanza es lo único que me ha sostenido en medio de esta experiencia terrible y aterradora.

En estos días, nos rodea un montón de conversaciones acerca de la reforma migratoria, de la seguridad fronteriza, de un camino hacia la ciudadanía para los millones de trabajadores indocumentados que viven entre nosotros. Detrás de cada uno de los titulares, hay una familia. Una madre y un padre. Un niño inocente. Una historia de la vida real que es a un mismo tiempo profundamente dolorosa y raramente contada. Por fin, he encontrado el valor para contarles la mía.

Muy fresca en mi *freshman year* de la secundaria.

CAPÍTULO 1

La llave de plata

*Cada puerta, cada intersección, tiene
una historia.*

—KATHERINE DUNN, novelista

Primavera de 2001: en el sector Roxbury de Boston.

Mi mamá estaba retrasada conmigo y yo detestaba llegar tarde a la escuela, especialmente a una escuela que me encantaba y sobre todo cuando me preparaba para mi primer solo. Que una estudiante de primer año lograra un solo era algo muy importante. En realidad, era enorme. De hecho, incluso entrar a la Academia de Artes de Boston había sido un milagro. Fue mi boleto de salida del barrio.

—Diane, ven a desayunar —me dijo mi madre desde la cocina.

—¡Tengo que irme! —grité, porque, seamos sinceros, al igual que muchas chicas de catorce años, mi actitud era desafiante.

—Tienes otro segundo —dijo mi madre, siguiéndome por el pasillo—. Tienes que comer algo.

—No, *no* tengo otro segundo —le espeté—. ¿Por qué siempre me haces esto?

Y entonces, antes de que ella pudiera decir otra palabra o incluso darme un abrazo de despedida, ¡paf!, crucé el umbral de la puerta como un huracán para agarrar el tren.

La temperatura era agradable afuera, alrededor de los setenta grados Fahrenheit. Después de un invierno glacial, el clima estaba mejorando finalmente y, al parecer, lo mismo sucedía con la suerte de mi familia. El día antes, mi padre se había ganado la lotería. No era una cantidad astronómica de dinero —tan solo unos cuantos miles de dólares—, pero para nosotros era como el premio mayor. Y además, el amor fluía de nuevo en nuestra casa: mi sobrina de cuatro años, que había estado lejos de nuestra familia desde que mi hermano mayor, Eric, y su esposa se habían separado, estaba pasando un tiempo con nosotros. Yo lo veía como una señal de que las cosas estaban mejorando, de que llegarían tiempos mejores.

Miré mi reloj mientras corría por el campus. *Tres minutos para que sonara el timbre.* Incluso antes de las ocho de la mañana, el lugar bullía de actividad. ¿Se acuerdan de *Fame*, esa serie de televisión de los años ochenta sobre una escuela secundaria de artes escénicas en Nueva York? Bueno, estudiar en BAA se sentía como entrar al set de ese programa. Muchos chicos bailaban y se movían con frenesí. Al lado, otro grupo cantaba canciones a todo pulmón o hacía dibujos artísticos en las paredes. La energía era una locura, sobre todo justo antes del festival de primavera, la noche en que nuestros padres vendrían a vernos mientras nos presentábamos en el escenario. Era la noche más especial del año, y mi número —una canción de amor a dúo llamada «La Última Noche del Mundo», de Miss Saigón— era parte del acto final.

Justo a tiempo, pero casi sin aliento, doblé la esquina hacia el salón de Humanidades. Era así como nuestro día estaba organizado: en primer lugar, veíamos materias académicas como Matemáticas y Ciencia, y luego estaban los cursos de la tarde, para los que yo vivía: Teatro, Arte y Música. Y como sólo faltaban tres semanas para el festival de primavera, también me empecé a quedar hasta tarde para poder practicar un poco más. No sólo quería que mi número fuera bueno, quería que fuera absolutamente perfecto.

La mañana transcurrió lentamente. Nueve. Diez. Once. Doce. Y con cada hora que pasaba, me sentía cada vez más rara. No como en *Twilight Zone*, sino más como ese agujero en el estómago que sientes cuando algo no está en el lugar adecuado. Me imaginé que era por la forma en que había tratado a mi mamá; sabía que tenía que pedirle disculpas. Por otra parte, no le *diría* en realidad que lo sentía. Para evitar esa incomodidad, lloraría un poco para demostrarle lo mucho que la amaba y que no tenía la intención de ser tan desagradable.

Por fin, el día escolar había terminado, lo que significaba que era hora de ensayar. Cuando llegué a la sala de música —un estudio grande—, mi maestro, el señor Stewart, ya estaba allí. Y también Damien, el chico negro y dulce con afro y gafas que era la otra parte de mi dúo.

—¿Necesitas calentar? —me preguntó el señor Stewart. Como de costumbre, llevaba una corbata, una camisa de cuello y esa gran sonrisa por la que todos lo conocíamos. Estaba sentado al piano.

—Estoy bien —le dije. Escondí mi mochila en una silla y rápidamente me senté cerca de Damien. El señor Stewart extendió sus partituras, apoyó los dedos sobre las teclas y tocó las notas iniciales de la balada. La parte de Damien tenía lugar antes que la mía.

—En un lugar que no nos deja sentir —cantó en voz baja—, en una vida en la que nada parece real, te he encontrado… Te he encontrado.

Mi verso seguía a continuación.

—En un mundo que se está moviendo demasiado rápido —canté ligeramente desentonada—, en un mundo donde nada puede durar, te abrazaré…

El señor Stewart dejó de tocar.

—¿Segura de que estás bien, Diane? —me preguntó.

Me encogí de hombros.

—Estoy bien, supongo —le dije—. Simplemente un poco oxidada.

Mierda. Había estado practicando esta canción frente al espejo de mi cuarto durante días; me la sabía de principio a fin. Pero por alguna razón no me estaba saliendo bien. Probablemente eran los nervios.

—Vamos a intentarlo de nuevo —dijo Stewart.

Me puse completamente erguida y me aclaré la garganta. La música comenzó. Cuando se aproximó mi parte, cerré los ojos para poder concentrarme.

—En un mundo que se está moviendo demasiado rápido —canté—, en un mundo donde nada puede durar, te abrazaré... Te abrazaré.

Abrí los párpados durante el tiempo suficiente para ver el visto bueno del profesor. *Exhala*. Durante todo el año había estado tratando de averiguar si esto de la música era para mí, si realmente podía llegar lejos como cantante. Y gracias al señor Stewart, estaba empezando a creer que tenía una oportunidad. Él me había tomado bajo su ala y me estaba ayudando a encontrar mi sonido, mi voz, mi lugar. No podía esperar a que mi familia viniera a escucharme.

De camino a casa, me detuve en Foot Locker. Después de que mi papi ganara el Powerball, me había dado orgullosamente un flamante billete de cincuenta dólares.

—Cómprate algo bonito, preciosa —me dijo—. Lo que quieras.

Yo había decidido gastármelos en unas zapatillas deportivas, unos Adidas lindos y clásicos con tres franjas laterales. Les había puesto el ojo desde hacía varias semanas; pensé que yo era Run-D.M.C.

Eran geniales (sí, era el sueño de los noventa hecho realidad).

—¿No son sensacionales? —le dije a mi amiga Martha, una chica tímida de mi barrio que se encontraba en la tienda ese día. Ella sonrió, mostrando su boca llena de *brackets*.

—Puedes llevártelos puestos, si quieres —me dijo el empleado—. Te envolveré el otro par.

Momentos más tarde, entregué mi dinero en efectivo, metí mis tenis viejos en mi bolso y me dirigí al tren: la línea naranja. Eso fue a las cinco y media.

A las seis y quince, el tren se detuvo en la estación de Stony Brook. Di un paseo a través de la plataforma, mirando mis Adidas todo el tiempo. *¡Qué droga!* Afuera, el sol se estaba poniendo ligeramente. Yo sabía que mis padres se estarían preguntando a qué horas llegaría a casa, por lo que decidí llamarlos.

Vi un teléfono público —sí, los teléfonos públicos aún existían— y caminé hacia él. Saqué una moneda de veinticinco centavos del bolsillo trasero de mis jeans, introduje la moneda y marqué. *Ring, ring, ring, ring.* «Usted ha llamado a María, Héctor y Diane —dijo la voz de mi madre en la máquina—. Ahora no estamos aquí. Por favor déjenos un mensaje». *Bip.*

Uno de mis padres siempre estaba en casa a esa hora del día. Siempre. Y ninguno de ellos había mencionado tener planes. *¿Dónde podrían estar?* Busqué una segunda moneda en mis bolsillos, con las manos temblorosas. Nada. Agarré mi mochila, abrí la cremallera del compartimiento trasero y deslicé el dedo índice a lo largo del borde inferior. Bingo. Forcé la moneda en la ranura y apreté duro cada dígito. *Ring, ring, ring, ring.* Una vez más, no hubo respuesta.

De repente, me tercié la mochila y salí disparada. Había corrido estas tres cuadras a nuestra casa decenas de veces; sabía cuál era la ruta hasta con los ojos cerrados. Que estén en casa, rezaba con cada paso. «Dios, por favor, permite que estén allá». Cuanto más rápido corría, más lento parecía estar moviéndome. Una cuadra. Una y media. Dos cuadras. Una muchacha me gritó desde su motoneta: «¡Oye, Diane!». Pero estaba tan exhausta que no pude responderle. El cordón de mi zapatilla derecha se desanudó. No me detuve para atarlo de nuevo.

Cuando llegué a nuestra calle vi la vagoneta Toyota de mi papá en el camino de la entrada. Alivio. «No oyeron el teléfono —me aseguré a mí misma—. Tienen que estar aquí». Corrí hasta el porche y saqué mi juego de llaves, pasándolas hasta llegar a la plateada. La deslicé en el cerrojo, contuve la respiración y traté de prepararme para lo que vería más allá de esa puerta. Todavía no puedo creer lo que hice.

Mami y Papi con un look muy setentas. Yo a los tres años en los Boston Commons. ¡Vienen los ingleses! ¡Vienen los ingleses!

CAPÍTULO 2

Mi familia

*La familia es una de las obras
maestras de la naturaleza.*

—George Santayana, filósofo

Cuando era niña, veía mucha televisión. Una de mis actividades favoritas era buscar un lugar en nuestro sofá, acurrucarme con el mando a distancia y recorrer todos mis amados programas en PBS, WB, Fox y Nickelodeon. Olvídense de Nick at Nite, para mí era Nick 24/7. También tenía una gran colección de películas de Disney en VHS.

Conocía de memoria a todos los personajes de Disney, desde la princesa Jasmine, pasando por Belle, Cenicienta, Mowgli, Simba, Pedro y su dragón, el elenco completo de las Aventuras de una bruja novata, hasta Cruela y Pocahontas —así es, todos ellos eran mis amigos más cercanos—. Cuando estudiaba en el kínder, estaba convencida de que era Ariel de *La sirenita*. Me vestía como ella. Cantaba como ella. Dejaba que mi pelo cayera por mi espalda como el de ella. Y, por supuesto, conocía todos los detalles de su sueño de escapar de su vida hacia otra. Ariel era mi tipo de chica. La entendía.

Mi hermano me seguía en mi fantasía.

—¿Cuál es tu canción? —bromeó Eric conmigo un viernes—. ¿Es «Under the Sea»?

—Cállate —dije poniendo mis ojos en blanco. Al parecer, él había oído mi interpretación de la súplica musical de la sirena. Yo gritaba en el micrófono, también conocido como el cepillo de pelo de mi madre, cantando «Under the Sea». A pesar de la frecuencia con que yo veía la película, cada vez bien podría haber sido la primera. Y, mensaje de alerta: les advierto, lloré cuando Ariel cayó en brazos del príncipe Eric. Sí, soy muy sentimental.

Eric, que es diez años mayor que yo, me cuidaba cuando nuestros padres estaban por fuera. ¿Se imaginan crecer con un hermano que es mayor toda una década? Es como ser hija única. Piensen en lo siguiente: cuando tenía seis años, Eric tenía dieciséis. Lo que significa que, en su mayor parte, él hacía lo suyo y yo hacía lo mío.

No es que él no tratara de incluirme; en realidad, él era bastante *cool*. «Vamos, pequeña —me decía por las tardes cuando habíamos escondido monedas sueltas debajo de nuestros cojines del sofá—. Vamos a Chuck E. Cheese». Una vez allí, él jugaba videojuegos mientras yo saltaba como una tonta en el castillo inflable. Después de gastarnos nuestra pequeña pila de monedas, regresábamos y nos sentábamos de nuevo frente al televisor. Cuando llegaba el momento de estar en modo TV, los domingos eran los mejores. Eric preparaba uno de sus batidos de chocolate o smoothies de frutas y se instalaba a mi lado para que pudiéramos ver *Los Simpson* y *Married With Children*. Era nuestra tradición semanal. Otro programa favorito era *The Wonder Years*, los miércoles por la noche.

Mi madre y mi padre —o Mami y Papi, como les digo cariñosamente—, trabajaban. Mucho. Eso es lo que se necesita para triunfar en Estados Unidos mientras luchas para conseguir la ciudadanía. Desde el momento en que llegaron de Colombia, aceptaron la clase de trabajos mal pagados y por «debajo de la mesa» que hacían que algunas personas los miraran con recelo: lavar sanitarios, pintar casas, cortar prados, trapear pisos. Mi padre, Héctor, salía a su turno como lavaplatos en un restaurante mucho antes de que saliera el sol; al mediodía, se cambiaba el delantal de cocina por un uniforme de fábrica. De lunes a viernes y, a veces los fines de semana, mi padre marcaba su hora de llegada. Era así como llegábamos a fin de mes.

Mi madre, María, estaba más en casa con Eric y yo, pero también hacía de todo, desde cuidar niños hasta limpiar hoteles y edificios de oficinas. Cuando yo era pequeña, me llevaba a sus trabajos. Mientras arrastraba el carro de suministro a través de los pasillos, deteniéndose para aspirar y limpiar, me dejaba deambular a mis anchas. «Pon eso de nuevo ahí, Diane», me regañaba cuando me sorprendía sacando dulces del escritorio de un ejecutivo. Casi de inmediato, yo hacía otra travesura: giraba en una silla y fingía ser una secretaria. Podía entretenerme así durante mucho tiempo. Me miraba y me decía: «Por eso es que tienes que aplicarte en la escuela y trabajar mucho, para que no termines como yo». Yo la miraba astutamente y le decía, "Mamá, no te preocupes, yo puedo".

Mis padres generalmente terminaban de trabajar a la hora de la cena. A las cinco, el olor del arroz y los fríjoles de Mami, los plátanos fritos y el *sancocho* —una sopa colombiana—, flotaba en los pasillos y se mezclaba con nuestros adorados sonidos de salsa de El Gran Combo, el Grupo Niche y Frankie Ruiz. Mi mamá y mi papá son unos cocineros fantásticos; de hecho, los vecinos iban a nuestra casa a comer sus especialidades. Mi mamá tenía las suyas y mi papi siempre preparaba algo rico, agregándole a veces un toque estadounidense, chino, italiano o dominicano. Algo era seguro: nuestro refrigerador nunca estaba vacío. Papi solía decir que no teníamos mucho, pero que al menos la comida no nos hacía falta. Nunca pedí demasiado, siempre y cuando me preparara mis snacks favoritos de fin de semana o unos pulpos y papitas: mi papi cortaba una salchicha por la mitad desde distintos ángulos, de manera que esta parecía tener tentáculos, y cuando la freía, los tentáculos parecían los de un pulpo. Mi papá siempre preparaba cosas divertidas. Cuando cocinaba yuca, la pelaba y hacía con ella dientes de vampiro para mí y para él, nos los poníamos y nos perseguíamos por toda la casa. Papi era muy lindo y bobo, y yo era fácil de complacer: comía casi cualquier cosa, siempre y cuando la acompañara con kétchup... y los alimentos permanecieran separados. «¡Aah, está delicioso!», decía mi madre luego de probar su creación. Luego, mientras preparaba mi plato, servía los fríjoles directamente sobre el arroz. «¡Mami! —protestaba yo—, ¿puedes dejarlos separados por favor?». Detestaba cuando los ingredientes hacían contacto. Aún lo detesto.

La cena era mi oportunidad para tomar el centro del escenario. Una vez que mi familia se había sentado alrededor de la mesa, cantaba cualquier canción de Selena o de Whitney Houston que hubiera acabado de aprender, levantando un brazo para aumentar el drama. Mis padres aplaudieron como si el Carnegie Hall se hubiera rendido a mis pies.

—¡Eso es maravilloso, mi amor! —exclamó Mami. Ante su insistencia, interpreté una segunda canción. Seguida por una tercera. Hasta que finalmente, Papi interrumpió mi concierto.

—Está bien —dijo entre risas—. ¡Ya basta, *chibola!*

Él me había puesto ese apodo entrañable tras haberlo escuchado en un programa de televisión peruana; significa «mi niña». Cada vez que lo decía, yo moría de risa.

Entre mis actuaciones nocturnas y Los Hermanos Lebrón sonando a todo volumen en nuestra radio, rara vez había un momento de tranquilidad. ¿Semejante alboroto le molestaba a la gente de nuestra calle? En absoluto. En las comunidades de inmigrantes de todo el mundo, la celebración es parte de la cultura. Es un mecanismo de supervivencia. Cuando tus familiares están a miles de millas de distancia, compensas eso conectándote con quienes hablan tu idioma, con quienes comen la misma comida que tú, con quienes gustan de la misma música que tú, con quienes entienden tus tradiciones. Nuestros vecinos no sólo eran nuestros vecinos, eran nuestra familia extendida. Todos íbamos a los asados, bautizos, aniversarios y quinceañeras de todos. ¿Y los días festivos? Eran increíbles.

Los pasábamos de fiesta en fiesta. De hecho, no recuerdo un día de Acción de Gracias o de Nochebuena que fuera tranquilo. Nunca.

Nos mudamos muchas veces, pero siempre dentro del pequeño radio de los barrios de Boston, unos más deteriorados que otros. Si el alquiler aumentaba una vez o vencía el contrato de arrendamiento, mis padres tenían que buscar una opción más asequible. Vivimos en Hyde Park hasta que tuve tres años. Luego nos trasladamos a Jamaica Plain y posteriormente a la vecina Roslindale, cuando yo tenía unos siete años. Y, por último, cuando tenía doce, nos fuimos a Egleston, en Roxbury. Roslindale me gustaba. Era básicamente una zona residencial llena de familias de clase trabajadora alejadas de problemas. Egleston, por otro lado, era una verdadera pesadilla: se oían disparos a medianoche, las noticias de apuñalamientos ocupaban los titulares, los edificios estaban cubiertos de grafiti y tipos en autos bajos escuchando rap, reguetón o ritmos improvisados puertorriqueños a todo volumen circulaban por la calle Washington. No se trataba exactamente la Quinta Avenida pero era lo que nos podíamos permitir.

Los lugares donde vivimos eran pequeños y a veces espantosos. Algunos eran más feos que otros. La plomería, mohosa. Los lavamanos, oxidados. Los cuartos, diminutos. Eric solía tener su propio espacio; yo dormí con mis padres hasta que tuve cinco años. Cuando crecí, mami me hizo un dormitorio improvisado, con colchón y todo, en un rincón. Por lo general teníamos un patio. Algunas veces vivimos en un apartamento; otras veces, en una casa para dos familias. No me importaba, siempre y cuando viviéramos juntos.

Comparado con algunos barrios de Boston, el nuestro parecía un planeta diferente. Si Papi no estaba trabajando un domingo, nos llevaba a Wellesley, y también a Newton, Weston y Dover, que estaban cerca. A medida que recorríamos los vecindarios más elegantes y pasábamos por la torre del reloj de piedra y las casas coloniales cubiertas de hiedra, yo miraba desde mi ventana y me imaginaba cómo sería vivir allá. Carros lujosos, piscinas, mujeres de ocio… ya sabes, las típicas cosas de blancos.

«Dios —rezaba mientras miraba distraídamente desde el asiento trasero—, sería genial vivir aquí algún día». No estaba pidiendo la casa más grande o agradable, cualquier casa pequeña habría bastado, con tal de que fuera nuestra. Una niña de Wellesley seguramente no podría tener los mismos problemas que una chica mestiza del barrio. Si eres blanca, rica e impecable, tu vida tendría que ser perfecta. Era así como transcurría el cuento de hadas en mi mente.

Mi madre hizo todo lo que pudo para hacer que nuestro entorno fuera agradable. Ponía cortinas con encajes transparentes que había comprado con descuento en Marshalls o Macy's. Decoraba nuestro baño con un forro mullido y azul en la tapa del inodoro y un tapete a juego en el piso. En sus días libres, sacudía el polvo y organizaba nuestro centro de entretenimiento, que contenía decenas de viejos CDs, álbumes y casetes de los mejores artistas latinos. También le gustaban las velas perfumadas: colocaba una hilera durante las fiestas católicas y prendía cada una hasta llenar nuestra sala con un aroma dulce.

La afición de Mami por la buena estética se propagaba también a su propia apariencia. Se enorgullecía de su aspecto y valoraba la limpieza tanto como un día de trabajo honesto. Ahora que miro hacia atrás, ella era algo así como una mujer glamorosa: ahorraba centavos para derrocharlos ocasionalmente en un perfume de Victoria's Secret y en un lápiz labial Lancôme; mantenía sus uñas pintadas. Y antes de acostarse, se cepillaba su melena negra a la altura de los hombros hasta dejarla sedosa.

Papi también se mantenía muy arreglado. Su pelo corto peinado cuidadosamente hacia atrás, su bigote perfectamente recortado. Todos los días se aplicaba loción. Y no importa lo cerca que él y Mami estuvieran del borde de un precipicio financiero, se aseguraban de que Eric y yo estuviéramos siempre presentables y al menos con una muda chévere. No nos podían comprar muchas prendas adicionales, pero nos enseñaron a aprovechar al máximo lo que teníamos y a lucir tan bien como fuera posible. También nos enseñaron una lección importante: que nuestros lazos familiares, con los demás y con la gente de nuestra comunidad, eran el único bien que debíamos valorar.

Fue en una tertulia del barrio que conocí a dos de mis amigas más cercanas. Yo tenía cinco años. Mami había conocido a Amelia, una agradable señora colombiana que vivía a varias manzanas de nosotros, en Jamaica Plain.

—¿Por qué no vienen a la casa el sábado? —nos preguntó. Iba a celebrar una reunión, así porque sí; los colombianos no necesitan una razón para festejar. Mami aceptó, y ese fin de semana hice mi debut como Tinker Bell. Gabriela, la hija de Amelia, que también tenía cinco años, estaba vestida de Blancanieves; y su prima Dana, de la Ratona Minnie. Cuando un hada voladora, una princesa impresionante y una ratona cubierta de lunares se encuentran cara a cara, no hay la menor necesidad de una pequeña charla. Es por eso que fui al grano:

—¿Quieren bailar? —les pregunté. Las dos niñas asintieron y sonrieron. Después de mostrar nuestros mejores pasos, no hubo vuelta atrás; ya tenía a dos mejores amigas de por vida. Un par de horas más tarde, Mami tuvo que arrastrarme fuera de allí.

En un concurso de disfraces en la iglesia durante el próximo Halloween, amplié mi círculo de amigas.

—Lindo tutú —le dije a una niña llamada Sabrina, quien había aparecido vistiendo el mismo traje blanco de bailarina que yo llevaba puesto. Pasé por un momento de esos en los que piensas «Esta cualquiera se robó mi look», ¡de ninguna manera esa niñita me iba a ganar! Ambas dimos lo mejor de cada una en el escenario, por completo. Ella claramente no se iba a dar por vencida y después de treinta pliés, sautés y cualquier mierda que quisiéramos hacer pasar por pasos de ballet ambas perdimos el concurso; su prima Dee, quien vestía un disfraz de La Sirenita hecho por la única e inigualable «Venesolana», la mejor creadora de disfraces y costurera del barrio, lo ganó. Sabrina y yo nos dimos cuenta de que no había otra manera de salir airosas de ese sufrimiento que volviéndonos mejores amigas.

—Mami —suplicaba yo después de la escuela—, ¿pueden venir mis amigas?

—Pueden, pero sólo si has terminado tus tareas —decía ella, cortando un pepino antes de la cena. La respuesta de mi madre era todo lo que yo necesitaba para salir corriendo a reunir a mis amigas. Algunos días pasaba el tiempo con Dana y Gabriela, otras veces éramos sólo Sabrina y yo. Pero cada vez que las cuatro estábamos juntas, éramos como la «pandilla de ratas» del barrio, y no nos quedábamos quietas. Patinábamos, montábamos en bicicleta, chapuceábamos en la piscina pública.

Pero sobre todo, permanecíamos en el patio con nuestras muñecas para que mis padres no pudieran vernos. Cada treinta minutos más o menos, iba a engatusar a Papi para que me diera paletas. «¡No vas a tener hambre para la cena!», se entrometía Mami. Pero antes de que pudiera interferir, yo estaba de vuelta afuera, repartiendo a mis compañeras de juego las chucherías congeladas.

Ahora, cuando me siento desequilibrada, cuando el mundo gira demasiado rápido, cierro los ojos y recuerdo aquellas tardes. Papi, sacando la cabeza por la puerta de malla simplemente para echarnos un vistazo a mí y a mis amigas. Mami, revolviendo su guiso mientras tarareaba y meneaba sus caderas al ritmo de una cumbia o del sonido de sus telenovelas. Nosotras las niñas, extraviadas en nuestra risa, desapareciendo en nuestro mundo de muñecas, libros, juegos de mesa e imaginación. Allá, en el día más común y corriente, residían las mayores alegrías de mi infancia: la cena en la estufa, la música en el aire, el amor por todas partes. Mis años maravillosos.

* * *

Mis padres querían mucho a Colombia y no habían planeado venir a Estados Unidos. Mami, la quinta de siete hijos, se crió en Palmira, un pueblo en el valle del río Cauca, al suroeste del país. Esa región es naturalmente hermosa, y sus habitantes son el doble de cálidos que el sol tropical. Los agricultores, con carritos de mangos, plátanos, aguacates y papayas, flanquean la carretera de tierra que conduce a la plaza principal. En el silencio antes del amanecer, las madres se levantan para recoger las ropas coloridas de sus hijos en los tendederos colgados entre las ventanas del vecindario. La mayoría de los lugareños se mueve en bicicleta para ir a sus trabajos en el campo. Obreros, empleadas domésticas, cocineros. Por las noches, mientras la oscuridad da paso al ocaso, las familias comparten sus comidas, sus historias, sus dificultades y sus aspiraciones. A pesar de que muchos colombianos son muy pobres —casi un tercio vive por debajo de la línea de pobreza—, han mantenido un espíritu de resistencia. Hay un optimismo de que las cosas pueden y van a mejorar.

Los padres de mi madre se aferraron a esa creencia. No tenían ninguno de los servicios básicos que muchos de nosotros damos por sentado, como electricidad y baños interiores y, sin embargo, mantuvieron su deseo de darles una oportunidad a sus hijos e hijas. Durante tres décadas, se partieron el lomo cosechando caña de azúcar en los cañaverales. Utilizaron parte de sus ingresos en educación, y en cierto sentido, su inversión valió la pena: tres hermanos de mi madre tienen títulos universitarios. Mi tío Pablo es un maestro de escuela licenciado en matemáticas; mi tío Carlos es ingeniero industrial. Mi tía Mare estaba estudiando para ser abogada. Sin embargo, obtener un título en Colombia no ofrece las mismas oportunidades que puedes tener en Estados Unidos: los empleos son escasos, la economía es disfuncional, la corrupción gubernamental abunda, las personas con maestrías o doctorados a menudo no pueden ganarse la vida. De nada vale lo admirable que sea tu educación o ética laboral si no la puedes poner en práctica. Y, por supuesto, las divisiones económicas y sociales son enormes. Para aquellos que no provienen de familias adineradas, tener éxito es casi imposible.

No obstante, Mami se propuso ser maestra. La vida, sin embargo, tenía otros planes. Mi madre se enamoró mientras terminaba sus estudios en una universidad local. Se retiró de la universidad, se casó y quedó embarazada, todo esto un año antes de cumplir dieciocho años. Estaba en su primer trimestre de embarazo cuando descubrió algo demoledor: el hombre con quien se había casado y quien había jurado amarla por siempre, ya estaba casado y tenía otra familia, y se lo había ocultado. En vista de esa enorme traición, sus promesas de amor quedaron hechas añicos. Mami no sólo estaba molesta, estaba completamente destrozada. Sola en su desgracia, lloró el resto del embarazo hasta que, en agosto de 1976, los médicos la ayudaron a dar a luz a mi hermano, que nació prematuro. Ahora eran sólo Eric y mi mamá.

Mi padre, quien creció, a unas cuantas cuadras de donde vivía mi madre en Palmira, sobrevivió a su propia serie de traumas. Tenía tan sólo catorce años cuando su padre murió de repente de un aneurisma. En medio de la angustia de semejante tragedia, tuvo que empezar a trabajar para ayudar con los gastos de la familia. Él, el séptimo de ocho hijos, empezó a trabajar en el campo en cultivos de fríjoles mientras que seguía yendo a la escuela. Pero hubo más tragedias. Cuatro años más tarde, la madre de Papi y su hermana estaban viajando en un bus que se quedó sin frenos. El bus se salió de la carretera y estalló en llamas. Todos los pasajeros lograron salir con vida excepto una: la mamá de mi papá, mi abuela Carlota. Respiró su último aliento mientras salvaba a su hija de las llamas. Después de haber perdido a su madre, me padre dejó de estudiar del todo y se dedicó a trabajar a tiempo completo en los cultivos. Al igual que la familia de mi mamá, Papi y sus hermanos crecieron con muy poco pero supieron aprovecharlo al máximo. Mi tía Luisa y mi tía Nancy, se volvieron maestras y mi tío trabajaba en una oficina. Maite, la hermana mayor, siempre se ocupó de la familia con lo que ganaba como costurera. Mi tío Johan ya había salido de Colombia en busca de trabajo en el extranjero. Y algunos de los hermanos y hermanas mayores fueron a la universidad.

Mis padres no se conocieron en la infancia. Se conocieron cuando Papi tenía veinticinco años y Mami tenía veinte. Un amigo en común los presentó. En aquel entonces, la familia de mi madre era conocida en el vecindario por sus fiestas, en las que se bailaba sin parar. Mi padre fue a una de ellas, y ahí conoció a su diosa bailadora. Mi madre era la mejor bailarina de la fiesta, y hasta el dia de hoy, es una excelente y elegante bailarina. A Papi le atrajeron los movimientos de Mami, así como su amplia sonrisa y su espíritu. Para entonces, mi padre ya era famoso por ser un gran bailarín de salsa. También era *cool*. Su hermana Maite, la costurera, le confeccionaba trajes estilo John Travolta. La gente del pueblo le decía «Chino Pinta», que significa «bien vestido». Mi madre ya sabía de él y estaba enamorada en secreto.

Prácticamente desde el momento en que puso sus ojos en él, Mami sabía que quería estar con mi papá. Era tan apuesto, acondicionado y bronceado como encantador y reservado, un equilibrio perfecto para la personalidad extrovertida de mi madre. Papi no estaba dispuesto a sentar cabeza, pero mi mamá se empeñó en ello. Él meditó mucho antes de comprometerse, hasta que ya no pudo resistir los encantos de Mami. Incluso ahora, es el tipo de hombre que no se compromete con algo fácilmente. Pero mi madre, que era claramente el fuego artificial en su relación, finalmente lo convenció de que debían juntarse. No se casaron, pero lucharon juntos con el poco dinero que Papi podía ganar en su trabajo en una planta de caña de azúcar y con lo que salía del trabajo de Mami en una compañía de buses llamada Palmira Express. Ganaban tan poco dinero que tuvieron que seguir viviendo con sus respectivas familias porque no podían darse el lujo de tener un lugar propio. En un país donde los empleos son muy difíciles de encontrar, el amor romántico a veces está después de la supervivencia.

Mis padres llevaban sólo seis meses juntos cuando Mami sufrió otra desgracia: su hermana menor murió al ser víctima de fuego cruzado. Exactamente un año después, en el aniversario de la muerte de mi tía, mi abuela materna estaba sentada en la sala de su casa, lidiando con la agonía de la muerte de su hija. Y mientras lloraba, sufrió un ataque al corazón. «Tu abuela murió porque tenía el corazón destrozado», me ha dicho mi madre con frecuencia.

Esas tragedias sacudieron a Mami hasta el fondo de su ser. Muchas mañanas, se sentía demasiado angustiada para levantarse de la cama; su amor por Eric y mi padre era lo que la hacía seguir adelante. Pero a pesar de esto, anhelaba escapar de la desesperación que había a su alrededor, y empezar de nuevo en otro sitio. Ella quería que mi hermano tuviera una vida mejor, lo cual no era posible con el sueldo de un trabajador de una fábrica. Años atrás, la hermana mayor de mi madre, Milly, se había trasladado con su marido desde Colombia a Passaic, Nueva Jersey. Les habían concedido la residencia permanente. Mami, que había visitado varias veces a mi tía en compañía de mi hermano, vio una gran cantidad de oportunidades allí, en un lugar lejos de sus pérdidas catastróficas.

—Deberíamos irnos a vivir con mi hermana y salir adelante —le dijo Mami a mi padre. Papi, conocido por su cautela, no estaba convencido. Y aunque trabajaba desde el amanecer hasta el anochecer, ganaba menos de doscientos dólares al mes. Mi madre y él no sólo estaban traumatizados emocionalmente por los dolores de sus primeros años de vida, también estaban desesperados en términos financieros. Así que en 1981, con todas sus pertenencias metidas en dos maletas, llegaron a Passaic, Nueva Jersey, con una visa de turismo por noventa días, el tipo de visa que les quedaba más fácil de conseguir debido a que estaban invitados y serían recibidos por familiares que estaban aquí legalmente. Mi papá tenía sus dudas acerca del viaje. Mi madre se propuso nunca mirar hacia atrás.

Estados Unidos no fue inicialmente la tierra de los sueños que mis padres pensaron que sería; aunque lo intentaron con mucho ahínco, no pudieron conseguir siquiera el empleo más humilde. Con la ayuda de mi tía, mi tío y sus amigos, finalmente lograron conseguir unos trabajos de tiempo parcial. Sin embargo, el trabajo era inestable, estaban escasos de fondos y discutían si debían permanecer o no. Mami quería quedarse; Papi, que se sentía particularmente molesto por el hecho de que eran indocumentados, pensó en regresar. Detestaba vivir con el temor de que pudieran ser deportados sin previo aviso. Pero mi madre lo convenció de que lo intentaran.

—Veamos si podemos hacer que funcione —le dijo ella.

Mi padre —consciente de que aunque ganaban muy poco, era mucho más de lo que podían devengar en Colombia—, aceptó de mala gana. Y aun en medio de sus discusiones, mis padres estuvieron de acuerdo en algo: de alguna manera, tenían que ver cómo conseguir la residencia legal permanente. Es por eso que, desde el momento en que sus visas expiraron, comenzaron a pensar en estrategias para convertirse en ciudadanos.

Un año se convirtió en cinco. Apenas tenían suficiente dinero para comprar ropa y comida, y sin embargo mi madre quería tener otro bebé para echar raíces aquí con mi padre. Durante mucho tiempo, él la mantuvo a raya. Pero en 1985 los dos estaban en sincronía. Papi amaba a mi madre y quería criar un hijo con ella. Y entonces siguieron adelante con lo que me han dicho que es su mayor logro: tenerme. Es muy tercermundista de su parte, por no decir que es hilarante. El punto es que yo no fui un accidente: *optaron* porque mi mamá quedara embarazada. ¿Quién dice que los inmigrantes no planean las cosas? No eran muchas las cosas que les habían salido bien a mis padres, a excepción de mí: al ciento diez por ciento.

El 21 de julio de 1986 llegué al mundo con un privilegio que ha moldeado toda mi existencia. Como nací en territorio estadounidense, recibí un derecho garantizado por la Decimocuarta Enmienda de nuestra Constitución: la ciudadanía. Las dos personas que hicieron posible esa bendición para mí habrían negociado casi cualquier cosa para tenerla ellos mismos. Habían aprendido a querer este país y anhelaban llamarlo su patria.

Mami todavía me estaba amamantando cuando nuestra familia se mudó de Nueva Jersey a Boston. «Allá podrás encontrar más trabajo —le había dicho un amigo—. Es un muy buen lugar para tener niños». En enero de 1987, poco antes de una gran tormenta de nieve, Papi cargó nuestras ocho maletas y nos llevó cuatro horas en dirección norte. Antes del viaje, mis padres habían logrado ahorrar un poco. La mañana en que nos mudamos a nuestro apartamento en Hyde Park, mi padre le dio al propietario un fajo cuidadosamente apilado de billetes, la mayor parte de todo lo que tenía. Al menos nuestro alquiler ya estaba cubierto, así fuera tan sólo por el primer mes.

* * *

Mi familia tenía su dosis de drama. Para empezar, mi hermano y mi padre no se llevaban bien, sobre todo a partir de que Eric llegó a la adolescencia. Cuando tenía quince años, mi hermano cayó en una depresión emocional. No podía ver un futuro para sí mismo en este país: es casi imposible soñar en grande cuando ni siquiera tienes papeles legales. Aunque Eric es muy inteligente —le iba muy bien en Matemáticas e Inglés—, perdió interés en la escuela. Sus calificaciones bajaron. En lugar de estudiar, pasaba largas horas con su novia, Gloria. Permanecía afuera más allá de la hora del toque de queda, y cuando volvía a casa, se negaba a decir dónde había estado. Se necesita mucho para sacar de quicio a mi padre. Pero el comportamiento de mi hermano lo logró.

—¿Dónde estabas anoche? —le preguntó a Eric un domingo por la mañana cuando mi hermano entró a la cocina. Yo, que tenía siete años, estaba comiendo un plato de Lucky Charms. Mami y Papi estaban sentados conmigo a la mesa.

Eric no miró a mi padre.

—No es asunto tuyo, maldita sea —murmuró. Mi madre y yo intercambiamos una mirada.

Papi se puso de pie y caminó hacia mi hermano hasta quedar a tres pulgadas de su cara. Eric dio un paso atrás. Mi padre se acercó.

—Escúchame —le advirtió—. No maldigas delante de nuestra hija, ¿me oyes?

Eric lo miró con furia.

—Tú no eres mi padre —murmuró—. No tengo por qué hacer lo que me digas.

De repente, Papi lo agarró por el cuello de la camiseta y lo jaló hacia él.

—¡Cuidado con lo que dices! —gritó mientras los dos tropezaban de la estufa a la nevera—. ¡Vas a mostrar un poco de respeto en esta casa!

En ese momento, Mami saltó de su silla, se dirigió hacia los dos y trató de interponerse entre ellos.

—¡Ya basta! —gritó—. ¡Cálmense!

Mi padre soltó a Eric. En el instante en que lo hizo, mi hermano salió de la cocina dando fuertes pisotones y entró a su habitación, cerrando la puerta con tanta fuerza que la leche en mi plato tambaleó. Yo tenía demasiado miedo de hablar o de hacer siquiera un sonido.

A pesar de que era muy pequeña, sabía lo que estaba pasando entre mi padre y mi hermano. No tenía la madurez o las palabras para explicarlo en aquel entonces, pero podía sentirlo. Eric estaba furioso por el rumbo que estaba tomando su vida. Debido a las circunstancias que rodearon su nacimiento, sentía mucho dolor por no tener un padre. Mientras que mis padres me llenaban de afecto, su princesa, mi hermano se sentía incomprendido, criticado, como un inadaptado en su propia familia. Mi papá, que tenía intenciones muy honorables, dejó en claro su punto de vista: yo era su niña y Eric era su hijastro. Y cuanto más se acercaba mi hermano a la edad adulta, estoy segura de que más se asustaba y más intensa se hizo su lucha por el poder con mi padre.

Papi tenía sus propias penas. Yo podía ver lo mucho que quería crear una situación estable para nosotros, hacer que su riesgo de venir a Estados Unidos valiera la pena. También se estaba recuperando todavía de los golpes que había sufrido cuando tenía la edad de Eric; pero no creo que uno pueda recuperarse nunca de semejante devastación. Tras la muerte de su padre, mi papá se hizo adulto de la noche a la mañana. Convertirse en el responsable. Por encima de todo, quería transmitir a mi hermano un sentido similar de responsabilidad. Simplemente lo estaba haciendo a la sombra de un pasado doloroso.

En cuanto a mí, lo único que quería era tener paz. La pelea que comenzó esa mañana acabó de la misma forma que todas: con mis padres culpándose mutuamente.

—¡Mimas a Eric como si fuera un bebé! —le gritó mi padre a mi madre esa noche—. *¡Alcahueta!* ¡Déjalo crecer!

Permanecí sentada en mi pequeña silla mecedora en la sala, siendo testigo de la hostilidad y sintiéndome impotente para poner fin a la discusión. Los gritos se intensificaron hasta que mami, con el rostro cubierto de lágrimas, cogió una caja de botones de un aparador. Levantó el brazo para lanzarla en dirección a mi padre y, en un intento por impedírselo, me levanté de mi asiento y le jalé el pelo. Pero fue demasiado tarde. Los botones —grandes, pequeños, decenas de ellos en diferentes colores y formas— quedaron esparcidos por el suelo.

—¡Paren! —grité entre sollozos—. ¡Paren o llamaré a la policía!

Un silencio cayó sobre la sala. Mi padre, que había estado de pie cerca del centro de entretenimiento, se deslizó hacia abajo en el sofá cerca de mí. Mami me dirigió una mirada en blanco desde su silla, al otro lado de la sala. Por el resto de mi vida, nunca olvidaré lo que dijo a continuación.

—¡Anda y llama a la policía! —susurró, su voz rasposa por los gritos. Hizo una pausa—. Entonces vendrán y nos enviarán a todos de vuelta a Colombia.

La miré, pero no me atreví a responder. Mis pensamientos se agolpaban mientras trataba de darle sentido a lo que acababa de oír.

—¿De qué estás hablando, Mami? —le pregunté, mis ojos llenos de lágrimas—. ¿A qué te refieres con que los enviarán de vuelta?»

Se movió hacia delante en su silla y dejó caer la cabeza.

—Quiero decir que nos deportarán, Diane —dijo ella—. Nos separarán a todos de ti.

Me quedé mirando a mi madre, luego a mi padre y otra vez a Mami. Para ese momento ya sabía cuál era el estatus legal de mis padres. De hecho, no recuerdo un momento en que *no* supiera que eran indocumentados. Era algo que entendíamos en nuestra casa, un hecho de la vida, la forma en que eran las cosas. Pero a los siete años, yo no había comprendido plenamente lo que su estatus podía significar para mí. No me había dado cuenta de que, con una sola llamada telefónica, podría perderlos. Por primera vez, Mami había dicho la verdad.

Después de la medianoche, mis padres continuaron discutiendo detrás de la puerta cerrada de su dormitorio. Yo detestaba que pelearan, me daba mucha ansiedad. En la penumbra de mi rincón en la sala, me levanté de mi pequeño colchón y encendí una lámpara. Al pie de mi cama había una bolsa de nylon grande; mis disfraces estaban adentro. Alcé la bolsa sobre la cama y dejé caer el contenido. Entre la maraña de tiaras y telas metálicas brillantes, vi mis medias blancas, que combinaban con los atuendos de una princesa. Las recogí y me las puse lentamente en mi pelo como si fuera un gorro, dejando que las piernas colgaran por los hombros de mi vestido rosado. Los tacones de Mami, con los que iba a misa, estaban cerca del sofá. Introduje un pie descalzo a la vez, me tambaleé un poco, pero luego me enderecé. Esa noche, yo sería Molly. O Tina. O Elizabeth. O Carrie. O cualquier niña blanca cuyos padres no discutieran. Cuyo hermano no se sentiría lastimado. Cuya familia nunca, ni en un millón de años, sería apartada. Allí, en mi mundo de fantasía, podía encontrar siempre un final feliz.

Todavía tenía dientes de leche pero ya era una gran maquillista. Mami y yo.

Papi y yo en nuestro lugar preferido en todo el mundo:
Nantasket Beach, Massachusetts.

CAPÍTULO 3

Clandestina

Cuando llegamos a Estados Unidos...
nos volvimos invisibles, personas
que nadaban entre las vidas
de otras personas, limpiando platos,
repartiendo comestibles...

Lo más importante, dijo Abba,
era no sobresalir.
No dejar que te vieran.

Pero creo que a él le
duele esconderse tanto.

—*Ask Me No Questions*,
de MARINA BUDHOS, novelista

Cuando eres hija de inmigrantes indocumentados aprendes a mantener la boca cerrada. ¿Alguien quiere saber de dónde son tus padres? No es tu maldito asunto. Al igual que todos los demás en nuestra red secreta, seguíamos el Primer Mandamiento de la vida fuera del radar: no hacer nada que pudiera llevar a la policía a tu puerta. «Nuestra situación no está resuelta», me decía mi padre con frecuencia, razón por la que el simple sonido de nuestro timbre bastaba para hacernos entrar en pánico. «¿Invitaste a alguien hoy?» le preguntaba Mami a Papi. «No», respondía él, y en cuestión de segundos estaba bajando las persianas.

Mi papi también era increíblemente cuidadoso cuando estaba fuera. Era más tranquilo en público de lo que era en casa, y no se atrevía a decir o hacer cualquier cosa que pudiera llamar la atención. Y cuando conducía, seguía las leyes de tránsito al pie de la letra. No se pasaba el semáforo en amarillo. No cambiaba de carril sin poner las luces. No tocaba la bocina innecesariamente. Y definitivamente nunca iba a exceso de velocidad. No quería correr el riesgo de que fuéramos detenidos por la policía. Eso sería delatarnos de inmediato.

Nuestra casa era como una parada del tren subterráneo. Cuando los amigos de mis padres o los familiares de nuestros vecinos se refugiaban allí al llegar de Colombia, a menudo dormían en el piso. «Tenemos que ayudarlos a instalarse —explicaba Mami mientras rodeaba mi colchón para hacer espacio para los visitantes—. Sólo estarán aquí un par de semanas». Durante ese tiempo, la comunidad hacía por ellos lo que una vez habían hecho por mis padres: conseguirles trabajos de pacotilla. Conectarlos con un propietario dispuesto a aceptar el alquiler en efectivo. Mostrarles dónde conseguir alimentos y artículos para el hogar a precios económicos. Y, sobre todo, animarlos a conseguir lo que mi mamá, mi papá y mi hermano anhelaban recibir: la residencia legal, algo que la mayoría conseguía. No escribo con amargura al respecto, pero ¡qué carajos! ¿Por qué nosotros no? ¿Por qué éramos la familia desafortunada?

Nuestras vidas giraban en torno a la búsqueda de mis padres por la ciudadanía. Casi todas las semanas, Mami y Papi proponían estrategias para conseguir sus papeles. Lamentaban el hecho de no tenerlos. O discutían sobre si es que alguna vez lo harían. Unos años después de instalarnos en Boston, Mami logró reunir el dinero para pagar a una señora que prometió conseguirnos una visa de trabajo; un vecino la había recomendado a mi madre. Al final resultó que la mujer era una notaria pública, y no el abogado que decía ser. Para el momento en que mi madre se enteró por otras personas que había sido engañada, la estafadora había abandonado la ciudad.

En 1986, el año en que nací, el presidente Reagan extendió una línea de vida temporal a familias como la mía. Su Reforma de Inmigración y Ley de Control dio a los extranjeros que habían entrado ilegalmente al país antes de 1982 la oportunidad de solicitar la amnistía.

—Metamos nuestros papeles —rogó Mami a mi padre—. Es nuestra oportunidad.

Papi, quien siempre ha sido escéptico, trató de convencerla de lo contrario, pero no lo logró y mi mamá solicitó la amnistía, misma que le fue denegada porque había estado en Colombia durante seis meses (entre 1980 y 1982) cuando tenía que haber estado en Estados Unidos. Mi papá lo haría más tarde, pero tuvo demasiado miedo y no siguió adelante con el proceso.

Comprender la renuencia de mi padre equivale a entender lo que es una realidad para millones de extranjeros. Por mucho que mi padre respetara este país, también tenía una profunda desconfianza de su sistema. Creía sinceramente que si se presentaba a las autoridades, sería esposado y deportado inmediatamente por haber sobrepasado la estadía de su visa. Dados los rumores y la desinformación constante que circulan entre los que nos rodean, tiene mucho sentido que pensara de esa manera. De vez en cuando, recibíamos la noticia de que a alguien le habían concedido el indulto. Pero luego, un mes más tarde, nos enterábamos de que otra persona, durante el proceso de solicitud, había sido separada de su familia y conducida a la cárcel. Como tantos otros alrededor de nosotros, mi padre quería hacer lo correcto. Simplemente estaba paralizado por un miedo enorme.

Eso cambió en la primavera de 1997, cuando yo tenía once años. En medio de una presión y persuasión implacables por parte de mi madre, Papi reunió por fin el valor para salir de las sombras. Una amiga también le había dado un fuerte empujón y un recurso.

—Conozco a un abogado que te puede hacer todo el papeleo —le dijo. Le entregó una tarjeta con la información del abogado—. Tienes que ir a verlo. He oído que es bueno, es egresado de Harvard.

En nuestro barrio, la mayoría de los negocios se hacían boca a boca.

Esa noche, durante la cena, mi padre sacó la tarjeta de su billetera, se la mostró a Mami y sonrió.

—Veré a este tipo mañana —le dijo.

Mi madre cogió la tarjeta, le dio la vuelta un par de veces y la llevó hasta su cara. Luego la bajó y pasó la yema del dedo a través de las letras doradas en relieve.

—Esto se ve bien —dijo—. ¿Cómo sabes de este tipo?

—¿Conoces a Betty, la que vive al final de la cuadra? —dijo. Mami asintió—. Bueno —continuó Papi—, se enteró de que este abogado está ayudando a la gente a sacar la residencia.

Los labios de mi madre se extendieron en una sonrisa.

—Bueno —dijo, dejando la tarjeta a un lado para comenzar a limpiar los platos del desayuno—. Tal vez Diane pueda ir contigo.

Claro que iría: ninguno de mis padres hablaba inglés con fluidez. No es que no lo intentaran. De hecho, mi padre tenía tantos deseos de aprender inglés que, con los años, se inscribió en varias clases y practicaba hasta la madrugada. Pero cuando era adolescente había perdido la audición en su oído izquierdo mientras trabajaba en una planta de caña de azúcar. El agua salió disparada tras una explosión, lo tiró al suelo y sufrió daños permanentes en el tímpano, así que tuvo dificultad para aprender el idioma y era muy tímido para hablarlo. Mami era más hábil; sin embargo, no entendía docenas de palabras. Así que cuando Eric no estaba cerca para servir de intérprete, yo era la traductora oficial de mis padres. Leía todo, desde nuestras cuentas de la luz («¿Qué significa esto?», me preguntaba mi papá, señalando una palabra) o los ingredientes de nuestros paquetes de alimentos. Acompañaba a mis padres a las citas médicas para poder explicarles lo que decían los médicos. Así que para la visita de Papi al abogado, sin duda tenía que acompañarlo, no había la menor duda al respecto. Y, además, yo era la amiguita de Papi. Me llevaba casi a todas partes.

El sábado de la cita, nos detuvimos en el estacionamiento de un edificio alto de oficinas en el centro de Boston. Mi padre estaba bien afeitado y llevaba su ropa más elegante: pantalones grises, chaqueta y corbata, y los zapatos recién lustrados; yo llevaba un vestido de algodón con estampado de flores y sandalias blancas.

—Permanece cerca de mí —me susurró Papi mientras nos abríamos paso a través de las puertas correderas de cristal y llegábamos al vestíbulo—. Es en el piso doce.

Salimos del ascensor a un pasillo largo y alfombrado. Caminamos por él bajo las luces fluorescentes, examinando cada puerta en busca del número de la suite. Pasamos por una empresa de trabajo temporal. Una empresa de contabilidad. Una clínica dental. Al final del pasillo, llegamos a la oficina. El nombre del abogado estaba grabado en letras doradas y en mayúsculas en el letrero de la puerta. No recuerdo el nombre, pero sí que sonaba completamente anglosajón, algo así como Bradley o Dylan Michaels, J.D. Definitivamente no era latino.

Papi giró el picaporte y entreabrió la puerta, entró y lo seguí. Allí, en una oficina del tamaño de un pequeño estudio, un hombre que parecía tener unos cuarenta años estaba sentado detrás de un escritorio de roble cubierto de papeles. Llevaba un traje de tres piezas y una cálida sonrisa. La parte superior de su cabeza era calva y brillante. Su cuerpo era atlético. Se puso de pie y le tendió la mano.

—El señor Guerrero, ¿no? —dijo. Mi padre le estrechó la mano—. Tome asiento, señor —dijo, señalando dos sillas abulladas cerca de su escritorio—. *Bienvenido.*

Este hombre hablaba algo de español. No muy bien, como descubrí pronto, pero lo suficientemente bueno para alivianar mis tareas de traducción.

—*Cuéntame tu historia* —dijo el abogado como todo un gringo—. Necesito escuchar tu historia.

Papi se inclinó hacia delante en la silla. Miró un cuadro que había en la pared, un cartel cursi de la Justicia sosteniendo una balanza antigua; debajo estaba el diploma de Harvard, enmarcado. Mi padre volvió a mirar al hombre y se aclaró la garganta.

—Bueno —dijo en voz baja—, me vine de Colombia para poder ganar más dinero para mi familia.

—¿Cuánto tiempo has estado en Estados Unidos? —preguntó el hombre.

—Desde 1981 —dijo Papi.

—¿Alguna vez has solicitado la ciudadanía?

Mi padre negó con la cabeza.

—¿Tienes algún familiar que sea ciudadano?

—Bueno, mi hija —dijo Papi, mirando por encima de mí—. Y la madre de mi hija tiene una hermana aquí, pero es residente, no ciudadana.

El abogado inhaló profundamente.

—Bueno, entonces tenemos mucho trabajo que hacer —dijo. Cogió una carpeta café en la esquina superior de su escritorio, la abrió y sacó un paquete de espesor—. Para que pueda ayudarte, necesito que llenes este cuestionario. —Le dio a mi padre unas veinte páginas grapadas. Papi las hojeó.

—Entonces, ¿cuántos meses se tarda en conseguir la residencia? —preguntó.

El abogado se rió entre dientes.

—Señor Guerrero —dijo—, me temo que son años, y no meses. Para algunos de mis clientes, se tarda diez años o más, sobre todo si no hay ningún miembro de la familia que tenga la ciudadanía.

Mi padre lo miró y trató de no dejar que su mandíbula cayera hasta las rodillas.

—¿Diez años? —dijo.

—Así es —confirmó el hombre—. Puede ser incluso más. Pero nunca se sabe. Puedes ser uno de los afortunados.

Mi padre frunció el ceño.

—¿Cuánto cuesta? —preguntó.

El hombre se encogió de hombros.

—Eso depende de cuánto tiempo tome tu caso —le dijo—. Mi tarifa es de trescientos dólares por hora.

Papi se quedó sin aliento.

—No tenemos esa cantidad de dinero —dijo, levantándose de su silla—. Creo que será mejor que nos vayamos.

El hombre se levantó de su silla.

—Espera un minuto —dijo—. Puedo establecer un plan de pagos mensuales. He ayudado a muchas personas en tu situación.

Mi padre no parecía muy convencido, pero se sentó de nuevo.

—Entonces, ¿cuánto tengo que pagar por adelantado? —preguntó.

—Podemos comenzar con setecientos dólares —dijo—. Pero ¿por qué no revisas estos documentos, me los traes la próxima semana y hablamos? Estoy seguro de que puedo idear un plan que se ajuste a tu presupuesto.

Mi padre le dio las gracias y nos fuimos.

De vuelta en casa, Mami corrió a reunirse con nosotros cuando llegamos a la acera.

—Entonces —dijo antes de que pudiéramos salir del coche—, ¿cómo te fue?

Papi suspiró.

—Bien, supongo —dijo—. Voy a tener que buscar un tercer trabajo.

—¿Por qué? —preguntó mami—. ¿Cuál es el precio?

—Setecientos dólares como mínimo —dijo él.

Ella frunció el ceño.

—Bueno —dijo—, yo podría conseguir más trabajos como niñera. Y tenemos algunos ahorros.

—Es cierto —dijo Papi—. Veré qué puedo negociar con él.

Todos los días de la semana, recibí la agradable tarea de —sorpresa, sorpresa— traducir esos papeles a mis padres. El domingo siguiente, cuando mi papá y yo regresamos a la oficina del abogado, este parecía impresionado de que los hubiéramos llenado con tanta rapidez.

—Muy bien, señor Guerrero —dijo, hojeando las páginas para asegurarse que todas estuvieran diligenciadas—. Ahora podemos hablar de las condiciones de pago.

—He estado pensando en eso —dijo mi padre. Hizo una pausa—. Y lo máximo que podemos pagar es quinientos por adelantado.

El hombre guardó silencio brevemente antes de tomar la palabra.

—Hemos llegado a un acuerdo, señor Guerrero —aceptó finalmente. A mi papá le resplandeció la cara—. Empezaré tu caso mañana y te llamaré pronto para hablar de los pasos a seguir.

Los dos se levantaron, juntaron las manos y las sacudieron vigorosamente. A la salida, mi padre buscó en su billetera, sacó algunos billetes que había doblado juntos y le pagó al abogado sus honorarios.

—*Gracias* —dijo, conteniendo las lágrimas—. Aprecio mucho esto.

Durante todo el camino a casa, Papi no dejaba de mirar por encima de mí, pero no habló. No tenía que hacerlo. Los dos sabíamos lo que esa reunión podría significar para nosotros. Por fin, teníamos un plan. Ya habíamos hecho un pago. Sabíamos que podríamos sufrir reveses en nuestro camino a la ciudadanía, pero al menos habíamos dado un paso adelante. Uno grande. Alguien sabio dijo una vez que la esperanza es el mejor remedio. En nuestra familia, en nuestra comunidad, en la oficina de ese abogado, la esperanza no era el mejor remedio. Era el único que conocíamos.

* * *

Me encantó la escuela desde la primaria en adelante. Y, sin embargo, debido a que yo tenía la capacidad de atención de un mosquito, no fui la mejor estudiante. Sacaba A en Música y en gimnasia, y a veces podía lograr una B en Inglés. Pero, ¿Matemáticas y Ciencias? Digamos simplemente que tuve que hacer un par de sesiones de verano. Mis padres me presionaron para que me fuera mejor; después de todo, habían venido aquí, en parte, para darme una educación sólida. Y sin embargo, Mami y Papi estaban tan ocupados con controlar a Eric y con ganarse la vida que no podían prestarle mucha atención a mejorar mi rendimiento, y tampoco es que tuvieran dinero para pagarme una tutoría. Reconocieron que yo estaba tratando de hacer las cosas bien y que me tomaba en serio mis estudios. Así que debido a todo lo que pasaba en nuestra casa, mis notas promedio tenían que bastar.

Papi era estricto con las tareas escolares. «No verás dibujos animados hasta que hayas terminado con las matemáticas», me decía. Yo permanecía sentada, manoseando el borrador y jugueteando en nuestra mesa de la cocina, pensando en cualquier cosa menos en las tablas de multiplicar. Envidiaba a los chicos que podían hacer sus tareas sin problemas. «¿Por qué no puedo ser así? —pensaba—. ¿Por qué no puedo concentrarme?». Años más tarde, cuando ya era una joven adulta, hice dos descubrimientos. Primero, que soy disléxica con los números y con las palabras. Y segundo, que tengo un caso terrible de ADD. Esto es muy malo para cualquiera, pero más aún para alguien que tiene la misma carrera que yo. Mi cerebro es como una abeja ocupada, continuamente en movimiento, rara vez tranquila. Eso explica muchos de los retos que tenía. No podía, por más que lo intentara. No parecía poder concentrarme. La situación incierta de mi familia no hacía que todo fuera más fácil. Y, ciertamente, mis papás no podían pagar la ayuda o tutoría necesarias.

Mi primera escuela fue genial. Mami me entró a Ohrenberger Elementary en West Roxbury; Eva, la mamá de Sabrina, se la recomendó. Sabrina, que es un año mayor que yo, estaba matriculada allá. Las instalaciones eran limpias y el plan de estudios era sólido. Entré a kínder, y a Mami le pareció que era una buena idea que yo entrara a clases bilingües. Quería que yo aprendiera a leer y escribir en inglés y español. Hasta el día de hoy, creo que eso no fue lo más adecuado para mí. Sí, sé un poco de ambos idiomas, pero nunca dominé realmente ninguno de los dos. Gracias, Mamá. Sin embargo, descubrí mi primer amor musical: el jazz. Tal vez en tercer grado, mi maestra de coro nos introdujo a mis compañeros y a mí leyendas como Louis Armstrong, Billie Holiday, Dizzy Gillespie y Ella Fitzgerald. Quedé enganchada desde la primera nota. Había encontrado lo mío, lo cual es bueno, porque las fracciones desde luego no lo eran.

Ohrenberger era una cosa, las escuelas públicas de Roxbury eran otra. Los resultados de las pruebas estandarizadas estaban a menudo por debajo del promedio nacional. Las aulas estaban hacinadas y tenían muy poco personal. Las instalaciones eran viejas y se estaban cayendo a pedazos. Pocas veces había suficientes libros o lápices para todos. Mi profesora de inglés en sexto grado compró una vez, y con su propio dinero, un lote de cuadernos de espiral.

—Tengan —dijo, dando uno a quien no tenía cuaderno—. Escriban en ellos esta noche las palabras del vocabulario.

Yo vivía a pocas manzanas de Washington Irving, mi escuela media, al igual que Sabrina, Gabriela y Dana, quienes estudiaban allí. Después del último timbre, las cuatro nos reuníamos y caminábamos a casa. «Permanezcan juntas —nos recordaban nuestras madres con frecuencia—. Y eviten meterse en problemas». Conocíamos la rutina: se suponía que debíamos cuidarnos las espaldas en caso de que sucediera algo delicado. Y un miércoles, a finales de mi sexto grado, sucedió algo.

—¿Quieres venir a mi casa? —me preguntó Sabrina mientras caminábamos por la acera, cargando nuestras mochilas.

—Mi padre no me va a dejar —le dije—. Tengo que estudiar un montón de historia.

—Sí, yo también —agregó Gabriela—. Necesito ir a mi casa.

Y mientras doblábamos la esquina de mi calle, dos chicas puertorriqueñas pasaron en bicicleta. Una tenía botas Timberland, jeans recortados y líneas negras y gruesas alrededor de los ojos; la otra llevaba Daisy Dukes y una camisa sin mangas; tenía una cruz tatuada en el seno derecho. Las reconocí: estudiaban en la misma escuela que yo. La de los jeans recortados me miró.

—¿Qué pasa, *wetback*? —se burló.

Di un paso hacia atrás. Lo mismo hicieron Sabrina y Dana. Gabriela no se movió. Entre nosotras tres, siempre había sido el hueso duro de roer. La fuerte. La chica que tenía cero tolerancia con el *bullying*. Miré por encima a Gabriela con la esperanza de que tomara la iniciativa, y lo hizo.

—¿Por qué no la dejas en paz? —le espetó—. Ni siquiera nos conoces.

—¡Cierra la boca! —escupió a la chica—. ¡Ustedes tres necesitan llevar sus caras planas y feas de regreso a Colombia!

Me temblaban las manos mientras me aferraba a las correas acolchadas de mi mochila (aclaración: siempre he sido algo cobarde). No sabía qué querían con nosotras, pero no iba a averiguarlo. De repente, me eché a correr por la calle, la sangre corriendo por mis venas mientras lo hacía.

—¡Vámonos de aquí! —grité. Sabrina y Gabriela me pisaban los talones. No nos detuvimos a mirar atrás hasta que llegamos a la puerta de mi casa. Por suerte, las chicas habían desaparecido.

No era la primera vez que habíamos sido intimidadas. En nuestra zona, que estaba llena en su mayoría de puertorriqueños y dominicanos, cualquiera que no perteneciera a uno de esos dos grupos era considerado un sucio inmigrante. Nos escupían, nos maldecían, nos menospreciaban y les parecíamos poco atractivas debido a nuestros rasgos indígenas. Lo sé, lo sé: otros grupos latinos tienen un aspecto similar. Eso demuestra lo estúpida que es la discriminación.

—No podemos dejar que nos asusten —dijo Gabriela, sin aliento. Pero era demasiado tarde para eso: yo estaba conmocionada. Una vez adentro, no le dije a mi padre lo que pasó. Enterré mi cabeza en mi libro de Historia e hice mi mejor esfuerzo para olvidar el incidente. Deseé con todas mis fuerzas vivir en otro sitio. Quería ser una niña «normal». Quería ser como las adolescentes de *Salvados por la campana*. Sus mayores «problemas» eran si las invitarían al baile de graduación, y no si serían atacadas por otras muchachas o si sus padres serían deportados. Por el resto de ese año, siempre que veía a esas dos cabronas en la cafetería, me escabullía y evitaba el contacto visual. No podía arriesgarme a enfrascarme en una pelea, sobre todo durante las negociaciones de mi papá con el abogado. Regla *número uno* en mi barrio: la mejor manera de ganar una pelea era evitarla.

A pesar de lo dura que era mi escuela media, tenía una cosa importante a su favor: una gran cantidad de actividades extracurriculares. Digan lo que quieran: a mí me gustaba. En quinto grado, me uní al equipo de baloncesto y al coro. En sexto, me hice porrista. Estaba tan en forma que por primera y única ocasión me formé un *six pack*. Como si mi horario no estuviera ya completamente atestado, también me inscribí en el Programa de Liderazgo de Pares durante el séptimo grado. Yo, junto con un grupo de personas elegidas por el departamento escolar, asistí a sesiones de capacitación sobre temas como la prevención contra las drogas y el sexo seguro. Una vez por semana hablábamos con nuestros compañeros de clase acerca de cómo podían protegerse. Me encantaba hacerlo. Por primera vez me sentí útil, como si tuviera una voz, un propósito, podía contribuir con algo. Algo que me diferenciaba de todas aquellas cualquieras descerebradas y de las matonas.

En el fondo, sabía de alguna manera que era mejor que mi entorno, que era capaz de elevarme por encima de la chusma. Antes de que amaneciera, y mientras Papi se preparaba para su primer turno, permanecía despierta en mi cama, imaginando un futuro mágico que estaba un mundo aparte del mío. Podía imaginarlo: yo en el centro del escenario, un reflector dorado brillando sobre mi rostro radiante. Una multitud que se deshacía en aplausos. Las cortinas opulentas de terciopelo subiendo, luego bajando y subiendo de nuevo para otra repetición.

Mientras más crecía, más difusas se hicieron esas fantasías. ¿Podría una chica morena de una familia de inmigrantes encontrar un lugar en la

Gran Vía Blanca? No parecía probable. Sólo una entre un millón de niñas alcanza un sueño como ese, pero en algún pequeño rincón de mi alma, creía secretamente que podía ser esa chica. Sin embargo, antes de que el deseo pudiera arraigarse por completo, las circunstancias de mi familia me despertaban de nuevo a la realidad. En el espacio de unos pocos segundos, el sueño pasaba de parecer imposible, luego a posible y, a continuación, volvía a parecer improbable e incluso descabellado.

Mi madre pensaba abiertamente que yo tenía lo necesario para llegar lejos. «¡Eres toda una estrella!», decía cada vez que cantaba una nueva canción. Cuando era pequeña, los elogios de Mami me hacían sonrojar y reír. Pero desde que tuve unos doce años, sus palabras comenzaron a fastidiarme.

—¡No sabes nada! —le grité una noche después de que ella comentó que yo estaba destinada a llegar a Hollywood—. ¡Deja de decir eso!

Mi madre, sorprendida por mi reacción, se limitó a mirarme.

Mami no había cambiado, era yo quien lo hacía. Anhelaba ser cantante, encontrar mi camino a la fama, tanto como lo querían mis padres. Y sin embargo, la improbabilidad absoluta de ese deseo —la realidad de «nuestra situación»—, hacía que fuera doloroso contemplar una posibilidad tan remota. Así que le puse una tapa hermética al frasco de mis sueños. Los mantuve ocultos y los reconocía únicamente en la tenue luz que seguía a la madrugada. Fingí no querer lo que quería, sobre todo porque temía que fuera a terminar decepcionada.

* * *

Mi hermano se desilusionaba cada vez más. Durante la mayor parte de mi infancia, yo observaba con impotencia mientras mis padres hacían todo lo que estaba a su alcance para mantener a Eric por el buen camino. Lo presionaban para centrarse en sus estudios, lo regañaban cuando incumplía su toque de queda y, en un momento, cuando las cosas se pusieron realmente candentes entre él y Papi, mi madre pidió a mi tía y a mi tío en Nueva Jersey que hablaran con mi hermano. Nada sirvió. Él continuó sintiéndose mal —se encerraba en su habitación y dormía varias horas—, y mis padres no tenían dinero para pagarle un consejero. La verdad es que, entre los trabajadores con salarios bajos que se parten el lomo para pagar la renta, los sentimientos rara vez se discuten o se reconocen. El bienestar emocional es un lujo del primer mundo.

Un año después de salir de la escuela, Eric descubrió que su novia de mucho tiempo estaba embarazada. Eso no cayó muy bien a ninguna de sus familias. Los padres de Gloria creían que no estaban preparados para un bebé; Mami y Papi estuvieron de acuerdo. Pero Eric y Gloria habían tomado una decisión: no sólo tenían la intención de permanecer juntos, también querían un niño.

A los pocos meses de embarazo, Gloria se fue a vivir con nosotros. ¿Mencioné que nuestros cuartos eran muy pequeños? Bueno, con cinco personas en dos cuartos diminutos, nuestro apartamento se volvió particularmente hacinado. Y tenso. Lo que llevó a discusiones entre Eric y mis padres. Lo que llevó a discusiones, en general por el dinero, entre Eric y Gloria. Lo que me llevó a sumergirme en fantasías más profundas sobre una casa en Wellesley y en una vida alejada de las disputas.

En junio de 1996 apareció un nuevo miembro en nuestra familia. Eric llegó a casa en su Toyota con Gloria y su dulce recién nacida. Durante todo el camino, mi hermano apenas podía mantener los ojos en la carretera mientras miraba por encima de su hombro para ver a su princesa en el asiento trasero. Cuando el auto se detuvo en el camino de entrada, Mami y yo salimos corriendo; durante la hora anterior yo había estado acosando a mi madre, preguntándole cuándo llegarían. Gloria desenganchó el portabebés de la base del asiento y lo puso con cuidado en el brazo de mi hermano. La bebé, envuelta en una manta rosada, tenía los párpados fuertemente cerrados.

—¿Cómo se llama? —le pregunté mientras miraba a la bebé.

—Erica —me dijo Eric. Se inclinó y le dio un beso en la frente, lo que la hizo retorcerse un poco y abrir los ojos—. ¿No es linda?

Asentí. Parecía una muñeca viva: cachetes sonrojados, labios delicados, cabeza sin pelo. Era la bebé más hermosa que hubiera visto.

En los meses que siguieron al nacimiento de Erica, Eric mejoró como nunca antes; su nuevo papel de padre lo llenó de motivación. Consiguió trabajo pintando casas y cortando prados. En lugar de estar hasta tarde con sus amigos, pasaba el tiempo con Gloria y la bebé. De hecho, su relación mejoró tanto que se casaron. Poco después, Gloria comenzó a diligenciar los documentos sirviendo de fiadora para que Eric solicitara la ciudadanía. Con la residencia en mano, mi hermano podría buscar un trabajo legal y ganar un salario mínimo. Ellos sabían que tardarían meses, y tal vez incluso años, en completar el proceso. Pero estarían encaminados a tener una estabilidad financiera.

O al menos ese era el plan hasta que mi hermano se desvió del camino. Tal vez se empezó a sentir triste de nuevo. Tal vez se desanimó por el poco dinero que ganaba para mantener a su familia. Sea cual fuera el detonante, volvió a sus viejos comportamientos: de juerga hasta altas horas de la madrugada, desapareciendo sin ninguna explicación, desafiando la autoridad de mis padres. Cuando estaba en casa de noche, peleaba constantemente con Gloria.

—¡Necesito que me ayudes más con la bebé! —la escuché diciéndole una vez—. ¿Y dónde estuviste anoche?

Su matrimonio se hizo tan insostenible que Gloria y la bebé fueron a vivir con sus padres en Hyde Park.

En ese momento, mi hermano pasó de estar abatido a sentirse desmoronado. Dejó de trabajar. Se atrincheró en su habitación. Cuando se arrastraba a sí mismo para ir a la nevera, él y Papi se enfrascaban en una discusión; Mami, como de costumbre, trataba de interceder. Eso bastaba para mantener la tensión a raya por unos días, hasta que estallaba la próxima pelea.

* * *

Soy la consentida de papá. Por completo. Mami y yo también somos muy cercanas, pero Papi y yo siempre hemos tenido una conexión especial. Para empezar, los dos somos ultrasensibles. Cuando mi tía vino de Colombia a visitarnos, trajo algunas fotos de mi papá cuando era niño.

—Eras un poco feo —le dije en broma, y realmente le estaba tomando el pelo. Él se ofendió tanto que me arrebató las fotos—. ¡Lo siento, Papi! —grité, sorprendida de su reacción tan fuerte—. ¡Te prometo que no lo vuelvo a decir!

Supe que había herido sus sentimientos, era muy fácil hacerlo. Papi también era un blandengue en otros sentidos: una vez lo sorprendí lagrimeando durante uno de esos anuncios de Visión Mundial que muestran niños muriéndose de hambre. Trató de ocultar sus emociones, alegando que tenía un resfriado, pero su «moqueo» se debía a las lágrimas. Él se conmueve casi con la misma facilidad que yo, lo que ya es decir mucho, pues lloro por todo y con todo.

Por las noches, cuando mi papá entraba por la puerta principal, hacíamos nuestro propio ritual; «Ven aquí, mi amorcito —me decía, envolviéndome en un fuerte abrazo—. ¿Cómo estuvo tu día?». Recuerdo su olor después del trabajo —a fábrica— y por alguna razón, me gustaba su aroma. En los pocos fines de semana en que mi padre no tenía que trabajar, me llevaba a comer helado en la calle. Con mi cono de vainilla inclinado hacia un lado y goteando bajo el calor del sol, caminábamos juntos al parque o a la biblioteca. Incluso cuando llegué a esa edad en que la mayoría de los niños no prestan atención a sus padres (de los once en adelante), yo me mantenía con mi Papi. Me sentía comprendida en su presencia, vista, validada, segura.

Los días que pasaba en el mar con Papi eran increíbles. Nos levantábamos temprano, empacábamos algunos snacks, cargábamos nuestra camioneta y emprendíamos el viaje de una hora hacia la playa de Nantasket, al sureste de la ciudad. Algunos fines de semana, Mami iba con nosotros o yo invitaba a mis amigas; otras veces éramos sólo Papi y yo. Una vez allí, nos dirigíamos al paseo marítimo y caminábamos hacia el carrusel Paragon. Para el quinto grado, había crecido varias pulgadas, pero ni aun así dejó de subirme a la grupa de algún caballo y permanecer de pie a mi lado mientras yo daba vueltas de tanta alegría.

Hacíamos castillos de arena en la orilla y veíamos cómo eran arrastrados por las olas. «¡Papi, ven al agua!», le rogaba yo. «Hoy no», me decía; no se podía mojar el oído, debido a su problema. «Por favor», le suplicaba yo; si le insistía, él sacaba algunas bolas de algodón del bolsillo, las ponía en sus tímpanos y se metía de puntillas en el agua. «Me quedaré un segundo», me decía, pero veinte minutos más tarde, todavía estábamos chapoteando y riéndonos a carcajadas.

Una vez que él salió del agua y me dejó jugando sola, me gritó instrucciones desde su silla de playa.

—No te metas demasiado profundo —me advirtió—. ¡El mar es traicionero! ¡Una ola podría tumbarte sin darte aviso!

Yo ponía a prueba mis límites metiéndome hasta que el agua me llegaba a los muslos, mirando todo el tiempo por encima del hombro a mi papá. Pero no me sumergía del todo. Si Papi quería salvarme, me preocupaba que le entrara agua a su oído malo.

Al regresar a casa, mi madre me sacaba casi un baldado de arena del pelo y me traía una muda de ropa limpia. Papi, agotado de nuestra aventura, se quedaba dormido en el sofá mientras Mami me cepillaba el pelo un millón de veces para desenredármelo. «Despierta, mijo —le susurraba ella a mi padre cuando el sol se había puesto—. Es hora de dormir». Antes de ir a su habitación, Papi se inclinaba y ponía su frente contra la mía. Yo levantaba la barbilla para que él pudiera hacerme cosquillas en el cuello con su barba. «Buenas noches, niña —murmuraba—. Es hora de dormir». Era el tipo de día que yo deseaba que continuara por siempre. Sin tensión entre mis padres. Sin dramas o peleas por Eric. Todo era perfecto.

Papi y Mami también hacían que cada celebración fuera especial, y Dios sabe que las teníamos por montones. Los cumpleaños eran particularmente importantes en nuestra casa, y para mi décimo hubo una fiesta hawaiana. La fiesta estaba llena de flamingos, faldas de hierba y piñas, muchas piñas. Vinieron mis mejores amigas: Sabrina, Dana y Gabriela. ¡Lo tenía todo! Mi padre trajo el ponqué de cumpleaños. Mi rostro se iluminó tanto como la hilera de las velas altas y parpadeantes que mi padre había colocado en la parte superior.

—¡Pide un deseo! —me instó, de pie junto a mí con su Kodak. Respiré y rogué que mi familia nunca se separara (y por que, por supuesto, algún día me convirtiera en una estrella), y apagué las llamas.

A medida que el verano dio paso al otoño y llegó la temporada de vacaciones, Papi adornó los corredores con luces parpadeantes blancas y un pino.

—¿Te has portado bien o mal este año, chibola? —me preguntó bromeando mientras acomodaba la estrella brillante en la rama superior del árbol.

—¡Bien! —grité yo, riendo. En los días previos a la Navidad, nos reuníamos con otras familias para celebrar la novena, una tradición católica colombiana. Mientras íbamos de una casa a otra en medio del mundo fantástico del invierno, yo permanecía pegada a Papi. «¿Estás bien, mi amor?», me susurraba él, su aliento tan frío que yo podía verlo. «Estoy bien», lo tranquilizaba. Adentro, en el calor, mi papá y yo permanecíamos tomados de la mano mientras los vecinos recitaban las sagradas escrituras y cantaban juntos los dulces villancicos «Mi burrito sabanero» y «Tutaina». Y allí, balanceándome en la sala de nuestros amigos y apretando la palma de mi padre, sabía con toda seguridad que era amada. Todavía lo sé.

Mi papi. Mi refugio. Mi ancla. El papá en cuyos brazos descansaba, en cuyos hombros me apoyaba. El padre que trabajaba incansablemente para proporcionarme no una infancia perfecta, pero sí una mucho más feliz que la suya.

En un día frío de invierno, aparentemente una vida después, el hombre al que yo quería tanto volvió a visitar al abogado. Entre las carpetas, formas jurídicas y solicitudes de ciudadanía abarrotadas en el escritorio del abogado, tal vez encontraría un camino hacia adelante. Un pasaje seguro para salir de su escondite. Un pasaporte para abandonar los bajos fondos. El próximo capítulo de nuestra historia.

Mi Primera Comunión, muerta de la risa viendo a Gaby imitar a una de las señoras de la iglesia que nos decía que sopláramos las velas de la comunión. ("Apaguen la luz, apaguen la luz".)

CAPÍTULO 4

La buena muchacha

Siempre sé que es domingo porque me despierto con una sensación de culpa. Eso es algo bueno de ser católica… es una experiencia multifacética. Si pierdes la fe, es probable que mantengas la culpa, así que no es como si hubiera sido engañada por completo.

—Janet Evanovich, novelista

Mis padres me criaron como católica. Como la mayoría de los colombianos, Mami y Papi se habían criado en esa religión y estaban decididos a trasmitirme sus tradiciones: la escuela dominical y misa cada semana, el rosario, el agua bendita, los Diez Mandamientos, la confesión. No eran súper devotos, pero querían darme una base espiritual que fuera sólida, enseñarme a ser honesta, buena y generosa. Yo era una estudiante entusiasta. No sólo aprendí el modo católico de hacer las cosas, lo abracé por completo. Para la escuela media, había llevado todo eso de la Buena Chica Católica a su nivel más alto.

Ser católica era vivir de acuerdo a las reglas, un montón de «No Harás» y «Ave Marías». En nuestra casa, donde todo se había vuelto cada vez más tenso con las peleas entre Eric y Papi, las directrices me dieron algo a qué aferrarme, algo para enfocarme, algo constante e inmutable. No importa qué tan fuertes fueran las discusiones, no importa qué tan precaria pareciera la situación de mi familia, siempre podía encender una vela o leer el Catecismo. Estaba convencida de que el catolicismo era la respuesta a todos los problemas, la única forma segura de traer cosas buenas a tu vida. Gabriela, Sabrina y Dana iban a mi parroquia, el Sagrado Corazón, lo que hacía que ir allá fuera más agradable aún. No sólo me sentía cerca de Dios, sino que el catolicismo también me daba un sentido de comunidad, de ser parte de algo más grande y más importante que sólo yo.

Papi me recordaba con frecuencia cómo debía comportarme. «Cuida cómo le hablas a tu madre —me decía si yo le contestaba a ella—. Dios te está mirando siempre». Vine a conocer al Padre Celestial como, sí, el Gran Protector, pero también como El Máximo Juez, a quien yo temía profundamente. Me imaginaba que estaba sentado en el cielo en su trono, observando la Tierra por debajo con un ojo todopoderoso. Al igual que Papá Noel, Él sabía quién había sido travieso y quién había sido bueno, y Él llevaba un registro de todo. Cualquier persona que desobedeciera constantemente sus órdenes y se negara a arrepentirse terminaría en el infierno. Me volví muy consciente de esto a comienzos del segundo grado. Si yo, por ejemplo, miraba feo a mi maestra, me apresuraba a casa, cerraba la puerta del baño, lloraba y luego me daba cachetadas o jalaba el cabello. Era mi manera de castigarme antes de que Dios lo hiciera.

A los diez años, comencé a prepararme para mi Primera Comunión, algo sumamente importante para los latinos católicos. Había clases a las cuales asistir, versículos para memorizar, oraciones para recitar. Y lo asumí todo con un entusiasmo que debió haber sorprendido y deleitado en secreto a mis padres. El domingo, cuando me comprometí oficialmente con la fe y acepté a Dios en mi vida, permanecí allí, sonriendo y vestida de blanco de pies a cabeza delante de la congregación. Me habían bautizado y confirmado. Había recibido el Cuerpo de Cristo (el pan) y la Sangre de Cristo (el jugo de uva). En ese momento, realmente pensé que era vino.

—Estoy muy borracha —les dije a mis amigas mientras trastabillaba de nuevo a la banca. Después, nuestros amigos y vecinos fueron a mi casa para una cena especial organizada por mi madre y mi padre. La gente me dio regalos y flores. A partir de entonces, éramos yo, Dios, la Virgen María y San Antonio, y por lo que podía ver, lo más importante para mí era que los cuatro permaneciéramos juntos.

Rezaba constantemente. En las noches, cuando estaba en mi cama, sacaba una linterna pequeña y hojeaba el pequeño Nuevo Testamento que me había dado Mami. Después de leer algunos pasajes, apretaba mis ojos con fuerza y pedía a Dios que mantuviera a mi familia a salvo; por alguna razón, probablemente porque había visto demasiadas películas de terror, tenía un miedo irracional a que mis padres murieran. Mi oración preferida —el Ave María—, la aprendí de memoria en la escuela dominical: «Santa María, Madre de Dios, ruega por nosotros pecadores, ahora y en la hora de nuestra muerte. Amén». Después de eso, hacía todas mis otras peticiones habituales. Una casa pequeña, la que fuera, una que pudiéramos por fin llamar nuestra; la ciudadanía para mi familia; que me convirtiera en una estrella y, por supuesto, que permaneciéramos juntos para siempre. Si yo buscaba a Dios con el fervor suficiente, si vivía conforme a sus principios y nunca me alejaba, él recompensaría mi fidelidad protegiendo a mi familia. Yo creía en eso con todo mi corazón. Todas las buenas muchachas católicas lo hacen.

* * *

Papi siguió pagando al abogado mensualmente, y cada vez que iba a su oficina, recibía una nueva garantía. «Las cosas se ven bien —le decía el hombre a mi padre—. Cada vez estamos más cerca». Eso bastaba para que la frecuencia cardíaca de mi padre se mantuviera estable, pero mi madre estaba empezando a inquietarse. «¿Por qué se está demorando tanto? —le preguntaba—. Llevamos varios meses dándole dinero». «Ten un poco de paciencia —le decía Papi—. Será una realidad». Mami se calmaba por un tiempo, pero luego de un par de semanas, lo presionaba de nuevo.

Quería hacer algo más. Pensaba que debíamos intentar todas las opciones posibles. Así que a pesar de las súplicas de Papi para que se calmara un poco, ella dio un paso gigante.

Antes, cuando mis padres vivían en Nueva Jersey, Mami se había contactado con un abogado que le prometió ayudarle a conseguir la residencia. Le llevó documentos legales, que presentaría en su nombre ante el gobierno federal, pero antes de que el proceso terminara, nuestra mudanza a Boston lo detuvo. «Debería volver a abrir el caso —le decía a Papi siempre que él trataba de convencerla de que esperara el resultado de los esfuerzos del abogado—. En el momento en que consigas tu residencia, yo también voy a estar cerca de tener la mía».

En el otoño de 1997, Mami se puso de nuevo en contacto con un abogado de Boston quien contactó a su abogado en Nueva Jersey, y retomaron su caso.

—Todavía tenemos sus papeles —le dijo el abogado de Nueva Jersey—, pero realmente nunca se los entregamos a Inmigración. Sólo tiene que darnos algunas actualizaciones y entonces podemos empezar a trabajar de nuevo en su caso.

Cuando Mami le dijo a Papi lo que le habían dicho, a él no le gustó lo que oyó.

—Hace varios años entregaste tus papeles —le dijo—. Hay muchos trabajadores nuevos en la agencia. ¿Cómo van a saber siquiera qué presentaron y qué no? ¿Y por qué no te calmas un poco hasta que termine con mis papeles, y luego podemos ver los tuyos?

Pero, de manera comprensible, Mami estaba cansada de tanto esperar. Estaba más que lista para que nuestras circunstancias cambiaran, así que siguió adelante.

* * *

Comencé el sexto grado, y a excepción de las actividades extracurriculares, la escuela era un gueto peligroso y caótico, no voy a mentir. Los administradores dedicados trabajaban día y noche para que los estudiantes se insertaran en la normalidad académica, pero estaban luchando contra lo que debe haber parecido como una guerra imposible de ganar, porque los problemas que asolaban a nuestro vecindario también se hacían presentes en el campus. Las peleas estallaban con frecuencia. Los estudiantes interrumpían las clases al lanzar aviones de papel y lápices a los profesores. Algunas chicas quedaban embarazadas. Y las tensiones estallaban entre miembros de pandillas rivales que iban a la escuela con cuchillos. Todo eso me asustaba. Obviamente, había un montón de chicos y chicas como yo que querían sobresalir. Pero, ¿cómo puede una maestra sacar lo mejor de los estudiantes cuando simplemente está tratando de mantener la paz?

No es que mis compañeros de clase fueran malos. Mirando hacia atrás, puedo ver que muchos se habían desanimado. Habían renunciado a sí mismos. Estaban atrapados en un ciclo de pobreza y de bajas expectativas. Cuando tus padres tienen poca educación y se esfuerzan para llevar comida a la mesa, el sueño americano parece bastante inalcanzable. Y digamos la verdad: cuando creces en el barrio, no es que estés exactamente en la vía rápida a la Universidad de Yale. Pero evité los problemas y seguí adelante.

Una tarde durante mi semestre de primavera, llegué a casa con la intención de estudiar. Lily, una de las amigas más cercanas de Mami en el barrio, había venido a visitarla. Las dos estaban hablando en la cocina mientras mami preparaba la cena de esa noche.

—Ayer ocurrió algo muy extraño —le dijo Mami.

—¿Qué? —preguntó Lily.

—Escuché a alguien tocando nuestra ventana de atrás —dijo.

—¿Quién era?

—Me asomé a través de las persianas —dijo Mami—, pero no vi bien. Luego vino y tocó a la puerta.

—¿La abriste?

—Claro que no —dijo—. Simplemente grité: «¡¿Quién es?!».

—¿Y qué dijo?

—Me dijo: «Señora, soy de la compañía de servicios públicos. Simplemente estamos comprobando las cosas». No le respondí, y se fue.

—¿Habías llamado a la compañía? —preguntó Lily.

—Esa es la cosa —dijo mami—. No lo hice. Y nadie me llamó para decirme que alguien vendría.

Lily se quedó callada un momento.

—Estoy segura de que no era nada —dijo finalmente—. Probablemente sólo estaba revisando los medidores en la parte posterior de la casa.

Mami asintió y volvieron a hablar de lo mucho que habían disfrutado la misa del domingo anterior.

Una mañana, casi tres semanas después, me levanté muy temprano para ir la escuela. Había estado trabajando en un proyecto de ciencias para nuestra feria escolar, y debido a que tenía que llevarlo intacto a la clase, Mami había accedido a llevarme a la escuela. Me dejó alrededor de las ocho y media de la mañana, y mientras lo hacía, trató de besarme.

—¡Mami, aquí no! —le espeté mientras me apartaba de ella. Había llegado a esa edad en la que no quería que me vieran besar a mi madre en público.

—Espero que te vaya bien hoy —me dijo—. Estaré pensando en ti.

El proyecto fue un éxito con mis maestros. Yo había probado la hipótesis de que la aspirina hace que las plantas sean sanas y fuertes al sembrar dos plantas de hojas perennes: una en una matera con aspirina, y la otra sin ella. La primera fue la ganadora absoluta. Sus hojas abundantes tenían un color verde y profundo en comparación con las hojas amarillentas de la otra.

—Buen trabajo, Diane —dijo mi profesor de Ciencias. Sonreí. Como las ciencias no eran exactamente lo mío, cualquier tipo de felicitación me habría parecido un gesto de aprobación venido directamente del cielo. «Espera a que Mamá se entere», pensé. Ella me había ayudado con el proyecto.

Cuando llegué a la parte delantera de la casa, de inmediato supe que había pasado algo malo. La puerta estaba rota. Eric se asomó por ella. Cuando llegué a la entrada, la abrió y me llevó adentro.

—¿Qué está pasando? —le dije. Lily estaba sentada en el sofá. Tenía los ojos rojos. Ella y Eric se miraron el uno al otro antes de que él me respondiera.

—Es Mami —dijo. Luego hizo una pausa.

—¿Qué pasó? —le pregunté, mi pulso acelerado—. ¿Dónde está Mami?

—Se fue —dijo secamente. Bajó la mirada hacia el suelo. Lo miré fijamente.

—¿Se fue? —repetí—. ¿Qué quieres decir con que *se fue*? —Dejé mi mochila a mis pies. Las palmas de las manos me temblaban. Y también los labios—. ¿Se murió?

—No, no, no —dijo Eric, moviendo la cabeza de un lado al otro—. No se murió. Inmigración vino y se la llevó.

La sala se hizo borrosa. Me sentí mareada. Mi hermano no paraba de hablar, pero yo no podía comprender todo lo que decía. Sentía como si estuviera en *La dimensión desconocida* o en la atracción de Disneyworld «La torre del terror».

—¿Me estás escuchando? —espetó Eric cuando notó que yo estaba en la tierra del nunca jamás. Sus palabras me devolvieron al presente—. Nuestra madre está a punto de ser deportada —repitió—. Está detenida.

Después de que Mami me dejara en la escuela, había regresado a casa para reanudar sus labores. Fue a hacer su trabajo de limpieza. Después, compró algunos alimentos. El auto de Eric estaba en el taller, por lo que Mami accedió a llevarlo a una cita que tenía esa tarde. Regresó a la casa y recogió a mi hermano. Una hora después, justo cuando regresaba a nuestra cuadra, la policía la detuvo. El hombre que lo hizo no era ningún policía común y corriente, era un agente de inmigración, el mismo que ella había visto merodeando por nuestra casa. Él abrió la puerta y le pidió que saliera, y cuando ella lo hizo, le pidió que pusiera las manos en alto.

—Tenemos una orden para arrestarla, señora —le dijo mientras le esposaba las muñecas—. Tiene derecho a permanecer en silencio. Cualquier cosa que diga puede y será utilizada en su contra en un tribunal de justicia.

Eric permaneció aturdido y tembloroso en el asiento del acompañante. Los agentes ni siquiera lo interrogaron. Simplemente se llevaron a Mami, y un momento después Eric subió al asiento del conductor y estacionó el auto en la entrada de nuestra casa. Llamó a Papi y le dijo que saliera del trabajo y volviera rápido a casa. Su segunda llamada fue a Lily.

Momentos después de que yo entrara, Papi irrumpió por la puerta. Arrojó su lonchera en el piso, miró directamente a Eric, y gritó:

—¡¿Qué pasó!?

Eric le dio la noticia de manera detallada, y mientras lo hacía, vi que cada pedacito de vida desaparecía de las mejillas de Papi. Estaba completamente blanco cuando Eric terminó de hablar. Si la muerte en sí tenía una cara, habría sido la de mi padre en ese momento. Empezó a llorar.

Yo, histérica y sollozando, me había acostado boca abajo en el piso de la cocina.

Las horas siguientes fueron difusas. Papi se fue a su habitación, abrió la puerta y pensó cuáles eran nuestras opciones. Lily se agachó a mi lado y me frotó la espalda, tratando de consolarme, pero lloré aún más fuerte.

—Todo estará bien —me dijo—. Todo va a estar bien.

Cuando Papi salió de su habitación un poco más tarde, me dijo algo similar:

—Vamos a salir de esto. —Pero sus ojos y actitud lo traicionaron. En cada fibra de mi ser, yo sabía que estaba tan aterrado como yo, tal vez aún más.

Su conversación con Lily era prueba de ello. Más tarde, en voz baja en la cocina, los dos hablaron acerca de la mejor movida que podían hacer. Ellos pensaban que estaban susurrando lo suficientemente bajo como para que yo no los oyera. Estaban equivocados.

—¿Qué crees que debemos hacer? —preguntó Papi—. ¿Si nos vamos a Jersey?, ¿qué tal si vienen por mí esta noche? —Sólo que esa pregunta era suficiente para abrumar mi corazón con una nueva ola de pánico. ¿Qué sería de mí si se llevaban a mis *dos* padres?

Lily suspiró.

—Podrían volver —le dijo—. Saben dónde estás ahora, y…

Papi la interrumpió.

—Pero sabían dónde estaba, incluso antes de hoy —le dijo—. Si hubieran tenido la intención de arrestarme, lo habrían hecho esta vez. Saben exactamente dónde vivimos. No es ningún secreto.

Lily negó con la cabeza.

—No lo sé —le dijo—. Probablemente no deberían quedarse aquí. Puede que no sea seguro.

Me sentí como Ana Frank escondiéndose de los nazis. Sólo me hacía falta un ático frío y un diario para documentar los horrores que estábamos viviendo.

Nos quedamos. La teoría de mi padre era que Mami se había puesto a sí misma en el radar del ICE cuando había vuelto a diligenciar sus papeles. Aunque la agencia señaló que no le habían entregado los papeles a los federales, tal vez lo habían hecho. Quizá ese «tipo de la compañía de servicios públicos» realmente era alguien que el ICE había enviado a observar nuestra casa. Si Papi estaba en lo cierto, Mami llevaba varias semanas caminando con un letrero en la espalda. Y mientras mantuviéramos un perfil bajo, él pensaba que nos dejarían en paz a los tres.

Ninguno de nosotros pegó el ojo esa noche. Tampoco la siguiente. Ni la noche después de esa.

—Padre Nuestro —le susurraba a Dios mientras permanecía despierta en mi cama—, ayúdanos, por favor.

Recité todas las oraciones y pasajes de la Biblia que me sabía. Me devané los sesos para ver si yo había hecho algo —lo que fuera—, para desencadenar la ira del Señor sobre nosotros. Había sido un poco grosera con Mami esa mañana. ¿Podría haber sido eso? ¿O había cometido algún otro pecado del que no me había arrepentido? Durante la noche y hasta la madrugada, escuché todos los sonidos del barrio: un perro que ladraba, un auto que pasaba, una alarma que se disparaba en la casa del vecino de arriba. Con cada sombra a través de las paredes, con cada llave introducida en una cerradura, temía que la policía hubiera regresado por el resto de nosotros.

* * *

—¿Todo bien, Diane? —mi profesor de inglés se inclinó para susurrarme. Momentos antes, le había pedido a la clase ponerse de pie para el Juramento a la Bandera. Yo era generalmente la primera en hacerlo; me encantaba el juramento, y dado el hecho de que siempre he sido la única estadounidense en mi familia, esto siempre había tenido un significado especial para mí. Pero esa mañana me puse de pie como una zombi y murmuré las palabras como si mi cabeza estuviera en otro planeta. El profesor lo notó.

—Sí, estoy bien —comenté—. Sólo un poco cansada.

No le dije a ninguno de mis profesores que mi madre había sido arrestada. De hecho, no se lo conté a nadie en la escuela. Sólo mis amigos más cercanos sabían lo que había pasado, y, francamente, si hubiera podido ocultárselo, lo habría hecho. Así de mortificada estaba. Sin mi mamá, no había quién pudiera cuidarme después de la escuela. Las largas horas de trabajo de mi padre significaban que yo iba directamente de la escuela a casa de Gabriela o de Sabrina hasta que pudiera recogerme. Antes, a veces iba a la casa de alguno de mis amigos para hacer la tarea en equipo, pero esto era diferente. Y raro. Simplemente quería ir a casa, me sentía fuera de lugar. Como alguien que se había dado a la fuga. ¡Qué demonios!

—¿Cómo estás lidiando con eso? —me preguntó Gabriela cuando les conté la historia a ella, Dana y Sabrina. Estallé en llanto, y ninguna de ellas me volvió a mencionar el asunto.

Mami llamó un día después de que se la llevaran. Pude reconstruir los detalles de la conversación por lo que dijo Papi. Había sido conducida a las instalaciones para mujeres en Nuevo Hampshire, y en cuestión de semanas sería deportada desde allí.

—Sí, hemos pensado en mudarnos —le dijo Papi. Me sorprendió oírlos hablar tan abiertamente, pues Mami estaba hablando por el teléfono de una cárcel—. Pero no creo que vuelvan. Y además, en estos momentos realmente no tengo dinero para mudarnos. —Justo antes de la detención de Mami, Papi acababa de hacerle un pago doble al abogado. Papi me pasó el teléfono al final de la conversación—. Tu madre quiere hablar contigo —me dijo. Tomé el auricular.

Me puse a llorar antes de que Mami pudiera decir una palabra.

—Está bien, Diane —dijo Mami. «¿Por qué demonios todo el mundo me dice que está bien?», pensé. Comprendí que ella, mi papá y Lily estaban tratando de hacerme sentir mejor acerca de la situación. Pero mientras más trataban de asegurarme que todo estaba bien, cuando el mundo se había ido claramente al infierno, más perturbada me sentí.

»Vas a estar bien —siguió diciendo ella—. Tu padre se va a hacer cargo de todo. Sólo tengo que irme a Colombia por un tiempo. Todo va a funcionar —hizo una pausa y respiró—. ¿Diane?

—¿Sí? —le dije, sollozando.

—¿Por qué no vienes conmigo a Colombia?

Me quedé helada. Nunca había contemplado la idea de vivir lejos de Boston. Lejos de Estados Unidos. Lejos del único país en el que había vivido. Aunque había crecido oyendo hablar de la patria de mis padres, me parecía más un concepto que un lugar real; era un mundo sumamente lejano, que ni siquiera podríamos visitar debido al estatus de mis padres.

También temía dejar a mi papá y a mi hermano solos, sin un réferi que interviniera en sus discusiones.

—No, Mami —dije, con la voz temblando—. No puedo ir contigo. Me tengo que quedar aquí con Papi.

Se hizo un silencio sepulcral en la conversación.

—Cuídate, amor —dijo Mami finalmente—. Te amo. Te veré de nuevo cuando pueda.

En los días siguientes, mientras veía a mi padre pasar de la devastación al abatimiento, una cosa me quedó clara: Papi culpaba a Mami de su arresto. Y si soy honesta al respecto, yo también. Detrás de la puerta cerrada de su dormitorio, Papi discutía con mi madre todas las noches. ¿Por qué no había dejado las cosas como estaban? ¿Por qué había tenido que desenterrar esos papeles? ¿Por qué no le había hecho caso? ¿Y por qué tenía que ir por ahí siendo la más sociable del barrio, dejando que hasta el perro y el gato supieran nuestra situación?

—Eres demasiado abierta —le dijo—. Demasiado y malditamente amigable. Tal vez fue por ese maldito papeleo que te arrestaron, pero también podría haber sido alguien de por aquí que quería perjudicarnos. —Eran palabras duras, especialmente para una mujer que estaba en la cárcel, pero nuestra familia se estaba cayendo a pedazos. Era mucho lo que estaba en juego y el dolor estaba al rojo vivo. La mezcla de pánico y furia se desencadenó como aguas residuales sin tratar. No era el momento para cortesías o sutilezas. Estábamos en crisis.

No había la menor posibilidad de que me fuera con Mami, y a medida que una semana se convertía en tres y ella me seguía insistiendo durante nuestras llamadas telefónicas, me molestó que me llegara a proponer que me fuera de Estados Unidos. Aparte de querer a mi patria, había otra razón por la que no quería irme: me daba mucho susto que mi padre y mi hermano pudieran matarse entre sí. Pensé que yo tenía que hacer las veces de mediadora, tal como había visto a Mami hacerlo durante tanto tiempo. No podía reubicarme. Necesitaba mantener intacta a la familia que me quedaba en Estados Unidos.

En los días que siguieron a la deportación de Mami, mi mayor temor comenzó a hacerse realidad. Eric y mi padre peleaban sin parar; las discusiones se tornaron casi violentas un par de veces. «¡No más! —gritaba yo, interponiéndome entre ellos—. ¡Basta!» Mi padre, que por lo general tenía un temperamento más tranquilo, no estaba en condiciones de tolerar las estupideces que decía Eric. Y de eso había en abundancia: le contestaba mal a mi padre. Salía y entraba cuando le daba la gana, sin el menor respeto por las reglas. Y cuando Papi lo confrontaba, el ambiente se tornaba tan tenso que trataba de distraerlo pareciendo una loca: gritaba y me jalaba el cabello, tal como hacía cuando me castigaba por ser una «niña mala» . No quería que pelearan o que mi hermano saliera de la casa y se pusiera en peligro.

Un par de semanas después del arresto de Mami, alguien entró a casa durante el día y se robó nuestra televisión y el equipo de música.

—Apuesto a que fue uno de tus amigos sinvergüenzas —le espetó mi padre a Eric. Mi hermano lo negó y cerró la puerta en la cara de mi padre. Papi se ponía tan furioso que, en un par de ocasiones, estuvo a punto de pegarle a Eric en la cara. Nunca lo había visto así, tan cerca de salirse de quicio. Entre sus peleas con Eric y sus muchas horas en el trabajo, se sentaba encorvado en el sofá y se quedaba mirando fijamente la televisión. Estaba ahí físicamente, pero se sentía destrozado emocionalmente.

Me refugié en mi mundo interior. Sólo quería terminar el año escolar y ocultar la verdad a mis compañeros de clase. Traté de hablar con Eric un par de veces, pero se sentía tan afligido como yo; su manera de demostrarlo era poniendo más problemas en la casa; mi manera de demostrarlo era fingiendo que no había sucedido nada. Durante horas, desaparecía en mis mundos de fantasía, en mis programas de televisión, en mi música, en mi pequeño Nuevo Testamento. En cualquier cosa que me hiciera olvidar temporalmente el dolor que se cernía sobre mi familia. Durante ese primer mes después de la partida de mi madre, estoy segura de que Papi y yo no intercambiamos más de diez palabras, más allá de «No puedes contar a nadie lo que está sucediendo» y de mi respuesta: «Lo sé, papá», no hablábamos casi nunca.

Mami llamaba con frecuencia desde Colombia. «Te extraño tanto, Diane —me decía una y otra vez—. Deberías venir acá». Notaba un extraño optimismo en su voz, que había estado ausente cuando estuvo en la cárcel. «Si vinieras —me decía—, podríamos empezar de nuevo. Aquí las cosas están un poco mejor que antes. Podrías ir a la escuela».

En retrospectiva, ahora entiendo de dónde venía la esperanza de Mami. En las primeras semanas que pasó en su país, experimentó una Colombia que no había conocido antes. El peligro, la pobreza y la violencia seguían rampantes, pero ella los matizó al regresar. Se había ido desde la década de 1980, y tras su regreso, vio a su patria a través de una lente de luna de miel. Sus parientes, a muchos de los cuales les había enviado dinero durante años, la trataron como a una reina. La gente hacía fiestas en su honor. Se estaba volviendo a conectar con sus viejas amistades. El amor fluía y ella se sentía nostálgica. No me malinterpreten: no era que estuviera montando en limusinas. Pero su familia le estaba ofreciendo todo lo que tenía, como las mejores comidas que pudieran prepararle para agradecerle por todos esos años de ayuda financiera. Las crueldades y dificultades de la vida diaria no se habían manifestado todavía. Y por eso, ahora me parecía perfectamente lógico que se muriera de las ganas de que yo estuviera allá con ella. Por primera vez, Colombia parecía un lugar en el que podía labrarse una vida, pero la única manera en que tendría una vida feliz era si yo, su única hija, estaba allá para compartirla con ella.

Eso me parece ahora tan claro como el agua. Pero en aquel entonces, cada vez que lo mencionaba, el cuello se me ponía totalmente caliente.

—En vez de pedirme que vaya a vivir allá —le dije una noche—, tienes que venir *acá*.

—Ojalá pudiera —me dijo—. Haría cualquier cosa por volver. Pero es imposible en este momento.

Yo sabía que era cierto, pero mientras ella estaba organizando su nueva vida allá, no pude evitar sentirme enojada de tener que encargarme de evitar que la Tercera Guerra Mundial estallara en nuestra casa. Pensaba: «¿Me estás tomando el pelo? Mi vida no tiene sentido sin ti, y si tengo que lidiar con estos imbéciles un solo día más, mi cabeza va a estallar». Eso no le impidió mencionar la idea de que me fuera para allá. Llegó al punto de que, cada vez que mi mamá llamaba, le decía a mi papá que le dijera que estaba dormida.

Nadie me había preparado para esto. Siempre había sabido que había una posibilidad de que uno de mis padres, o ambos, fueran deportados, pero, ¿cuál era el plan de contingencia?

—Tienes que ser fuerte —me decía Papi siempre. Yo entendía esa parte. Pero, ¿qué pasaría después de que yo siguiera adelante a pesar de todo? ¿Los servicios infantiles vendrían por mí? ¿Regresaría a Colombia con uno de mis padres o con ambos? No había respuestas. Sólo estaban las posibles eventualidades de las que Papi y yo aún no estábamos hablando.

Me volví casi muda. Comía muy poco. Papá me ofrecía arroz y fríjoles por las noches, y yo dejaba el plato a un lado. Me dio un tic extraño en el cuello, tal vez debido al estrés. Y había un pensamiento que me perseguía mientras trataba de dormirme todas las noches: «¿Hice algo para causar esto? ¿Hice algo que te molestara, Padre celestial?». Había tratado de ser muy obediente. Había seguido las reglas. Sin embargo, Dios había permitido que sucediera aquello que yo temía. Y yo no entendía por qué.

* * *

A Mami se la habían llevado desde hacía poco más de dos meses, cuando Papi llegó a casa con algunas noticias.

—Tu madre va volver —me dijo. Lo miré.

—¿¡¿Qué?!? —le pregunté.

—Encontró una manera de volver —dijo inexpresivamente.

—¿Pero, *cómo*?

—No conozco todos los detalles —dijo de una manera tan realista que concluí que la historia no terminaba ahí, pero que él no iba a compartirla conmigo—. Llegará mañana.

Me quedé de piedra. Una avalancha de preguntas invadió mi cabeza. «¿Cómo podía haber encontrado una manera de volver a Estados Unidos? ¿Le habían retirado los cargos? ¿El papeleo había funcionado de alguna manera? ¿Qué estaba pasando y por qué Papi no me lo decía?».

Papi no parecía muy emocionado. Yo tampoco. No es que no me sintiera feliz de saber que Mami iba a regresar, pero temía que su regreso pudiera ponernos en peligro de ser arrestados. No le hice más preguntas a Papi al respecto. En ese momento, los dos seguíamos la política de «no preguntes, no digas» que habíamos implantado.

La noche siguiente, alrededor de las siete, Mami se detuvo delante de nuestra casa en un taxi; Papi, que había estado mirando nerviosamente el reloj como si la estuviera esperando a una hora determinada, se precipitó hacia el camino de entrada para recibirla; lo seguí.

—¡Princesa! —dijo, dejando caer su maleta para correr y abrazarme—. ¡Ay Dios mío, qué bueno verlos a los dos!

Ella y Papi se abrazaron sin mucho entusiasmo, como si todos los dramas de los dos meses anteriores se hubieran interpuesto entre ellos. Mami no parecía haber pasado por una prueba horrible: su ropa era linda, su sonrisa era amplia, su energía parecía abierta. No había sabido del todo qué esperar cuando la viera de nuevo. Me había imaginado que estaría disfrazada, tal vez con un sombrero y gafas o un uniforme militar. De incógnito. Ni Mami ni Papi me contaron los detalles de cómo se las arregló para cruzar la frontera. Hasta el día de hoy, todavía no lo sé a ciencia cierta. Pero sabía que sólo una madre que se negara a vivir alejada de su familia correría el gran riesgo de volver...

Mis padres comenzaron inmediatamente a hacer planes para mudarnos. Con Mami de nuevo con nosotros, era imposible seguir en nuestra casa. Nos iríamos a Nueva Jersey. No nos alojaríamos en la casa de mis tíos, pues las autoridades podrían encontrarnos allí, sino que encontraríamos un apartamento en un lugar más apartado y fuera del radar. Ese era el plan, y por un buen tiempo pareció que iba a funcionar. Hasta el día en que, una semana después de su regreso, Mami fue arrestada de nuevo.

Esa mañana, mi madre había salido a llevar a la escuela a un par de niños de nuestros vecinos, un trabajo extra que había hecho durante varios años. Las madres solteras que necesitaban llegar temprano al trabajo traían a sus pequeños a nuestra casa antes de la escuela. Mami les daba el desayuno y los llevaba a clases; en este caso, a la escuela de verano, a la que también asistía yo. Cuando llegué a casa esa tarde, Lily estaba en nuestra sala, en el mismo lugar, sus ojos igual de rojos, con la misma mirada de exasperación. Había sucedido de nuevo. No lo podíamos creer. Papá se quedó sin palabras.

Uno de los niños a los que llevaba Mami era el hijo de Lily; cuando el agente del ICE se detuvo junto a ella en la calle y se bajó del auto, Mami empezó a llorar: sabía lo que sucedería.

—Señora, necesitamos que nos acompañe —le dijo el agente. Le esposó las manos mientras otro oficial reunía a los niños. No estoy segura de cómo o cuándo Lily y las otras madres recibieron la noticia de que sus hijos estaban detenidos en una instalación del ICE, pero cuando lo hicieron, Lily se apresuró a recoger a su hijo. Luego regresó directamente a nuestra casa, llamó a mi escuela y pidió que me dejaran ir a casa de inmediato. Cuando entré por la puerta principal, completamente temerosa de que había sucedido lo peor, Lily me estaba esperando. Me di cuenta por su cara de piedra de que la noticia era exactamente la que yo temía.

—Se la llevaron —dijo Lily, apretándome entre sus brazos—. Detuvieron de nuevo a tu madre. —Esta vez, yo estaba demasiado aturdida para llorar. Honestamente, me pareció que era la peor pesadilla posible. ¿Realmente nos estaba sucediendo? ¿Qué demonios podríamos haber hecho para vernos envueltos en algo así? ¿Cómo era posible que mi madre fuera arrestada no una vez, sino dos?

Después de esta segunda detención, Papi no quiso correr ningún riesgo.

—Nos iremos —me dijo—. Tenemos que irnos de aquí.

No llegamos muy lejos porque no sabíamos si encontraríamos a alguien dispuesto a rentarnos una casa, por lo que alquilamos el apartamento lúgubre y pequeño en el sótano de Olivia, una amiga a quien conocíamos desde hacía muchos años. Ella vivía en la planta superior con su familia y alquilaba los pisos de abajo. El apartamento de una sola habitación era tan pequeño que tuvimos que deshacernos de la mayoría de nuestras cosas y empacar el resto. El único mueble que trajimos era un pequeño sofá de dos puestos. Todo lo que no vendimos lo guardamos en cajas, incluyendo todas mis muñecas y disfraces y buena parte de mi ropa. Eric había decidido mudarse a Nueva Jersey y tratar de empezar una nueva vida allí.

Yo no esperaba llegar a un Four Seasons, pero ese sótano era aterrador. Los techos eran bajos, decenas de cajas y contenedores de almacenamiento se alineaban en la entrada, olía a naftalina y el lugar estaba repleto de ratas. Papá puso mi pequeño colchón en el piso de su habitación, al lado de su cama. Por las noches, podía oír las ratas corriendo y subiendo por el interior de las paredes. Dormía con un ojo abierto y a veces veía a una ratas malditas, las más grandes que se pueda uno imaginar mordisqueando una grieta en la lámpara del techo sobre mi cama. Tenía mucho miedo de que la la lámpara se rompiera y una rata cayera en mi cara. Lo crean o no, eso no era lo peor. Lo peor era cuando alguna rata moría dentro de alguna pared y el olor permeaba el apartamento.

No pensé que mi padre pudiera estar más deprimido que cuando deportaron a Mami por primera vez, pero esta vez cayó aún más bajo. Durante las primeras ocho semanas, creo que los dos esperábamos secretamente que ella apareciera de nuevo por arte de magia, como lo había hecho antes. Pero pasaron dos meses y el verano dio paso al otoño. Y Mami no había regresado.

Hice todo lo posible para mantener la concentración en la escuela. No fue fácil, después de todo lo que estaba sucediendo en casa. Mis calificaciones bajaron. Mi profesor de Matemáticas llamó a Papi.

—¿Qué está pasando con Diane? —le preguntó—. Parece haber perdido el interés en la materia.

—Hablaré con ella —prometió Papi—. Estoy seguro de que pronto volverá a encarrilarse. —Por supuesto, no se atrevió a contarle la verdadera situación: que nuestra familia estaba atrapada en lo que era toda una pesadilla viviente.

Papi trabajaba incluso mucho más que antes; le enviaba dinero a mi madre en Colombia, además de sostenernos a mi hermano y a mí. De repente, no hubo distinción entre un lunes, un martes o un viernes. Todos los días transcurrían así: Papi se levantaba, salía a trabajar, me dejaba con los vecinos de arriba, que me daban el desayuno y me enviaban a la escuela. Yo seguía con mi día como una sonámbula, y luego volvía a casa a las dos y media y me quedaba dormida en el sofá de la vecina. «¿Quieres ver televisión?», me preguntaba Olivia. Yo asentía con la cabeza y ella sintonizaba a Snoopy. Por alguna razón, Charlie Brown era una fuente de consuelo. Permanecía sentada comiendo una enorme cantidad de Cheez-Its, una galleta tras otra, mientras miraba la pantalla. Pasaba el tiempo hasta que Papi llegaba a casa alrededor de las seis. En realidad, yo estaba pasando simplemente el tiempo hasta que Dios decidiera sacarnos de este lío.

Empecé a cambiar físicamente cuando estaba en séptimo grado. Me empezaron a salir los senos; no eran gigantes, sino más como pequeños albaricoques que toronjas. Pero eran lo suficientemente grandes para que empezara a molestar a mi padre para que me comprara un brasier.

Normalmente, no tenía conversaciones al respecto con Papi. Era Mami la que siempre se había asegurado de que tuviera la ropa interior que necesitaba. Ella me compraba unos lindos calzones de algodón y vestidos femeninos, lo que explica por qué, cuando la deportaron, me empecé a vestir como un chico preadolescente, con tenis, camisetas y el pelo crespo. No eran tiempos normales, así que tenía que hacer que mi padre me apoyara.

—¿Papi? —le dije. Creo que le asustó que yo estuviera hablando, pues había estado muy callada.

—¿Qué pasa? —preguntó.

—Mm, necesito un brasier.

—¿Qué? —dijo.

—Creo que ya es hora de que me consigas un brasier —repetí.

Sin voltear a verme, sacudió la cabeza.

—Mi amor —me dijo—: no lo creo. Estás bien.

Pero insistí. Estar hablando con mi padre acerca de un brasier me pareció lo más incómodo que había en el mundo, pero una chica tiene que hacer lo que tiene que hacer. Le rogué durante toda una semana. Era la vez que más habíamos conversado en varios meses. Finalmente, y sólo para que dejara de molestarlo, cedió.

Me llevó a Bradlees, que era como una versión barata de Target. Fuimos directamente a la sección de ropa interior para preadolescentes. Yo quería terminar con esto lo más rápido posible, así que cogí el primer brasier que vi.

—Es demasiado grande para ti —me dijo—. No te va a quedar bien.

Regresé avergonzada al estante y cogí otro. Era rosado, de algodón y con encajes.

»Ese podría funcionar —dijo. Antes de que pudiera decir otra palabra (¡de que alguien pudiera oír!), agarré tres de varios colores y me fui directamente a la caja. Qué situación más incómoda.

Más tarde, papi llamó a Mami y le contó nuestra aventura; los dos pensaron que era un poco divertida, y de cierta forma, yo también.

—Siento mucho no estar allá para ayudarte con esto —me dijo medio riéndose y muy triste de estar perdiéndose los acontecimientos de mi vida.

—No es importante —repliqué—. No pasa nada. Es sólo un brasier.

—Esa era mi actitud acerca de cualquier cosa que me molestara realmente. Deseaba que mi mami estuviera presente.

Por fin tenía mi brasier. Ahora sólo necesitaba la menstruación para hacerle juego. Mami ya había hablado conmigo acerca de mi periodo, incluso antes de que la deportaran la primera vez. «¿Ya te vino?», me preguntaba desde Colombia. La respuesta era siempre la misma: «No». «Bueno, si te llega —me decía—, dile a tu papá de inmediato. Y llámame. También puedes hablar con Olivia». Parecía que a todas las chicas de la escuela, excepto a mí, les había llegado el período. Todo lo que podía hacer era esperar. Cada mañana, examinaba mi ropa interior en busca de cualquier señal de color rojo. Nada. Después de un par de meses de prestar mucha atención, me había olvidado el asunto. «Esto no va a suceder nunca», pensaba.

Y, una noche, sucedió. Papi estaba en la sala, pegado a un partido de fútbol, cuando salí del baño con una expresión extraña en la cara.

—¿Qué pasa? —me preguntó.

—Mm, estoy sangrando —le dije. Me puse a llorar. Apagó el televisor y se levantó.

—Está bien, Diane —dijo, apretándome entre sus brazos—. Es natural. No llores, chibola, estoy aquí para ayudarte.

Nunca había extrañado tanto a mi madre como en ese momento.

Sólo hay una cosa más incómoda que comprar un brasier con tu padre: comprar toallas higiénicas. Papá se comportó con tranquilidad y trató de hacerme sentir tan cómoda como fuera posible, manteniendo la boca cerrada. Olivia le había dicho qué marca debía comprar. Creo que estaba tan nervioso como yo, y se aseguró de comprar una buena cantidad, casi al por mayor. Salimos de allí con todas las toallas higiénicas que el mundo femenino conoce como «protectores íntimos». Toallas de absorbencia normal. Un paquete para días críticos. Mi pobre padre podría incluso haber escogido unos Huggies. Pero todo habría sido para bien.

Hasta que, obviamente, empecé a arrojar las toallas al sanitario. Nadie me había dicho que debía envolverlas y depositarlas en la basura. Por otra parte, no me di cuenta de que debía dejar que la toalla se llenara antes de cambiarla. Si veía incluso el más pequeño rastro de sangre, la tiraba a la basura. Papi, quien entraba al baño después de que yo acabara de utilizarlo, notó dos cosas. Primero, que las reservas de toallas que estaban debajo de lavamanos se habían reducido considerablemente. Y segundo, no vio ninguna señal de toallas en la caneca de la basura.

—Diane, ¿puedo hablar contigo un segundo, amor? —me dijo.

«Mierda», pensé. Asentí con la cabeza y lo miré fijamente.

—Tienes que envolver las toallas y echarlas en la papelera —me informó—. Ah, y otra cosa: deberías esperar por lo menos un par de horas antes de sacar otra. —Los dos nos sonrojamos.

Para la Navidad de mi octavo grado, ya había aceptado plenamente que Mami no iba a volver. Yo había hecho aparentemente algo tan atroz, tan imperdonable, que ninguna cantidad de Ave Marías había sido suficiente para impedir que fuera capturada de nuevo. Esta debía ser la voluntad de Dios. Papi también parecía haberlo aceptado, y se limitaba a cumplir con cada día de trabajo como si fuera un autómata. Hablaba con Mami una o dos veces por semana; yo hablaba con ella incluso menos que eso. Ambos habíamos admitido la realidad de que la vida tendría que seguir adelante sin Mami.

Y entonces regresó de nuevo. Por segunda vez, en enero de 1999. No a Boston esta vez, sino a Nueva Jersey. No sé si le dijo a Papi que iba a venir; si no lo hizo, él ciertamente no me transmitió las buenas nuevas. Se fue a vivir con el hijo de su hermana, mi prima a quien yo quería mucho.

La primera vez que fuimos a visitarla, no fue exactamente una reunión dulce. Era evidente que estaba encantada de haber regresado. «¡No puedo creer que esté aquí de nuevo con ustedes!», repetía mientras me abrazaba, pero honestamente, yo tenía sentimientos encontrados. Claro que la había extrañado. Había anhelado tenerla cerca de nuevo. Pero ahora que mi deseo se había cumplido, no estaba tan segura de quererlo más. Papi y yo habíamos establecido nuestro ritmo, y el regreso de Mami parecía como una interrupción. En el fondo, yo simplemente estaba asustada de que todo sucediera de nuevo, y pensaba que mi corazón no lo aguantaría. Nuestros fines de semana consistieron desde entonces en que Papi y yo teníamos que conducir hasta Jersey. Era muy inquietante.

Las visitas fueron tensas al principio. Papi y Mami intentaron no discutir delante de mí, pero eso no duró mucho. Escuché cómo se echaban toda el agua sucia: Papi todavía estaba furioso por la forma descuidada en que Mami había solicitado el papeleo y llevado a los niños a la escuela. Y aunque él sabía que ella nos extrañaba muchísimo, no estaba de acuerdo con sus métodos para regresar al país. Ella quería regresar pronto a Boston, pero Papi se negó rotundamente.

—Si vuelves —le dijo—, tendremos que mudarnos de nuevo y permanecer escondidos.

Yo no quería meterme en esa discusión, sólo quería que nuestra familia fuera normal. Por una sola vez.

Mami convenció finalmente a Papi de que debíamos reunirnos en Boston. La verdad es que, aun en medio de sus peleas y del caos, todavía se querían mucho. Él la extrañaba tanto como yo. Y cuando Mami llevaba unas semanas en el país, Papi y yo dejamos ese sótano y nos fuimos a vivir a una casa de dos familias en Roxbury. No era muy lejos, pero al menos no estaría en la misma dirección si el ICE volvía de nuevo. Mami se fue a vivir con nosotros poco después, y a partir de ahí las cosas empezaron a mejorar. La nueva casa era lo suficientemente grande como para que yo tuviera mi propia habitación. Por fin, saqué mis cosas de todas esas cajas. Y pocos días después de que Mami regresara, Papi dejó de sentirse tan deprimido. Obviamente, tenía recaídas. A Mamá no le gustaron algunas de las nuevas amistades que yo había conseguido y me lo hizo saber. «Disculpa, pero no puedes decirme qué hacer», pensaba yo. Ella entendió muy bien el mensaje y no me volvió a molestar.

No pasó mucho tiempo para que las cosas volvieran a la normalidad, la normalidad que puede haber en una historia como la mía. Para febrero, cuando estaba en octavo grado, ella y Papi parecían más conectados que nunca. Discutían, pero como Eric ya no estaba con nosotros, había muchas razones menos para discutir. Papi todavía era muy optimista con respecto al abogado; nos había asegurado que, a pesar de los problemas de Mami, podía seguir avanzando con el caso. Me encantaba mi habitación, estábamos en una casa diferente —fuera del alcance del ICE, esperaba yo— y me sentí lo suficientemente segura para dormir de noche. Tal vez había hecho algo bien. Algo bueno, algo agradable para el Padre que estaba arriba. O tal vez, Él había optado simplemente por pasar por alto mis faltas y reunir a mi familia a pesar de ellas.

Derecha a izquierda: Gabriela, yo y Dana en nuestro grado de octavo grado.

CAPÍTULO 5

El plan

*Me encanta ver a una joven salir y
agarrar el mundo por las solapas.*

*La vida es perra. Tienes que
salir y patear traseros.*

—Maya Angelou, poeta y novelista

—¿Estás bien, cariño?

Me senté, apoyando la cara entre las palmas de las manos, en la oficina de mi consejera. Faltaba poco para que terminara la jornada escolar y yo había ido a nuestra cita. Lo que se suponía que iba a ser un chequeo rápido se había convertido en un festival de llantos.

—No sé qué hacer —tartamudeé, usando la manga de la camisa para limpiarme la mejilla. La consejera, una mujer mayor, de cabello café bien peinado, cogió una caja de pañuelos de su escritorio. Sacó uno y me lo entregó.

—Está bien, Diane —dijo—. Repasemos tus opciones.

En mayo de 1999, yo terminaría el octavo grado menos de dos meses después de visitar a la consejera, lo que significaba que había llegado el momento de escoger una escuela secundaria. Y si creen que mi escuela media parecía una escena de *American Gangster*, multipliquen eso por tres en el caso de algunas escuelas secundarias públicas de la zona. Para séptimo y octavo grado, muchos de mis compañeros ya habían caído por las grietas. Los maestros dedicaban demasiado tiempo de clases a lidiar con sinvergüenzas que se querían pasar de listos. Cada mes varios estudiantes dejaban la escuela. Los que querían portarse bien eran hostigados. Todo eso me hizo tomar la determinación firme de no convertirme en la próxima estadística. Así que desde el primer día de ese año conseguí un lugar en el calendario de mi consejera, me sentaba en una silla frente a ella y comenzaba a planear estrategias en busca de una solución.

—¿Qué tal una escuela concertada o privada? —me sugirió. Si yo aceptaba esta última, explicó, probablemente tendría la opción recibir una ayuda financiera considerable. Buena idea. Ese otoño, no solicité el ingreso a una, ni a dos, ni a tres, sino a seis escuelas. Mientras tanto, mis notas pasaron de ser «más o menos» a admirables. Estos esfuerzos, sin embargo, no fueron suficientes para mejorar significativamente mi promedio general: era demasiado poco y demasiado tarde. Ese viernes de febrero, cuando fui a ver a la consejera, llevé mi sexta carta de rechazo. Ya no tenía opciones, y ninguna dosis de arrullos, consuelos y Kleenex podría cambiarlo.

—¿Sabes qué, Diane? —dijo ella, su cara resplandeciendo.

—¿Qué? —murmuré sin mirarla.

—No sé por qué no pensé en esto antes —dijo—, pero sé que podemos probar algo más.

Dejé de lloriquear, me puse de pie y la miré.

—¿Qué? —le pregunté.

—Hay una escuela de artes escénicas que abrió hace unos años —

dijo. Buscó en una pila de folletos que tenía en su escritorio y sacó uno—. Aquí está. Es la Academia de Artes de Boston.

En la portada del folleto aparecía la imagen de un hombre joven tocando violín y de otro pintando; en una tercera foto, una chica estaba en una postura de baile. La consejera me entregó el folleto, y lo vi página por página.

—¿Ya venció el plazo de inscripciones? —le pregunté. Esto parecía demasiado bueno para ser cierto; tenía que haber una trampa.

—No creo —me dijo, dirigiéndose a la pantalla de su computadora. Entró a Google y tecleó el nombre de la escuela. Al cabo de unos pocos clics, obtuvo la respuesta—. Estás con suerte, aquí dice que el plazo para la audición vence en tres semanas.

Levanté las cejas y me senté en la parte delantera de la silla.

—¿Quieres decir que tengo hacer una *audición?* —le pregunté.

—Así es —dijo ella, riendo—. Tendrás que intentarlo. Pero te fascina cantar. Serías una gran candidata para esto.

Salí de la oficina de la consejera con el folleto en mi mochila y me dirigí a la biblioteca. Allí, en una computadora pública, leí sobre la Academia de Artes de Boston (que, según me enteré, era la única escuela secundaria pública de artes visuales y escénicas en la ciudad). Me quedé tan sólo unos minutos porque sabía que Mami me estaría esperando en casa antes de la cena.

—¿Cómo te fue hoy? —preguntó cuando crucé la puerta.

—Bien —le respondí. Me callé la nueva posibilidad porque no quería estropearla.

Esa noche, mucho después de que Mami y Papi se despidieran de mí, saqué una revista azul que mantenía escondida debajo de mi almohada. Busqué una página del centro y escribí dos palabras grandes en la parte superior: «Mi audición». Debajo del título, escribí todas las canciones que había imaginado interpretar. «Podría ser algo de Mariah Carey —pensé—. O tal vez una melodía de Broadway». La lista se extendió por varias páginas hasta que, con mis párpados pesados por el cansancio, entré a mi mundo de ensueño.

* * *

A Eric le estaba yendo bien en Nueva Jersey, al menos al principio. Con el apoyo de mi tío, había conseguido algunos trabajos como todero y comenzó a estudiar para el GED. Pero cuando estaba recuperando el equilibrio, estallaron los problemas. Una mañana, mientras se dirigía al trabajo, con la caja metálica de herramientas en la mano, se detuvo en una tienda. Mientras salía de allí, tres tipos se detuvieron, bajaron del auto y lo atacaron. Los chicos lo rodearon y le dieron puñetazos en la cara. Eric, que pensó que lo iban a robar, trató desesperadamente de defenderse arrojándoles la caja de herramientas. Un transeúnte llamó al 911. Cuando llegó la policía, detuvo a los cuatro. Aunque los otros tres tipos lo habían atacado, formularon cargos de asalto contra Eric. Se fijó una cita en la corte.

Ninguno de los atacantes se presentó ante el juez el día programado. El abogado de oficio de Eric le sugirió lo que creía que era la mejor estrategia legal.

—Sólo firma este documento y di que los estabas acosando —le dijo—. El acoso es un delito menor, y saldrás libre.

Mi hermano aceptó el consejo. Lo que no sabía era que Gloria, que estaba considerando la posibilidad de divorciarse de él, había suspendido su solicitud de ciudadanía. Sin la protección de su patrocinio, el «delito menor» de Eric era motivo de deportación automática; bajo las leyes de inmigración, el acoso se considera un delito grave.

Días después de garabatear su firma en el acuerdo de culpabilidad, Eric fue encadenado, encerrado en un centro de detención y enviado a Colombia. Todo sucedió tan rápido que Mami, Papi y yo no tuvimos tiempo de visitarlo antes de su partida. La última vez que vi a mi hermano en este país fue en 1999, en la primavera de mi octavo grado.

Mami quedó devastada. Su único hijo, su primogénito —el hijo que había traído a Estados Unidos con una esperanza compartida por millones de padres— había perdido su punto de apoyo.

—Quisiera que pudiéramos haber hecho más —le dijo a Papi en medio de lágrimas el día de la deportación de Eric—. Detesto la forma en que salieron las cosas.

—Hicimos lo que pudimos —le dijo Papi—. No estaba en nuestras manos.

Tuve sentimientos encontrados. Me partía el corazón que mi hermano se hubiera desencantado tanto con su vida aquí. Que hubiera crecido sin conocer a su propio padre. Que siempre se sintiera como el hijo extraño en nuestra familia. Que incluso cuando quiso enmendar su rumbo en Nueva Jersey, la mala suerte le jugó una mala pasada. Yo también estaba triste por algunas de sus elecciones, como por ejemplo, haber escogido malas amistades. Cuando eres indocumentado en Estados Unidos, no te perdonan por tratarse de una «indiscreción juvenil». Eric lo sabía mejor que nadie. Pero al igual que todos nosotros, es humano. Flaqueó. Y, en lugar de que sus errores le valieran una palmada en la muñeca, le costaron su oportunidad para hacerse ciudadano.

Extrañé terriblemente a Eric en los meses posteriores a su deportación. Finalmente conseguí mi propio cuarto, pero eso no me parecía muy satisfactorio sin Eric alrededor. Anhelaba las tardes que pasábamos en la pizzería, nuestros maratones dominicales de Fox, las veces que me recogía, me apretaba con fuerza y me daba vueltas hasta que yo le suplicaba, en medio de risas, que me soltara. Sin embargo, por mucho que me habría gustado que hubiera permanecido aquí, una verdad tácita pero que todos nosotros entendíamos, colgaba del espacio dejado por mi hermano. Con Eric en Colombia, Mami y Papi, con un hijo menos que mantener, tendrían una mayor oportunidad de que su oración más ferviente se cumpliera. La mía, escondida en las páginas de un cuaderno azul, seguiría siendo mi secreto por un tiempo más.

* * *

Papi nunca dejó de hacer un pago. Ni uno solo. Durante meses, pagó cumplidamente los honorarios al abogado, utilizando el dinero que había reunido haciendo trabajos de limpieza y como obrero los fines de semana. Antes y después de sus deportaciones, Mami trabajó adicionalmente cuidando niños y limpiando casas. A fin de prepararse para un nuevo comienzo, mis padres trataron de capacitarse. Papi tomó otro curso de inglés en la universidad pública; mi madre se inscribió en un curso de informática. Cuando podían, pagaban el doble para acelerar sus solicitudes de residencia. Y cada dos semanas, mi padre, cada vez más ansioso por resolver las cosas, llamaba para ver cómo iban los casos.

—¿Cómo va todo? —le preguntaba al abogado—. ¿Nos estamos acercando?.

—No puedo decirlo con seguridad —decía el hombre con frecuencia—, pero no debería demorarse mucho más, probablemente unos cuantos meses. Estamos progresando bien.

Esa conversación era seguida típicamente por una petición para que llenáramos más formularios. Llenamos los suficientes como para acabar con un bosque.

Inmediatamente después de la deportación de Eric, Papi se dedicó de lleno a avanzar en su caso. Llamaba con frecuencia a la oficina del abogado. Una semana, le dejó dos mensajes en el contestador. El tipo no le devolvió las llamadas, lo cual era extraño, pues generalmente se comunicaba con él un día después.

—Probablemente esté fuera de la ciudad —le dijo Mami a mi papá—. Tengo la seguridad de que todo está bien.

La siguiente semana, Papi llamó de nuevo. Me pidió que llamara cuando no obtuvo respuesta. Seguíamos sin noticias. Fue entonces cuando mi padre optó por una estrategia diferente.

—Diane —me dijo una tarde—. Vamos a verlo.

Papi no habló mucho mientras atravesamos las puertas correderas y tomamos el ascensor; por la forma en que retorcía sus manos, me di cuenta de que estaba nervioso. Recorrer ese corredor, que siempre nos había parecido largo, ahora parecía extenderse hasta la eternidad. Cuando nos acercamos a la oficina, inmediatamente noté algo extraño. La placa de identificación de los abogados no estaba. Papi y yo nos miramos sin saber qué pensar. Mi padre puso su mano en la manija de la puerta y la giró hacia la izquierda. Se abrió. Entramos.

La oficina estaba a oscuras. Cuando Papi encendió el interruptor, la luz fluorescente inundó el espacio. Papá avanzó pesadamente hacia el centro de la oficina vacía y miró a su alrededor. El escritorio del abogado había desaparecido. En un rincón había una pila de cajas de cartón y algunos rollos de cinta de embalaje. Periódicos viejos yacían esparcidos por el suelo. A excepción del clavo en el que había estado colgada la imagen de la Justicia, las paredes estaban totalmente desnudas. Me volví a Papi, que tenía sus ojos cafés completamente abiertos. Se llevó la mano a la cabeza.

—No lo puedo creer —murmuró con voz casi inaudible.

Un momento después, Papi se precipitó hacia la puerta, la abrió y se lanzó al pasillo; lo seguí. Luego, se detuvo frente a una clínica dental y tocó el timbre al lado derecho de la entrada. Una vez que escuchamos un zumbido, abrimos la puerta y entramos. En el vestíbulo, una secretaria irlandesa de edad avanzada con gafas de lectura y con una permanente de poodle, levantó la vista de su portapapeles.

—¿Puedo ayudarle, señor? —dijo con un fuerte acento de Nueva Inglaterra.

Papi me miró, lo cual era mi señal para convertirme en su portavoz.

—Mm —le dije—, ¿conoce al abogado que está al final del pasillo?

—Sí —respondió—. ¿Qué pasa con él?

—Bueno —le dije—, su oficina está desocupada. Nos preguntamos dónde está.

Ella me miró de soslayo por encima del borde superior de sus gafas.

—Ah, no lo sé —dijo—. Creo que vi a unos tipos mudarse la semana pasada. —Y luego, se concentró de nuevo en su portapapeles.

Regresamos a la oficina del abogado como si pudiera haber aparecido de manera sobrenatural. Mi padre caminó de un lado al otro y miró lentamente de una esquina a otra.

—¿Cómo pudo pasar esto? —repitió, su voz temblando cada vez más—. No entiendo. *Ayúdame, Dios.* —Sus ojos se llenaron de lágrimas. Luego me miró y me dijo—: Vámonos.

Más tarde en casa, en un momento que no le desearía a ningún niño, vi a mi Papi, a mi roca, desmoronarse ante mis ojos.

—¿Por qué? —dijo una y otra vez. Se rascaba la cabeza, incrédulo. Simplemente no podía creer que se hubieran aprovechado de él de esta manera. Especialmente delante de su hija pequeña, era demasiado humillante. ¿Qué esperanza podría ofrecer a su familia? ¿A su hija? Ver a mi padre así, me rompió el corazón. Mi dulce papi se había dejado embaucar por ese monstruo.

Luego, en un débil intento por consolarlo, le susurré:

—Está bien, Papi. Estoy segura de que podremos resolverlo.

A pesar de que esas palabras salieron de mis labios, yo sabía que no eran ciertas. No había manera de salir de este lío. Mis padres habían desembolsado miles de dólares, casi todo lo que tenían. Durante casi dos años, Papi había trabajado como un perro para mejorar la posición de nuestra familia, creyendo que, luego de ese esfuerzo, se encontraría al borde de una existencia mejor. En cambio, lo que encontró fue una oficina abandonada. Un abogado corrupto lo había engañado con promesas incumplidas. Y le había robado el dinero.

Me senté en la alfombra, al lado de Papi. Puse mis brazos alrededor de su cuello, y con lágrimas en mis mejillas lo abracé durante mucho tiempo. Lloré, no porque el esfuerzo desesperado de mi padre para obtener la ciudadanía se hubiera derrumbado. Lloré porque alguien que me importaba tanto, alguien a quien yo había visto luchar con todas sus fuerzas, estaba adolorido más allá de las palabras. En cierto modo, el dolor que sentimos por nuestros seres queridos es más profundo, más crudo que el que podamos sentir por nosotros mismos. Ver a mi padre en tal grado de desesperación es algo que me persigue aún hoy.

Papi marcó el número telefónico de la mujer que nos había puesto en contacto con el abogado. No respondió. Tiempo después, hablando con gente en el vecindario, Papi se enteraría de que esta mujer de hecho trabajaba para el falso abogado. Por cada trabajador indocumentado incauto y vulnerable que le llevara, recibía quinientos dólares. ¿Y el título de Harvard? Falso. Gracias, hijueputas.

La cena de esa noche fue la más silenciosa en la historia de nuestra casa. Mami permaneció taciturna y con cara de piedra, como si hubiera ocurrido una muerte, y en cierto modo, así era.

—¿Seguro que no estaba allá? —le preguntó a mi padre varias veces. No podía aceptar que nos hubieran estafado—. Tal vez volverá. Deberías ir de nuevo mañana.

Papá no respondió. Se levantó de la mesa y dejó la mitad del plato. Miré mi comida y no dije nada. Cuando estás de vuelta en la línea de salida de una carrera de la que no tienes ningún motivo para pensar que terminarás, no hay mucho de qué hablar.

Esa noche, sentí su dolor a través de la pared que separaba nuestras habitaciones. Lloró no sólo por sí mismo sino por mí. ¿Cómo iba a protegerme si no se podía proteger a sí mismo? Mi papi se sintió desamparado y esa noche, mientras intentaba quedarme dormida, yo también.

Sabrina y yo el 21 de julio de 2000 en Dedham, Massachusetts. Mi primera cena de cumpleaños de grande con mis amigas en la Pizzería Uno. Foto: Gabriela V.

CAPÍTULO 6

Cambio

*Si nunca estás asustado,
avergonzado o herido, significa
que no corres ningún riesgo.*

—Julia Sorel, novelista

Una semana después de la devastación de mi familia, llegó el momento de mi audición en la Academia de Artes de Boston. Finalmente le conté a Mami acerca de mis planes.

—Guau, ¡qué maravilla! —dijo. Como siempre, estaba contenta por mí. Solía llamarme su "hormiguita de bulevar" porque siempre estaba en movimiento, buscándome la vida y siempre abierta a cualquier oportunidad. Pero en el momento en que le iba a contar todos los detalles de mi audición, sonó el teléfono y era acerca de mi hermano, entonces mi emoción pasó a segundo plano.

Aunque tenía muchas esperanzas para la audición, Mami aún tenía el corazón adolorido por el reciente golpe. Lo mismo sucedía con el mío. En cierto modo, el aguijón de la derrota me hizo más segura de lo que tenía que hacer. Tenía que labrarme una vida por mí misma, y no una que dependiera de las circunstancias de mis padres. Para mí, esto era más que una prueba. Era potencialmente mi gran oportunidad. Sentía que si hubiera ido a cualquier escuela pública, me iría por entre las grietas o me agrietaría.

La mañana de la audición, me levanté temprano, me bañé y me puse mi vestido de verano favorito. A instancias de Mami, desayuné avena antes de salir para tomar el tren y llegué al campus. *Guau, queda justo enfrente a Fenway Park*, pensé. *¡Qué maravilla!* El edificio no era nada especial pero ese era el caso de muchas escuelas públicas de Boston. En realidad la escuela quedaba en el mismo edificio que Fenway High School, una escuela chárter de medios y tecnología. El simple hecho de estar allí me hacía sentir como que estaba tomando las riendas de mi futuro.

Atravesé el campus mientras miraba a otros chicos que parecían estar allí para la audición. *Mierda… ¿hay más?* Siempre he tenido tendencia a pensar que soy la única que hace ciertas cosas. ¡Ja! Quizás fueron todos esos años que pasé pretendiendo ser Kelly Kapowski de *Salvados por la campana*. Minutos más tarde, crucé las puertas del departamento de música. Una mujer rubia y alegre me saludó. Era como si hubiera visto a un fantasma: «¡Veo gente blanca!». Como en *El sexto sentido*. Quiero decir, por supuesto que había visto gente blanca en mi antigua escuela pero no parecían tan amables y contentos de estar allí. La mayoría de los profesores eran viejos y fumaban demasiados cigarrillos. Era como (insertar aquí tu mejor acento bostoniano) «*Jack sid-down for the last toime or youar goin to the principal's office*». (Jack, por última vez siéntate o vas a la oficina del rector) o «*Do noat thraow projectiles across the rum*». (No lances proyectiles en el salón). Estaban enfadados y no sabían manejar a unos chicos de la calle como nosotros. Y nosotros estábamos locos.

—¡Debes ser Diane! —dijo la mujer rubia.

—Así es —respondí tímidamente.

—Vamos —dijo ella—. Soy ayudante aquí, en el departamento de música.

Me condujo por unas escaleras y luego a un cuarto trasero. Allí, un grupo de unos diez chicos estaba reunido. Una niña que parecía dominicana estaba calentando con algunos platillos. Un tipo con rastas cortas y gafas estilo Dwayne Wayne tenía los ojos pegados a una página musical. Ninguno de ellos me miró.

—¿Tienes tu música lista? —me preguntó la asistente. No la tenía.

—Oh, pensé que tenía que cantar a capela —le dije.

—No hay ningún problema —señaló—. Espera aquí hasta que te llamemos. Y buena suerte.

Mi turno fue el primero. Al oír mi nombre, me pasé la mano por la el dobladillo del vestido para asegurarme de que no estuviera arrugado, entré a la sala de música y me posicioné en el centro de la sala. Vi que estaba Alyssa, una chica que conocía del campo de verano. ¡Fiu!: era el tipo de chica *cool* que suele tomarte bajo su protección. ¡Fiu!: era el tipo de chica *cool* que suele tomarte bajo su protección.

—¿Qué nos vas a cantar hoy? —preguntó el señor Stewart, el jefe del departamento de música.

—Voy a cantarles «Si tú eres mi hombre», de La India. También cantaré «L-O-V-E», el clásico estadounidense popularizado por Frank Sinatra —dije.

—Muy bien —dijo Stewart—. Escuchémosla.

Mi corazón latía a toda velocidad, pero era ahora o nunca. Pude ver cómo Alyssa me animaba. Tomé el micrófono del caballete para poder moverme un poco. La música comenzó.

Sentí como si estuviera fuera de mi cuerpo, viendo mi propia audición desde el público y diciendo: ¡*Relájate, demonios! ¡Respira! ¡Usa el diafragma*!

—Gracias, Diane —dijo Stewart, permaneciendo con cara de póquer—. Estaremos en contacto.

—¿Eso fue todo? —balbuceé. Él rió.

—Sí, es todo.

Se me fue el alma al suelo. *¿Qué acababa de suceder? ¿Lo había hecho bien? ¿Moriría asesinada en una maldita escuela en el gueto?* ¿Cuántas veces hay que lamer un Tootsie Pop para llegar al centro? Ah, la ansiedad adolescente.

Dos semanas más tarde, me apresuré a nuestro patio cuando vi a la empleada de correos abrir nuestro buzón.

—¿Hay algo para mí hoy? —le pregunté. Buscó en varios sobres y sacó uno grande de manila. Mi nombre, en letras mayúsculas, estaba en la parte delantera.

—Apuesto a que esto es lo que has estado esperando —dijo ella—. Aquí tienes. —Me entregó el paquete, así como el resto de la correspondencia del día y se alejó.

Abrí la solapa del sobre, con suavidad al principio, y luego con todas mis fuerzas. Saqué una cantidad de hojas y papeles; en la parte superior había una carta escrita a máquina en papel de color marfil de lujo. Le di la vuelta, y luego vi de nuevo la parte delantera y leí el primer párrafo. Mis ojos se posaron en dos frases: «Estamos encantados de ofrecerle la inscripción para el otoño de 2000 —decía—. ¡Felicidades, y bienvenida a la Academia de Artes de Boston!». Miré las palabras, releyéndolas para estar segura de que mis ojos no me hubieran engañado. Mi dislexia a veces me juega malas pasadas, pero ¡diablos! Me temblaban las manos al sostener los bordes de la carta mientras dejaba caer el resto de la correspondencia en el prado. Y durante un momento que vivirá para siempre en mi memoria, el mundo, por una vez, fue perfecto. Yo estaba en él.

* * *

Asistir a la Academia de Artes de Boston me pareció como volver a casa. Por primera vez, encajaba. Podía ser yo misma —bueno, siempre y cuando no hiciera el ridículo—. Mi nerd interior era libre al fin. Nadie me decía «coco» (blanca por dentro, café por fuera) porque tratara de hablar bien, participara y estudiara mucho. Aún tenía que tener una actitud fuerte en el barrio, pero podía bajar la guardia en la escuela. Había encontrado a mi gente: artistas que, como yo, querían explorar, aprender, crecer. El único inconveniente era que mi cuadrilla —Dana, Gabriela y Sabrina— no estaba en clases conmigo. Dana se había mudado a Florida, Sabrina estudiaba en West Roxbury y estaba contenta y Gabriela estudiaba en la English High School en Jamaica Plain. Más tarde solicitaría su ingreso a una licenciatura en Artes y entraría al departamento de Teatro, lo que hizo de la escuela algo genial.

Ir a la escuela era realmente divertido. Rara vez había días en que, una vez que mi alarma sonaba, yo gimiera, diera vueltas en la cama y deseara poder quedarme en casa. Cada día había algo emocionante. En la cafetería los estudiantes hacían teatro o presentaciones musicales durante el almuerzo. Artistas como Spike Lee y Yo-Yo Ma visitaban el campus y daban charlas. Hicimos excursiones a la Sinfónica, el Museum of Fine Arts y al ballet de Boston. Me asombró la cantidad de oportunidades, acceso y exposición. Simplemente estar en ese ambiente aumentó mis expectativas de lo que era posible en mi vida, a pesar de la incertidumbre que había en casa.

En el otoño en que me inscribí, era apenas el cuarto año de existencia de la Academia. Podías sentir su espíritu pionero y de innovación en las aulas y pasillos. Todo el lugar era como un laboratorio gigante; los miembros del personal experimentaban con nuevos enfoques académicos y nos animaban a pensar con originalidad. Hablábamos sobre raza, etnicidad y los sistemas de clases sociales de Estados Unidos y otros países. Era un programa bien logrado, diseñado con la intención de emular los debates y los cursos típicos de la universidad. Era perfecto para chicos provenientes de guetos urbanos, quienes con frecuencia se sienten dejados de lado de las conversaciones políticas. Nos permitía entender nuestra situación socioeconómica y la diferencia de oportunidades con respecto a nuestras contrapartes blancas y privilegiadas que vivían en Newton y en Wellesley. En la clase de música, yo daba un paso más allá al investigar acerca de la música que estudiaba en otras clases. Desde el primer día, me sentí motivada para dar el cien por ciento y mantener mis notas altas. Los maestros mencionaban el *college* como si asumieran que un día nos inscribiríamos. Incluso ahora, el noventa y cuatro por ciento de los graduados de la Academia lo hace.

Fui un poco tímida durante mi primer semestre. Tuve un par de buenos amigos y me gustaba pasar tiempo con ellos, pero sobre todo me sentaba a observar. La primavera fue una historia diferente. Fue entonces cuando comencé mi travesía. Tenía un largo camino que recorrer —y aún lo tengo—, pero para entonces ya estaba interesada en caminarlo.

—¿Has pensado en seguir una carrera como cantante? —me preguntó una vez el señor Stewart.

—En realidad no —le respondí sonrojándome. Su pregunta bastó para aumentar mi confianza.

Nuestras clases de música eran básicamente ensayos de coro. Unos cuarenta de nosotros estábamos divididos en nuestras secciones: soprano (yo), alto, tenor y bajo. El señor Stewart escogía nuestras canciones, que incluían casi todos los géneros, desde música clásica y jazz al pop, canciones de Broadway y espirituales de llamado y respuesta.

La música era poderosa y a veces podías sentir los espíritus musicales alrededor. Algo especial sucede cuando un grupo de gente trabaja en conjunto, y trabajábamos duro. El espectro completo de música incluía a «Carmina Burana» , música góspel como «Joyful, Joyful» de *Sister Act*, «Edelweiss» de *The Sound of Music* y algunos éxitos de *Jesucristo Superstar* y *Rent* que aún escucho en mi cabeza. A lo largo del año, nos preparábamos para distintos eventos. Los dos más importantes eran el festival de invierno y el festival de primavera. Sólo los estudiantes de cursos superiores habían sido invitados a presentarse en los festivales de invierno y primavera durante los años iniciales de la Academia. Pero en 2001, los administradores decidieron por primera vez incluir estudiantes de primer año.

Al final del coro un día de marzo, el señor Stewart nos llevó a Damien —mi compañero de clase— y a mí a un lado.

—¿Puedo hablar un segundo con ustedes dos? —nos preguntó.

—Mm, bien —balbuceé. No tenía ni idea de por qué nos había llamado.

—Como ustedes saben —dijo—, se acerca el festival de primavera. —Ambos asentimos—. Bueno, me gustaría ofrecerles una parte especial. Sería increíble si cantaran a dúo.

Damien y yo nos miramos. No dije nada, ya que es difícil hablar cuando tu lengua está pegada a tu garganta. Yo sabía que el señor Stewart se había dado cuenta de que yo estaba completamente dedicada, pero me quedé anonadada de que me considerara para semejante honor.

—Está bien —le dije, dejando escapar una risita nerviosa—. ¿Está seguro? ¿Yo? ¿De verdad?

—Mira, Diane —dijo, riendo—. ¿Lo quieres o no?

—Sí, claro —dije antes de que él cambiara de opinión. Damien también estuvo de acuerdo, y la semana siguiente comenzamos a quedarnos después de clases para aprender nuestro número, «La última noche del mundo», la canción de amor a dúo de *Miss Saigón*. Me dio gusto porque era justo lo que quería. Estaba espantada, pero ¡Dios mío!, vaya que lo deseaba. Lo deseaba con toda el alma.

En casa, las cosas seguían siendo sombrías. Habíamos aceptado que Mami y Papi estaban muy lejos de obtener la ciudadanía. Ellos continuaron su rutina de trabajo diario para ahorrar dinero. A pesar de que terminaron los cursos que habían tomado, no podían darse el lujo de inscribirse en otros, ni tenían muchos deseos. Por la noche, a puerta cerrada, los oía comentar sus opciones; esas conversaciones terminaban en discusiones. Dejé de preguntarme siquiera acerca de sus planes. Yo, básicamente, había perdido la esperanza de que lograrían sus propósitos y esperaba que pudieran mantenerse fuera del radar hasta que yo tuviera edad para ayudarlos.

Lo único agradable de nuestras vidas era mi sobrina. Antes, cuando Gloria se había mudado con sus padres y Mami fue deportada a Colombia, Eric se trasladó a Nueva Jersey y vi mucho menos a Erica. Eso cambió a principios de 2001. Gloria no sólo comenzó a traer más a su hija, sino que dejó en claro que, aunque Eric se había ido, ella quería que fuéramos parte de la vida de Erica. Por las noches, yo extendía juguetes por toda mi cama para poder jugar con ella. «Hola, preciosa», le decía, atrayéndola hacia mi habitación luego de mostrarle un libro para colorear de Disney. Con una sonrisa, ella cogía una crayola, salía un segundo después y golpeaba su minixilófono. Con ese postrecito en la casa, nunca hubo un momento aburrido.

Una tarde de mayo, yo estaba entreteniendo a mi sobrina en la sala. Mami estaba en la cocina, hablando con Amelia, la mamá de Gaby. Escuché su conversación antes de subirnos al auto.

—Anoche tuve un sueño muy raro —dijo Mami. Levantó la tapa de una olla, metió una cuchara y probó un poco de sopa.

—¿Qué soñaste? —le preguntó su amiga.

—No puedo recordar todo el sueño —dijo—, pero al final, me caí en un estanque de peces muertos.

—¿Un estanque de peces muertos? —repitió la amiga—. Mm, bueno.

Amelia era conocida por sus dotes de clarividente y con frecuencia sentía cosas… supranaturales. Leía la taza para predecir algunas partes de tu futuro con los simples remanentes de la bebida una vez que la habías terminado. Si un utensilio caía al suelo, dependiendo de cuál fuera, podía decirte si un hombre o una mujer estaban camino a tu casa. La mitad del tiempo me asustaba porque el historial de mi familia era bastante malo. Un mal augurio: «¡Sacude la mala suerte!». Me asustaba lo desconocido.

—Lo sé —dijo mi mamá—. Me desperté con un sudor frío. No sé qué significa. —Por la forma en que hablaba, me di cuenta de que estaba muy inquieta—. Tengo un mal presentimiento. Tal vez tendremos una racha de mala suerte.

Un sueño sobre peces muertos, o cualquier sueño acerca de peces, constituía una señal no precisamente buena.

En ese momento, Papi, que había estado escuchando desde su habitación, entró.

—¿Estás contando *esa* historia de nuevo, María? —dijo, riendo. Al parecer, ya se la había contado a él—. Vas a asustar a Diane. Estás siendo supersticiosa. Estoy seguro de que no es nada importante.

Mami sonrió, empezó a cortar algunas cebollas, y nadie mencionó el sueño de nuevo, hasta dos noches más tarde.

Papi se detuvo en una bodega para comprar un par de artículos cuando salió de la fábrica; el cajero registró los productos y le preguntó:

—¿Qué tal un boleto de Powerball, señor?

Papi se negó al principio, pero después dijo:

—Bueno, ¿por qué no? Podría intentarlo. —Le pagó al hombre, se metió el billete en el bolsillo y se olvidó de él. Después de la cena, se retiró a su habitación y vio las noticias. Cuando el locutor mencionó el sorteo de lotería en directo, papi se acordó de su boleto y lo sacó. Cinco minutos más tarde, llegó corriendo a la sala.

—Eh, ¡María! ¡Chibola! —gritó—. ¡¿Adivinen qué?!

Mami y yo estábamos viendo la telenovela colombiana *Yo soy Betty, la fea*, la primera versión y la mejor que se haya hecho. ¡Cuídense, versiones falsas de *Yo soy Betty, la fea*! Nos levantamos de inmediato.

—¿Qué pasa? —dijo Mami—. ¿Algún problema?

—¡Son los mismos números! —gritó mi padre, agitando el billete—. ¡Ganamos diez mil dólares!

—¡Déjame ver! —dijo Mami, arrebatándole el billete—. ¿Estás seguro, cariño?

Papi corrió a la habitación y regresó con un pedazo de papel en el que había garabateado la fila de dígitos.

—Mira —exclamó, entregándole la evidencia a mi madre—. ¡Los números coinciden!

Mami miró varias veces el papel y el billete. Todos permanecimos callados mientras ella los examinaba.

—¡Ay, Dios mío, tienes razón! —dijo finalmente, y le dio un gran beso a mi padre—. ¡Creo que mi sueño no significa nada! —gritó—. ¡A final de cuentas tenemos suerte!

Para algunas familias, diez mil dólares ni siquiera cubrirían el costo de las vacaciones de verano. Pero para nosotros fueron como un millón de dólares. Y literalmente de un día para otro, mis padres pasaron de sentirse desesperanzados a optimistas.

—Podemos utilizar este dinero para pagarle a un abogado legítimo —le dijo Papi a Mami a la mañana siguiente—. Esto es un milagro.

Esa tarde, Papi salió temprano del trabajo para poder reclamar su premio en la sede de la lotería estatal. Llegó a casa con una sonrisa de oreja a oreja. Después de tantos meses de confusión, fue agradable verlo sonreír de nuevo.

Antes de salir a trabajar el jueves, Papi asomó la cabeza en mi habitación. Yo me acababa de despertar.

—Buenos días, mi amor —dijo.

—Hola, Papi —le respondí con un bostezo—. ¿Todo bien?

Asintió con la cabeza.

—Quiero darte esto —me dijo, y fue entonces cuando me entregó aquel billete de cincuenta dólares completamente nuevo. Me levanté de la cama y lo abracé.

—Gracias, Papi —le dije—. Te amo.

Cada noche me dejaba tres dólares en la cómoda de mi recámara, pero esto era demasiado generoso.

Era muy temprano cuando mi padre salió, y decidí descansar una hora más. Noventa minutos después, cuando mis párpados se abrieron, miré mi reloj y me di cuenta de que había dormido más de la cuenta. Llegaría tarde a la escuela.

Durante más de una década, he revivido cada detalle de lo que sucedió durante las doce horas siguientes: mi discusión con Mami, mi carrera para llegar a la escuela, la extraña sensación en el estómago, el ensayo con Damien, la parada en Foot Locker y la voz en nuestro contestador diciendo que no había nadie en casa, repitiéndose una y otra vez en mi cabeza. En la noche del 17 de mayo de 2001, sin aliento y llena de temor, quité el seguro a la puerta principal, la abrí y entré. Nada nunca volvió a ser igual.

Papi, Mami, yo y Vanilla Ice… ajem, quiero decir mi hermano Eric.

CAPÍTULO 7

Capturados

*Algo muy hermoso le pasa a la gente
cuando su mundo se ha venido abajo:
Una humildad, una nobleza, una
inteligencia superior emerge
justo en el momento en que nuestras
rodillas golpean el suelo.*

—MARIANNE WILLIAMSON, maestra
espiritual

La entrada estaba oscura. Las botas de Papi, el par que se ponía cada vez que hacía trabajos de jardinería, descansaban fangosas y con los cordones sueltos cerca de la puerta. No oí ninguno de los sonidos que normalmente escuchaba después de la escuela. No había ruidos de la televisión, no había voces charlando en español, no había salsa sonando a todo volumen en la radio. Dejé la mochila en el piso junto a las botas de mi padre y vi la luz en la cocina. Me apresuré, mi corazón latiendo con cada paso.

—¡Mami! —grité—. ¡Papi! ¿Están aquí?

Me paré en la entrada de la cocina y miré alrededor. Un plato de rodajas de plátano estaba en el mostrador; una olla de arroz crudo estaba en la hornilla de atrás de la estufa. La canilla del lavaplatos, que Papi había tratado de arreglar esa semana, estaba goteando agua. El periódico de ese día estaba junto a una taza de café a medio llenar en la mesa. El delantal de Mami, que siempre doblaba y guardaba después de preparar una comida, colgaba del espaldar de una silla. Fui a la sala y corrí a la habitación de mis padres. ¿Estarían durmiendo?

—¿Dónde están todos? —grité a todo pulmón—. ¡Mami, Papi, estoy en casa! —Empujé la puerta de su dormitorio. Estaba cerrada—. ¿Están aquí? —grité, golpeando la madera con los puños—. ¡Abran!

Al ver que nadie respondía, introduje la punta de mi Adidas en la esquina inferior derecha de la puerta, me apoyé con todo mi peso para abrirla a la fuerza y tropecé. La habitación estaba vacía. El libro de direcciones de Mami estaba abierto encima de la mesita de noche; las gafas de lectura de Papi descansaban cerca de los pies de su cama de matrimonio. Corrí al baño mientras todo el cuerpo me temblaba. Luego a mi habitación. Luego de vuelta a la cocina. Y, por último, rezando para que estuvieran afuera, fui al patio trasero.

Todo estaba vacío.

En ese momento sonó el timbre. Me detuve. «¿Serán ellos?», me pregunté. Fui de puntillas a la parte delantera de la casa bajo las sombras de la sala. En la puerta, me estiré para ver por la mirilla. Allí estaba la vecina que vivía al otro lado de nuestra casa de dos familias, una mujer bajita y de mediana edad que nunca había sido muy amable con nosotros. Dejé puesta la cadena de seguridad y abrí ligeramente la puerta para ver un poco.

—Diane, soy yo —dijo ella—. Abre la puerta.

Mis manos temblaban mientras deslizaba la cadena a la izquierda y la desenganchaba. Entré al vestíbulo con la cara enrojecida y el estómago revuelto. La mujer me miró como si tuviera tres ojos.

Check Out Receipt

Main - Elkhart Public Library
574-522-2665
www.myepl.org

Thursday, March 21, 2019 1:07:32 PM

Title: En el pais que amamos : mi familia
dividida
Due: 04/11/2019

Total items: 1

—Se llevaron a tus padres —dijo con soltura, como si estuviera dando el pronóstico del tiempo.

—¿¡¿Qué?!? —bramé. Me pareció como si mi cabeza estuviera a punto de caer de los hombros, rodar por el suelo y explotar justo en frente de ella—. ¿Qué quieres decir?

—Me refiero a que los agentes de inmigración vinieron y los arrestaron —replicó—. Se los llevaron.

La miré, y me sentí mareada de repente. El vestíbulo comenzó a girar, cada vez más rápido, como si estuviera atrapada en una lavadora.

—¡No! —gemí con las palmas sobre mis sienes. Me balanceé hacia adelante y luego hacia atrás y me detuve antes de caer sobre el linóleo—. ¡No se han ido! —grité. La mujer no se inmutó.

—¿Quieres que llame a alguien? —preguntó. Yo estaba demasiado impresionada para responder. Mis gemidos se convirtieron en aullidos— Bueno —dijo, dándose cuenta de que no iba a responder—, dime si necesitas algo, ¿de acuerdo? —No respondí. Entré tambaleándome y cerré la puerta.

«¿Qué voy a hacer? —Mis pensamientos eran más rápidos que mis latidos—. Tengo que llamar a alguien». Me apresuré a la sala de estar y agarré el teléfono inalámbrico de la base. Marqué el número de Gloria, la mamá de mi sobrina. *Ring. Ring. Ring.* Respondió.

—Hola, ¿Gloria? —gimoteé.

Hizo una pausa.

—¿Qué pasa, Diane?

—¡Se llevaron a mis padres! —grité por el auricular. Lágrimas calientes escaparon de mis párpados y salpicaron en mi camiseta.

—¿De qué estás hablando? —preguntó.

—¡La policía vino y los arrestó! —grité.

Se hizo un silencio de muerte.

Incluso en medio de mi histeria, intentaba encontrar una manera de arreglar las cosas, de planear una nueva vida para mí.

—¿Puedo quedarme contigo? —le pregunté entre jadeos—. Tal vez puedas mudarte aquí. Puedo cuidar a Elisa. Iré a la escuela y conseguiré un trabajo.

Suspiró.

—Diane, no es una buena idea —dijo—. No creo que funcione.

Escuché lo que me dijo, pero no pude comprender muy bien lo que significaba para mí.

—Entonces, ¿qué se supone que debo hacer? —me quejé.

—Por ahora —dijo—, no le abras la puerta a nadie. Todavía no sabemos muy bien qué está pasando. La policía podría regresar. Mantente fuera de vista hasta que podamos pensar en algo mejor.

Corrí de nuevo a la puerta de entrada, completamente aterrorizada, para asegurarme de que tuviera puesto el seguro y la cadena. Apagué todas las luces, cerré todas las persianas, fui a mi habitación y cerré la puerta con seguro. Con el teléfono en la mano, me eché al piso y me deslicé debajo de la cama. Nuestra casa nunca me había parecido más silenciosa o escalofriante.

Lloré tan suavemente como pude, las palabras de mi papá reverberando en mi cabeza. «Si algo nos llega a suceder —me decía con frecuencia—, tienes que ser fuerte». Pero no me sentía fuerte, me sentía débil y abandonada. Me llevé el teclado del teléfono a los ojos para ver los números en la oscuridad. Llamé a otro salvavidas: a Amelia, la madre de mi amiga Gabriela.

—¿Amelia? —susurré.

Percibió mi angustia.

—¿Qué está pasando, preciosa? —me preguntó.

Le dije en voz baja todo lo que había sucedido, desde mi descubrimiento de que se habían llevado a Mami y a Papi, al hecho de que me había metido debajo de mi cama.

—¿Dónde estás? —me preguntó.

—Bajo la cama.

—Quédate ahí —me dijo—. No te muevas, iré tan pronto como pueda.

Minutos más tarde, sonó el teléfono; vi el nombre de Amelia en el identificador de llamadas y respondí al primer repique.

—Soy yo, Diane —dijo en su celular—. Estoy aquí. Puedes abrirme.
—Eché un vistazo por la mirilla para confirmar que fuera ella y no la policía. Después de abrir la puerta, me dejé caer en sus brazos. Gaby

estaba con ella—. Está bien, Diane —repitió mientras me acariciaba el pelo—. Todo va a estar bien ahora. Gaby, ve y prepara un té.

El teléfono volvió a sonar. Era mi padre.

—¿Héctor? —dijo ella—. Sí, estoy aquí con Diane. —Escuché atentamente lo que dijo Amelia y deduje lo que había pasado ese día. Se los habían llevado por separado. Mami, que estaba preparando la cena, había sido arrestada en la tarde, y Papi cuando regresaba del trabajo. Llegó a la entrada y vio que los funcionarios de inmigración habían rodeado la casa; estaban esperándolo para esposarlo. Papi fue conducido a un centro para hombres, y Mami a otro para mujeres. A mi padre le permitieron hacer una llamada corta. Era esta.

Amelia, sacudiendo la cabeza con pesar por lo que había oído, me pasó el teléfono.

—Tu padre quiere hablar contigo —dijo. Presioné el auricular contra mi oreja.

—¿Papi? —dije con voz rasposa—. ¿Dónde estás?

—Escúchame, Diane —dijo con severidad—. No tengas miedo. Eres una chica inteligente. —Mis ojos se llenaron de una nueva ronda de lágrimas—. No llores, Diane, no llores. Necesito que me prestes atención —continuó—, porque me queda poco tiempo en el teléfono. Ve a nuestra habitación y empaca las maletas, una para mí y otra para tu madre. Necesitaremos llevarnos algunas cosas a Colombia.

—¿Qué? —grité. Mami y Papi llevaban menos de veinticuatro horas en la cárcel, y sin embargo, mi padre ya estaba convencido de que serían deportados—. Pero, ¿no podemos hacer algo para impedirlo? —pregunté.

—No podemos hacer nada —dijo con toda naturalidad. La única manera en que él y Mami podrían tener una oportunidad de quedarse, explicó, era si un abogado de alto nivel asumía su caso; pero a pesar de su reciente golpe de suerte, Papi no tenía el dinero para pagar un abogado caro—. Le pregunté a Amelia si podías quedarte con ella —me dijo. Oí que un guardia le ordenaba terminar su llamada—. Así que estarás con ella, ¿de acuerdo? Te amo. Tengo que irme ahora.

Clic. Colgué el teléfono y me senté desesperanzada.

Un rato más tarde, me calmé para poder hacer lo que Papi me había pedido; Amelia hizo algunas llamadas a su familia mientras yo empacaba en la habitación de mis padres. Llevé una escalera al armario, subí y mantuve el equilibrio. Saqué con cuidado sus maletas de un estante de encima, las arrojé sobre la cama y bajé. No sabía por dónde empezar. ¿Por qué diablos haces las maletas para dos personas que nunca volverán? Busqué en los cajones y en el armario, sacando cosas al azar. Un montón de camisas y pantalones, varios pares de zapatos y un par de abrigos y suéteres. *Listo.*

Escuché algo mientras cerraba las maletas. Me asomé por la puerta hacia el pasillo. La conmoción provenía de la cocina. Me dirigí allá. Cuando llegué a la puerta, dos hombres y tres mujeres, que vivían en nuestra cuadra, me miraron. Al parecer, la noticia sobre la captura de mis padres se había propagado. Amelia había dejado entrar a los vecinos, pensando que habían llegado para ofrecerme sus condolencias. Pero lo que sucedió todavía me duele.

—¿Qué haces? —le pregunté a una de las mujeres. Estaba parada delante de la nevera abierta con una gran bolsa de plástico en la mano. Al parecer, estaba empacando nuestras frutas y verduras.

—Tus padres ya no necesitan esa comida —espetó—. Creo que podemos llevárnosla.

Amelia intervino antes de que la mujer pudiera responder.

—Disculpa —le dijo—, ¿puedes guardar eso de nuevo, por favor, e irte de aquí?

La señora le lanzó una mirada fulminante y cerró la nevera sin devolver la comida que se había robado. Me quedé estupefacta. Me sentía muy vulnerable, y las personas que mis padres consideraban amigas estaban saqueando su casa. Era el insulto supremo. E irónicamente, fue en ese momento, cuando esas personas me rodearon, que me sentí más sola. En un esfuerzo para proteger nuestros bienes restantes, me dirigí a la cocina y después cerré todas las puertas de la casa.

Con las maletas de mis padres empacadas, necesitaba empacar otra para mí. No sabía cuándo volvería a la casa, o si lo haría; cuando todo lo que has conocido se desmorona, nada parece seguro. Metí un montón de ropa para la escuela, mis libros y una muñeca Norma Jean Mini Cabbage Patch que Papi me había dado. Volví a llorar cuando entré al baño para recoger mis cosas. Era como si tuviera Turrets de llorar. Todo a mi alrededor era señales de lo que mis padres pensaban que sería una noche común y corriente. El rosario de mi mami colgaba del tubo de la toalla. También estaban las bolas de algodón con las que Papi se tapaba los oídos antes de meterse a bañar. Abrí el botiquín, saqué mi cepillo de dientes y lo volví a cerrar. Allí, en el espejo, me vi un rostro que no conocía: ojos hinchados, labios entumecidos.

Amelia dio unos golpecitos en la puerta del baño.

—¿Estás bien, cariño? —preguntó.

—Saldré en un segundo —le dije. Después de llevar las maletas a su Camry, hicimos un recorrido final de la casa para asegurarla. Miré para asegurarme de no dejar en la sala nada de lo que necesitaría. Mientras iba a la puerta, saqué la llave de repuesto que había escondido debajo del tapete—. Probablemente debería llevarme esto.

Amelia asintió.

Gloria vino en su auto, bajó de él, corrió hacia mí y nos abrazamos. Amelia le contó lo que le había dicho Papi.

—Se quedará conmigo por ahora —le dijo—. La cuidaré.

Gloria le dio las gracias, y nos separamos.

La casa de Amelia en Roslindale estaba apenas a diez minutos de la nuestra. Vivía en una casa pequeña con su hijo y dos hijas; Gabriela era la menor. Mi mejor amiga me ayudó a llevar las maletas a la habitación que íbamos a compartir. Debido a que había pasado tanto tiempo con Gabriela, afortunadamente me sentí como en familia. Cómoda, a salvo. Amelia también hizo todo lo que pudo para acogerme.

—Aquí tienes —dijo, dándome ropa de cama y toallas—. Siéntete como en casa.

Después de bañarme y ponerme mi pijama, llamé a mis tíos en Nueva Jersey. Escucharon sin poder creer mientras yo les contaba los horrores del día.

—¿Qué vas a hacer? —preguntó mi tía Milly.

—Bueno —le dije—, me voy a quedar aquí por ahora. Papi le preguntó a Amelia si podía quedarme con ella.

Sólo habían pasado unas horas desde que mis padres habían sido detenidos y, sin embargo, yo ya había resuelto algo en mi corazón: no me iría de Boston. No desperdiciaría la oportunidad milagrosa que me habían dado de asistir a la Academia de Artes de Boston. Entrar a esa escuela había sido lo más maravilloso que me había sucedido, y no estaba dispuesta a renunciar a ella. Todo lo que tuviera que hacer para quedarme, estaba dispuesta a hacerlo, y más.

Esa noche, en la oscuridad, con Norma Jean a mi lado, miré hacia el techo desde mi cama. Pensé en cómo había comenzado la semana, con el sueño extraño de Mami. Pensé en la euforia de mi padre, la alegría que asomó a su rostro después de ganar ese dinero. Pensé en los miles de momentos, grandes y pequeños, que me habían conducido a esta casa. A esta cama. A esta vida. Traté de no llorar, porque no quería despertar a Gabriela. Pero no pude evitarlo. Me escuchó sollozando y se sentó.

—¿Tienes miedo? —preguntó.

—Sí —le contesté.

—Lo sé —dijo ella—. Lo que está pasando es aterrador.

Una oleada de comodidad se apoderó de mí. Mi amiga no me había animado a ser fuerte. No me había dicho que mantuviera la cabeza en alto o que perseverara. No había manifestado la más leve certeza de que yo superaría esto. Más bien, me había dado permiso, justo antes de dormir, de ser la niña asustada que era.

* * *

La mañana después de la pesadilla, abrí los ojos y miré lentamente a mi alrededor. «¿Dónde estoy? —pensé. Y luego, de repente, el horrible recuerdo del día anterior llegó—. Sí, realmente sucedió».

Fui a la escuela ese día. Amelia nos dejó a Gaby y a mí en el camino a su trabajo. Yo estaba presente físicamente, pero mi cabeza estaba en otro planeta. Básicamente, me mantuve como una sonámbula en mis clases y traté de olvidar la devastación, de ocultarla detrás de alguna puerta secreta de mi corazón. Y a pesar de lo mal que me sentía, me alegré de haber llegado a la escuela. Estar allí era distraerme de mi trauma. Y con el festival de primavera en camino, no quería perderme los ensayos.

Esa tarde en el coro, el señor Stewart sintió que algo me pasaba.

—¿Estás bien? —me preguntó. Asentí y le dirigí una falsa sonrisa. Probablemente sabía que yo estaba ocultando algo, pero no se entrometió.

Me sentía tan humillada, como si tuviera el corazón destrozado. Ahora, años más tarde, algunos de mis antiguos compañeros de escuela secundaria me han dicho: «No sabía por lo que estabas pasando. No dijiste nada». Exactamente. Lo último de lo que quería hablar era de eso. ¿Qué chica quiere que el mundo se entere de que sus padres han sido detenidos? Es mortificante.

Durante la semana siguiente, conversé brevemente con Mami y Papi. Todas las llamadas eran iguales: lágrimas, una serie de disculpas por parte de ambos, instrucciones sobre qué hacer, a quién llamar. Estaba exhausta y sólo quería ser una niña. Les habían designado abogados, pero como ellos sospechaban, sus posibilidades de permanecer aquí eran minúsculas. Debido a que mis padres no podían hablar entre sí, me convertí en su intermediario.

—¿Cómo está tu madre? —preguntó Papi.

—Supongo que bien —le dije, sin saber muy bien cómo responder a esa pregunta. Yo no estaba tomando exactamente notas sobre el estado emocional de Mami, pues yo misma me sentía un desastre.

—¿Alguna persona de inmigración ha tratado de ponerse en contacto contigo? —preguntó mi padre.

—No —le dije. No sólo el servicio de Inmigración y Control de Aduanas habían permanecido al margen, sino que tampoco había recibido una llamada de los servicios de protección infantil de Massachusetts. Me habían dejado completamente sola a los catorce años. Literalmente. Cuando las autoridades tomaron la decisión de detener a mis padres, nadie se molestó en comprobar si una joven menor de edad, y ciudadana de este país, se quedaría sin una familia. Sin un hogar. Sin una posibilidad de seguir adelante. Tengo la suerte de que Amelia haya aceptado acogerme temporalmente, pero nadie en nuestro gobierno lo sabía. A los ojos del ICE, era como si yo no existiera. Había sido invisible para ellos.

Dos semanas después de que mis padres fueran enviados a prisión, recibí la noticia de que podía visitar a Papi. Para entonces, él y Mami habían sido trasladados de las cárceles en Boston a centros de detención en Nuevo Hampshire. Una parte de mí deseaba ver a mi padre; pero otra —la que necesitaba alejarse poco de esa terrible experiencia—, temía la visita.

Amelia me llevó.

—¿Qué tal un poco de música? —sugirió, tratando de aligerar el ambiente durante el viaje de dos horas.

—No, gracias —murmuré. Me animé al ver un aviso de Wendy's.— ¿Podemos almorzar ahí? —le pregunté.

—Por supuesto —dijo. Tenía buenos recuerdos de cuando iba a ese restaurante con mi papá en mi infancia. Me encantaba el *Frosty shake*, los *nuggets* de pollo con todas esas salsas, las paredes y mesas rojas y amarillas. Nuestra parada me dio un poco de consuelo ante lo que estaba a punto de enfrentar.

Llegamos por fin a la prisión, un conjunto de edificios de ladrillos café en medio de la nada. Una alambrada rodeaba las instalaciones. Pasamos por algunos controles de seguridad, incluyendo uno con perros dóberman que ladraban. No podía creer que mi papi, un hombre que nunca se había pasado un semáforo en rojo o cometido siquiera la menor infracción como peatón, se encontrara en un lugar como ese.

Una vez adentro, requisaron nuestros bolsos de manera exhaustiva. Un guardia nos leyó la lista de reglas de visita; por ejemplo, no podíamos dar ningún artículo o regalo directamente a los reclusos. Cuando pasamos por el detector de metales, entregué la maleta que le había empacado a Papi. Después nos llevaron a un salón grande y sin ventanas, donde casi cincuenta reclusos estaban esperando. Observé el salón. Unas pocas personas estaban solas. Otras estaban en grupos. Algunos tenían niños pequeños. Todos estaban allí por la misma razón que yo: para pasar unos minutos con alguien cuyo estatus estaba en el aire. Un guardia rubio y delgado se dirigió a los reunidos.

—Los reclusos serán escoltados aquí en breve —anunció—. Por favor, recuerden que deben respetar todas las normas de las instalaciones. Cualquier violación puede resultar en la futura suspensión de los privilegios de visita. —Amelia y yo nos miramos a los ojos.

Se abrió una puerta al lado del salón. Los prisioneros entraron en fila india detrás de dos guardias. Todos llevaban overoles naranjas. Amelia y yo nos levantamos esperando ver a Papi. *Un preso. Dos. Siete. Diez.* Un recluso tras otro salió, pero no vimos a mi padre. Otros abrazaban a sus seres queridos y se sentaban a hablar mientras nosotras seguíamos esperando. Por fin, cuando ya habían entrado unos treinta hombres, vi a Papi. Nos vio y arrastró los pies en nuestra dirección con la cabeza agachada.

Casi no lo reconocí. Su barbilla y su cuello estaban cubiertos de una barba incipiente. Su cabello estaba despeinado, sus dientes eran de color amarillo. Había perdido al menos quince libras. Meses antes, en la oficina vacía de ese abogado, había visto a mi padre en su momento más impotente, pero esto era peor. Vi en sus ojos la expresión de la derrota, de la desesperación, de la renuncia.

Nos abrazamos.

—Perdóname —me dijo cuando me soltó—. No tengo crema dental. —Mi padre, tan meticuloso acerca de la higiene, era consciente de su mal aliento y aspecto. Se tapó la boca con la mano, de pura vergüenza.

Miré nerviosa a mi alrededor, sin saber qué decir.

—¿Cómo estás, hija? —preguntó Papi para romper el hielo. Comencé a llorar—. No llores —me dijo. Me di cuenta de que quería abrazarme, pero no podía. Una de las reglas era el contacto físico limitado—. Ya habíamos hablado de esto. Sabías que podía suceder.

Una descarga de ira se apoderó de mí, tomándome por sorpresa. Mi padre tenía razón: yo era consciente de que podía perderlos a él y a Mami. Tal vez. Un día. En otro momento. Pero a medida que pasaban las estaciones y mi temor no se había hecho realidad todavía, me había calmado al pensar que no iba a suceder. La vida nos hace eso. En el fondo, sabemos lo que puede llegar a pasar, pero esperamos que aquello que tememos no ocurra nunca. Nos convencemos de que no puede suceder, porque si hubiera de hacerlo, ya habría ocurrido. Entonces, sin previo aviso, la realidad nos pega en la cara y nos damos cuenta de lo estúpido que fue creer que nos habíamos salvado. Y sin importar cuántos años pasemos angustiándonos por la tragedia inesperada que pueda ocurrir, el golpe no es menos fuerte cuando llega. Yo sabía desde el principio que podrían llevarse a mis padres y, sin embargo, me dolió infinitamente cuando se lo llevaron.

Amelia abrió su bolso, me entregó un pañuelo de papel y todos nos sentamos.

—¿Así que has estado haciendo tus tareas escolares? —preguntó mi padre.

—Sí —le dije, agarrando los bordes de la silla plástica con tanta fuerza que los nudillos se me pusieron blancos. Una pequeña charla: eso es todo lo que podíamos lograr en una situación como esta. Cualquier otra cosa implicaría abordar el gigantesco elefante blanco en la sala, la inevitabilidad de que pronto nos separarían por la fuerza. Como mi padre no tenía el valor para adentrarse en ese tema, inicialmente habló de cosas sin mucha importancia.

—¿Estás comiendo bien? —preguntó.

Miré a Amelia.

—Sí, todo está bien, Papi —le dije—. Estoy compartiendo la habitación con Gabriela. Es agradable.

Mi padre se volvió hacia Amelia, que no había dicho una palabra.

—Muchas gracias por recibirla —le dijo. Amelia asintió—. María y yo te agradecemos. De verdad. Nunca podremos pagarte. —Sin embargo, dijo que trataría de hacerlo. Los dos coincidieron en que enviaría un poco de dinero cada mes desde Colombia para cubrir mis gastos básicos.

Papi miró al suelo, y luego a mí.

—Quiero que sepas lo mucho que lamento todo esto —me dijo. Suspiró profundamente—. Tenemos que seguir hacia delante. —Sus ojos se veían cansados de no dormir. Estaba asustado.

Cerca del final de la visita, mi padre se levantó, puso sus manos suavemente sobre mis hombros y se inclinó lo más cerca que pudo a mi oído derecho.

—*Te amo* —susurró—. Sé fuerte, no lo olvides. —Me besó en la frente y retrocedió un poco antes de que los guardias lo reprendieran por acercarse demasiado.

Un timbre sonó, señalando el fin de la visita. Todos los internos se pusieron de pie.

—¡No, Papi! —grité, pero antes de que perdiera el control, mi padre me hizo callar con un gesto de su mano. Incluso en la cárcel, no quería causar problemas o llamar la atención indebida sobre nosotros. Ver a mi papá, a mi compañero de playa, a mi amigo, alejarse en su overol naranja, es uno de los momentos más duros que he soportado.

El regreso a casa fue incluso más silencioso que el trayecto a la cárcel. A lo largo de millas, en la autopista, me acordé de todos los años que mi familia había pasado preocupándose de que llegara este día, la energía que habíamos dedicado temiendo el arresto de mis padres. Ahora me habría gustado dejar a un lado la ansiedad, negarnos a dejar que invadiera cada interacción nuestra y disfrutar totalmente nuestra presencia mutua. En su lugar, permitimos que nos separaran dos veces. Avanzamos con dificultad a través de nuestros días con el estómago en nudos, nuestras vidas en espera, el corazón en la garganta y, sin embargo, nuestra preocupación no había cambiado el resultado. Yo estaba todavía en mi camino de Nuevo Hampshire a Boston, afrontando una vida que nunca quise. Si no iba a haber ningún final feliz para mi familia, si no encontrábamos ninguna vasija de oro al final del arco iris, entonces habríamos vivido como si la felicidad que habíamos compartido mutuamente fuera el premio en sí. El sueño. La tierra prometida.

Amelia nos preparó la cena esa noche, mi guiso colombiano favorito. Comí en silencio. En las próximas semanas tenía que escribir un trabajo para mi clase de Historia, ayudar con los quehaceres en la casa de Amelia, afinar mi solo para el festival de primavera, regresar a Nuevo Hampshire para visitar a mis padres. Y mantener en secreto todo lo que acababa de suceder.

Ey, ¿a dónde estás llevando a mis padres? ¡Yo soy la del traje de rayas! ¡Llévenme a mí!

CAPÍTULO 8

Abandonada

En cada vida hay un punto
de inflexión. Un momento tan
tremendo, tan agudo y claro que uno
se siente que ha sido golpeado
en el pecho, que se queda sin aliento,
y uno sabe, sabe *absolutamente*
sin el menor indicio de una sombra
de duda, que la vida nunca
será la misma.

—JULIA QUINN, novelista

Siempre recordaré esa sala de espera de la cárcel: caliente, atestada, mohosa. Varias filas de sillas metálicas unidas, como las que se ven en los aeropuertos, flanquea-ban las paredes de cemento. En mi fila, una madre adoles-cente trataba de calmar a su bebé que gritaba; dos asientos más allá, un anciano dormitaba con su bastón a un lado. Nadie habló. Amelia se inclinó hacia mí.

—¿Estás lista, preciosa? —me preguntó.

Me encogí de hombros.

—Supongo —le dije, aunque sabía que no era cierto. ¿Alguna vez podrías llegar a sentirte realmente *lista* para ver detenida a tu propia madre? No lo creo, y, definitivamente no cuando es posible que no vuelvas a verla nunca más. Pero yo no podía decir eso en voz alta. No a la única persona que había estado dispuesta a acogerme.

Yo había estado en una cárcel cuando era pequeña. Algunas veces, mi madre me había llevado a un centro de detención de inmigración para visitar a algunos vecinos nuestros que trataban de no ser deportados.

—Tenemos que ir y levantarles los ánimos —me dijo Mami mientras me abotonaba el vestido de algodón rosado—. Ellos nos necesitan en este momento.

Tal vez esto suene descabellado, pero en realidad yo tenía ganas de ir. Los guardias eran muy amables conmigo. Mi madre, que sabía lo mucho que me encantaban los dulces, me compraba una galleta grande de chocolate de la máquina expendedora. A los seis años, esa experiencia me parecía una excursión divertida. A los catorce, fue el día más terrible que hubiera enfrentado en mi vida.

El guardia, un hombre negro y alto con rastas, se arrastró pesadamente hacia la puerta.

—Señoras y señores —anunció en un acento jamaiquino—, firmen y hagan una fila aquí. —Levantó un portapapeles y señaló con la cabeza un detector de metales que había a la entrada. El ambiente del salón era agitado mientras unas cincuenta personas reunían sus pertenencias—. Sus bolsos serán registrados de manera exhaustiva. Los teléfonos celulares no están permitidos en el área de visita de los detenidos.

Los detenidos. Sus palabras permanecieron allí, espesas y pesadas, en el aire húmedo de julio. Apenas unas semanas antes, mi mami era simplemente mi mami. La madre cariñosa que peinaba mi pelo largo y negro en una cola de caballo. La mamá que se aseguraba de que me cepillara los dientes y terminara mis tareas. Luego, en una tarde que después pasé una década deseando poder borrar, Mami había sido calificada repentinamente como rea, prisionera, «detenida». Después de pasar dos meses en las instalaciones de Nuevo Hampshire, donde ya la había visitado en dos ocasiones, había sido trasladada a una cárcel en Boston. Y en menos de una hora, la obligarían a salir del país.

—Quítese todas sus piezas de joyería —instruyó el guardia—, y saque todas las monedas de sus bolsillos.

Pasé mis dedos por los dos bolsillos traseros de mis pantalones cortos. Vacíos. Desabroché mi collar de oro, el que mis padres me habían dado en mi décimo cumpleaños. Deposité la cadena en un recipiente plástico y pasé por el detector. Amelia me siguió.

Continuamos nuestro camino por un pasillo y entramos a una segunda sala de espera, más deprimente que la primera. El guardia caminó desde la esquina para entrar a la sala. Tenía un portapapeles en la mano.

—Cuando escuchen su nombre —masculló—, por favor, pónganse de pie y síganme. —Contuve la respiración mientras leía el primer nombre. A continuación, el segundo. Luego, el tercero y el cuarto. Cuando había dicho diez nombres, oí lo que había esperado, pero temido, escuchar—: Diane Guerrero —anunció. Amelia y yo nos unimos a la fila. Sentí como si fuera a vomitar.

El grupo estaba detrás del guardia. A mitad de camino por el pasillo, se detuvo frente a una puerta de acero. Había un letrero encima: ZONA DE VISITAS PARA RECLUSAS. Con todo el peso de su hombro derecho, el guardia se apoyó en la puerta y la abrió. Hizo un gesto para que entráramos.

La sala olía a productos de limpieza Bajo luces fluorescentes, alrededor de una veintena de presas estaban sentadas en fila en las cabinas. Cada una estaba en un taburete detrás de una enorme barrera de plástico. Cada cabina tenía uno de esos viejos teléfonos de escuela en la esquina superior izquierda. Cinco o seis guardias deambulaban alrededor, limitándose a observar. Mientras los otros visitantes se dispersaban para encontrarse con los prisioneros que habían venido a ver, permanecí allí y miré la fila, de cabina en cabina. Allí, en el centro, vi a Mami. Caminé lentamente sobre el linóleo y me senté en la silla frente a ella. Amelia se acercó y me entregó el teléfono.

Examiné el rostro de mi madre. En las ocho semanas desde su arresto, parecía como si hubiera envejecido de veinte años. Parecía cansada y frágil, como si llevara varios días sin dormir. Nunca la había visto tan flaca. Tenía los ojos vidriosos y la piel pálida. Su pelo estaba desordenado y lo tenía agarrado de cualquier manera. Tenían las muñecas esposadas descansando en su regazo. Un guardia que estaba a su lado de la barrera puso el teléfono en sus manos. Lo llevó a la oreja y lo mantuvo allí durante un largo rato.

—Hola, mi princesa —dijo. Su voz era tan suave y débil que casi no podía oírla—. ¿Cómo estás?

Mis dedos temblaban cuando la miré a través del plástico rayado. Me había prometido a mí misma que no me iba a atragantar, y que guardaría la compostura por el amor de mi madre. Pero podía sentir que mis lágrimas se acumulaban.

—Estoy bien —le dije. Me mordí el labio para evitar que las lágrimas se me escaparan. No funcionó—. Estoy, mm, estoy bien —tartamudeé.

Mami dejó caer la cabeza.

—No llores, bebé —dijo ella, sus ojos completamente húmedos—. Por favor, no llores.

Varias energías chocaban alrededor de la sala. A mi derecha, una mujer india se reía histéricamente; a mi izquierda, el anciano que había estado durmiendo en la sala de espera ahora gritaba obscenidades. Me acerqué más a la barrera para poder concentrarme.

—Lamento mucho todo esto —dijo mi madre—. Lo siento mucho, Diane.

Ella no quería que sus palabras me hirieran, pero lo hicieron. Estaba arrepentida. Mi papá estaba arrepentido. El mundo entero estaba arrepentido. Pero nada de eso cambiaba mi situación. Nada de eso alteraba el hecho de que, al anochecer, mi infancia habría terminado. Esta vez de verdad.

Mi madre sollozó.

—¿Trajiste la maleta? —preguntó.

Asentí. Amelia ya había entregado la maleta a los guardias cuando entramos a la cárcel.

Mi madre me miró fijamente.

—¿Qué vas a hacer, Diane?

Era una pregunta extraña para que una madre se la hiciera a su hija joven y, sin embargo, era la pregunta que me había estado preparando para responder desde que estaba muy pequeña. Mis padres siempre habían tenido una serie de realidades; pero yo, que era ciudadana, había tenido una serie muy diferente. Habíamos vivido con la preocupación diaria de que finalmente tendríamos que separarnos. Nuestro miedo por fin se había hecho realidad.

Me senté adelante de la silla.

—Me voy a quedar, Mami —le dije—. Tengo que quedarme.

De alguna manera, yo siempre había sabido que me quedaría. ¿Qué haría en Colombia, un lugar en el que nunca había estado? ¿Qué clase de vida podría tener en un lugar del cual mis padres habían escapado, arriesgándolo todo? Además, el resto de mi vida parecía estar bien por primera vez en varios años. En lo que a mí respecta, no tenía otra opción. Necesitaba quedarme.

—¿Ves a ese tipo? —preguntó mi madre. Inclinó la cabeza hacia un guardia de aspecto dominicano que estaba a mi lado del plástico. Debió notar que lo mirábamos, porque nos dirigió una mirada—. Es un buen tipo —dijo. No me sorprendió que se hubiera hecho amiga de un guardia; mi madre siempre ha sido muy sociable—¿Sabes lo que me dijo? —preguntó.

—¿Qué? —exclamé.

Acercó completamente el auricular a su boca.

—Me dijo que inmigración sólo detiene a las personas cuando alguien las ha delatado.

—¿Qué quieres decir?

—Quiero decir que no buscan por capricho a trabajadoras de limpieza —me dijo—. Alguien tuvo que haberles informado acerca de nosotros.

La miré.

—Pero ¿quién podría haberlo hecho?

—No sé a ciencia cierta —me dijo. Respiró, y luego exhaló lentamente—. Es por eso que tienes que mantener los ojos abiertos. Ten mucho cuidado, Diane.

Me puse a llorar, y esta vez no me contuve. Lágrimas enormes rodaban por mis mejillas y goteaban de mi barbilla. Traté de limpiarme la cara con el borde de mi camiseta. Amelia, que había estado de pie a mi lado todo el tiempo, empezó a frotarme la espalda. El guardia dominicano caminó hacia nosotros.

—¿Eres su hija? —me preguntó. Asentí con la cabeza—. Está bien, cariño —dijo—. No le haremos daño a tu mamá.

Por alguna razón, eso me hizo llorar aún más fuerte.

—Entonces, ¡¿por qué tiene que estar esposada?! —le grité. Podía sentir que me alteraba—. ¿No puedes quitárselas? ¡No va a hacer nada! —Varias personas me miraron.

—Lo siento, pero tiene que permanecer esposada —me dijo—. Son las reglas.

Poco después, un guardia que estaba cerca de mi madre gritó:

—¡Apúrense! ¡Quedan cinco minutos!

Mami se deslizó hasta el borde de su taburete, con el auricular entre el cuello y el hombro. Acercó la cara a la barrera.

—Mi niña, no llores más —susurró. Hizo una pausa, miró hacia el piso y luego volvió a mirarme—. Nunca lo olvides. Estoy muy orgullosa de ti. Sé una buena chica, ¿de acuerdo?

Solté el auricular y me llevé las manos a los ojos. Había tantas cosas que tenía que decirle, tantas palabras que me había reservado. Quería levantarme y gritar: «¡Mi madre no es una criminal! ¿Acaso no entienden? ¡Arrestaron a la familia equivocada! ¡Por favor, suéltenla!». Pero mientras el teléfono colgaba del cable, lo único que podía hacer era gemir.

—Adiós, Mami —le dije entre sollozos—. Adiós.

Nuestro tiempo había terminado. Cuando el guardia de las rastas hizo el último llamado, la mujer india presionó sus palmas contra el plástico, como si estuviera tratando de tocar a la persona del otro lado. El anciano se puso de pie, usando su bastón como palanca.

—¿Estás lista? —preguntó Amelia. Me levanté y me giré, para no ver la cara de Mami. Por mucho que había anhelado verla, no quería recordarla así. No con las muñecas esposadas. No con un overol naranja. La persona detrás de esa barrera no era mi madre. Era una extraña para mí.

El grupo recorrió el pasillo sin hacer casi ningún sonido. Amelia sostuvo mi mano mientras caminábamos.

—Esto no es el final para ti, Diane —trató de tranquilizarme. Pero me parecía como el final. Tan devastada como me sentía por mi madre, estaba aún más asustada por mí misma. Ella y mi papá irían a la casa de sus familiares en Colombia. Pero yo estaba entrando a un futuro contra el que había rezado, para que nunca llegara.

Amelia examinó el estacionamiento, tratando de recordar dónde había dejado su Camry. Una camioneta blanca de la policía se detuvo cerca de la entrada lateral de la prisión, a unos cientos de pies de nosotros. Amelia y yo nos miramos. Segundos más tarde, dos guardias condujeron a algunas reclusas por la acera. Mi madre estaba entre ellas.

Mientras mi madre subía al furgón policial, se dio vuelta y alcanzó a verme. Se quedó paralizada. Me di cuenta de que quería decirme algo y correr hacia mí. Pero antes de que pudiera hacer un solo movimiento, un guardia la subió a la camioneta.

—¡Vamos! —le espetó.

El motor rugió. Desde su asiento en la parte trasera, Mami se retorció para verme a través de los barrotes en las ventanas. Estaba tratando de decirme algo, pero yo no podía entender qué era. Entonces, de repente, entendí. «Te amo —estaba diciendo—. Te amo. Te amo. Te amo». Repitió las palabras hasta que la camioneta se alejó del estacionamiento y desapareció. Sonreí. Esa era la única cosa de la que podía estar segura: que mi mami me amaba. A la mierda con quien intentara interponerse entre nosotras.

El verano en que perdí a mis padres, sentí la más extraña de las angustias. No hubo amigos que se reunieran para llorar a quienes habían partido. Nadie envió flores. No se planeó ningún servicio conmemorativo. Y, sin embargo, las dos personas que más quería, habían desaparecido. No del mundo en sí, sino de mí. Encontraríamos una manera de seguir adelante, pero no con la promesa de la presencia del otro.

Yo quería revertir el tiempo con todo mi corazón. Devolver los meses. Volver a los días cálidos e inocentes, cuando me sentía segura. Cuando el olor del arroz y los plátanos recién hechos por Mami me recibían en la puerta. Cuando el sonido de la risa de Papi me hacía sentir como la chica más preciosa del mundo. Cuando todo aún tenía sentido. Pero no podía regresar. La única salida estaba adelante.

Amelia vio su auto en el estacionamiento. De regreso a su casa, me quedé mirando desde mi ventana en silencio. La advertencia de mi madre, su consejo inquietante, hizo eco a través de mí. «Ten cuidado. Ten cuidado. Ten cuidado». Mañana comenzaría una nueva vida, una vida incierta y aterradora. Una familia improvisada. Una casa diferente. Un camino para el que había rezado con tanto fervor no tener que tomar nunca. Miré a Amelia, me acomodé en mi asiento y vi el sol descender sobre el puerto de Boston.

Gaby y yo en nuestro segundo año de universidad en el salón de música de la Academia de Artes de Boston. Esta foto estuvo colgada todo el año en el salón de nuestro profesor de humanidades. Como pueden ver, algún vándalo la dañó.

CAPÍTULO 9

Una segunda familia

Si vas a cualquier lugar, incluyendo el paraíso, extrañarás tu hogar.

—Malala Yousafzai, activista paquistaní y Premio Nobel de la Paz en 2014

No pude visitar a mi padre la tarde en que fue deportado. Los funcionarios de inmigración no nos habían dicho cuándo lo deportarían exactamente, y como lo hicieron durante un día laboral, Amelia no pudo llevarme al centro de detención. Sentí alivio al perderme el último encuentro. Ver a mis padres con sus espíritus rotos, sus cabezas agachadas, me había producido casi más dolor del que mi corazón podía soportar. Después de cualquier pérdida, llega un momento en que dejas de lamentarte; si siguieras anclada en el dolor, no podrías funcionar. Así que, poco a poco, creas lo que se llama una «nueva normalidad», así no tenga nada de normal. Sigues adelante aunque haya un enorme agujero en tu vida. Y es imposible hacer eso si sigues mirando por encima de tu hombro. Yo necesitaba mirar hacia adelante.

Amelia fue maravillosa conmigo. Ella, Gabriela y sus otros dos hijos, que eran veinteañeros, me hicieron sentir parte de la familia. Fueron mucho más que hospitalarios, y, sin embargo, yo sabía que era una huésped. «Mi casa es tu casa», te diría cualquier anfitrión latino educado. Pero todo el mundo entiende la verdad: ser bienvenida significa acatar las reglas. Me costaba trabajo sentirme relajada. Tenía un temor persistente de que pudiera hacer algo para que me echaran de allá. Amelia no sugirió nada parecido; pero yo, consciente del gran sacrificio que estaba haciendo para tenerme allí, me mantuve alerta para respetar los límites.

El ejemplo perfecto: minimicé el espacio que ocupé. Metí mis pocas pertenencias en un par de cajones inferiores y en un lugar del armario. Guardé mis artículos en una bolsa de viaje, y no en la parte superior del lavamanos o en la ducha. Todo era estrecho, pues había cinco personas en la casa. Yo no quería que Amelia o sus hijos se arrepintieran de su decisión de acogerme. También me di cuenta de la gran responsabilidad que tenía ella como madre soltera y como asistente de enfermera muy trabajadora. Hice todo lo que pude para aligerar su carga.

Había estado con frecuencia en casa de Amelia y había visto la forma en que hacía las cosas. Sin que ella me lo pidiera, ayudaba con los quehaceres de la casa. Cada vez que usaba un plato, lo lavaba, lo secaba y lo guardaba en el gabinete. Por un tiempo dejé de comer carne cuando estaba con mis padres, pero lo superé muy rápido. Un huésped permanente no puede ser exigente. Quiero decir, todavía soy bastante exigente, pero quizás un poco menos gracias a mi experiencia, lo cual me parece una buena cosa. Mis padres me habían malcriado cuando de comida se trata. Entre las comidas, Gabriela sacaba a veces un snack de la nevera; yo le pedía permiso a Amelia antes de sacar cualquier cosa. «Sabes —Gabriela se burlaba de mí—, no tienes que preguntarle a mi mamá *todo* el tiempo». Pero yo me resistía a ser tan libre. Ella era la hija, yo era una invitada. Ella podía hacer cosas que yo no intentaría.

Era muy consciente de no causar problemas, pues ya se pueden imaginar lo molesta que me habría sentido si hubiera llegado a hacerlo. Gabriela me llevó aparte cuando llevaba varias semanas en su casa.

—Mm, ¿puedo hablar contigo un segundo? —preguntó.

—Claro —le dije. Se me hizo un nudo en la garganta.

—Sé que no lo hiciste a propósito —continuó—, pero mi hermana ha estado encontrando una gran cantidad de pelo tuyo en el baño.

Arrugué la frente.

—¿*Mi* pelo? —le dije.

—Sí —respondió ella—. El que se te cae. ¿Podrías recogerlo por favor antes de salir del baño?

—Está bien —dije, derramando lágrimas—. Lo siento mucho, Gabriela. Te prometo que lo haré.

A partir de entonces, tuve un desorden compulsivo con mi pelo, que era identificable a todas luces, pues era la única que tenía una larga melena negra y lacia. Después de desenredar mis trenzas, lavaba bien el desagüe y recogía cada uno de mis pelos.

El dinero escaseaba en la casa de Amelia. Papi envió dinero como había prometido. Había logrado que un amigo vendiera su auto y el de Mami; ese dinero, además de su golpe de suerte con la lotería, tuvo que ser dividido entre mi manutención y su nueva vida. Si Amelia me daba unos cuantos dólares, yo los hacía rendir al máximo; podía hacer que cincuenta dólares me duraran varias semanas. Me encantaba poder comprar cosas de poca importancia. Si quería una botella de jugo o algo de la farmacia, podía pagar eso sin tener que involucrar a Amelia. Era inteligente y cuidadosa con mis compras, que prácticamente se limitaban a comprar tampones y porciones de pizza por un dólar. No veía la hora de cumplir dieciséis años para poder conseguir un trabajo. Quería tener independencia financiera. Mientras que muchas chicas de mi edad miraban detenidamente revistas de moda o se reían de sus enamoramientos, yo estaba pensando en cómo podría sostenerme por mis propios medios. La deportación de mis padres me había arrojado de cabeza en el mundo de las preocupaciones adultas.

Mami y Papi desaparecieron de mi vida en un momento crítico, mientras yo atravesaba ese trayecto complicado entre principios y mediados de la adolescencia. Mi relación con mis padres había ido cambiando. En un momento, quería estar con ellos, un segundo después, los dejaba para estar con mis amigas. Pero una vez que ya no tuve acceso a ellos, anhelé las experiencias más simples a su lado, como ver una película tonta con mi papi o que Mami me trajera una taza de té caliente cuando tenía retortijones. En ausencia de mi madre, aprendí a tomarme un Advil y a no estar quieta. Y aunque Amelia trató de reemplazarla, no era lo mismo.

La vez que más extrañé a mis padres fue una noche en particular: durante el festival de la primavera. Yo ya había decidido casi retirarme del dúo; estaba tan perturbada por la detención de mis padres que no sabía si podría recobrar la calma. Por otra parte, no quería decepcionar al señor Stewart ni a Damien. Y hacerlo era algo que me debía a mí misma: habíamos trabajado duro y habría sido una lástima no haber cantado nuestra canción.

La noche del concierto llegó. Amelia y Gabriela fueron a apoyarme, al igual que Sabrina y su madre, Eva.

—Amiga, estarás fantástica —me dijo Gabriela antes de que yo fuera detrás del escenario—. Te estaremos animando.

El espectáculo estaba lleno de diversas interpretaciones, que iban desde ópera, jazz y música contemporánea, a conjuntos de cuerdas y piezas corales. Todo el mundo tenía un papel en este evento; era la única vez del año en que podríamos mostrar a nuestros padres aquello en lo que habíamos estado trabajando tan duro. El señor Stewart nos dio a Damien ay a mí la señal, y nos dirigimos a nuestros micrófonos. Miré al público. Estaba lleno de padres de familia, profesores, administradores, personas de la comunidad. Incluso cuando estaba a punto de cantar, me pellizqué porque me hubieran elegido.

Damien entonó sus primeras líneas maravillosamente. Luego llegó mi turno. Cerré los ojos.

—*En un mundo que se está moviendo demasiado rápido* —canté en voz baja—, *en un mundo donde nada puede durar, voy a abrazarte… Voy a abrazarte.* —Estaba tan nerviosa que mi voz temblaba. Y las palabras que había practicado una y otra vez ahora parecían nuevas de repente, diferentes.

—*Así que quédate conmigo y apriétame* —cantamos al unísono—, *y baila conmigo como si fuera la última noche en el mundo.*

La sala estalló en aplausos cuando terminamos de cantar. Damien y yo juntamos los brazos e hicimos una venia. Miré de nuevo las decenas de rostros, rezando para que, por algún milagro, viera a Mami y a Papi. En medio de las luces brillantes y de la magia de aquel escenario, lo imposible parecía posible, incluso por el más fugaz de los instantes. Sin embargo, fuera del escenario, con las cortinas bajadas y el auditorio vacío, la verdad fría prevaleció. Mis padres, que durante semanas habían esperado su suerte en un par de celdas de la cárcel de Nuevo Hampshire, ya habían sido enviados a su patria, a un mundo completamente aparte.

* * *

Nunca había estado en Colombia. Sin embargo, en cierto modo, sentí como si hubiera ido una docena de veces. Y todo porque mis padres nos mantenían a Eric y a mí conectados con su patria. Escuchaban la música, preparaban los alimentos y nos contaban las historias de su infancia. También hablábamos con frecuencia con nuestras numerosas tías, tíos y primos que vivían allá, y algunos de ellos nos visitaron en el transcurso de los años. Pero en nuestra cultura, no importa si nunca has conocido a tu familia: son sangre de tu sangre y por lo tanto están conectados a ti por un lazo más fuerte que todos. Yo no tenía que ver a mis familiares para saber que les importaba; su amor me llegaba a través del teléfono y en las tarjetas de cumpleaños y cartas que continuamente nos enviaban por correo. Aun así, como no había puesto un pie en su país, seguía siendo una especie de misterio para mí. Eso cambió en julio de 2001.

Unos tres meses después de regresar a Palmira, Papi hizo preparativos para que yo pasara un mes con él allá.

En los días previos a mi partida, estaba ansiosa y, sí, tenía un poco de miedo. ¿Qué sentiría al ver a mis padres? ¿Cuáles serían sus condiciones de vida? ¿Era seguro allá? Tan pronto como mis parientes se enteraron de que iba a ir, comenzaron a pedirme que les llevara artículos que son difíciles de conseguir, o muy caros, en Palmira, como loción de Victoria's Secret y barras de caramelo Snickers.

—Ten mucho cuidado con tus maletas —me advirtió Papi—. La gente roba.

Como si mi presión arterial no fuera ya lo suficientemente alta, Papi me dio una noticia muy dura una semana antes de mi viaje.

—Tu madre y yo decidimos separarnos —me dijo.

Apreté el teléfono más cerca de mi oído. Mi ritmo cardíaco se aceleró.

—¿De qué estás hablando, Papi?

—Dejamos de hablar —dijo—. Cuando vengas, podrás pasar tiempo con cada uno de nosotros. Pero no esperes que hagamos cosas juntos.

Estuve a punto de soltar el teléfono. Todas las disputas, el culparse mutuamente por sus circunstancias, había amenazado la conexión de mis padres durante años. Al parecer, la deportación había sido el golpe final. Una vez en Colombia, tomaron caminos separados. Mami se fue a vivir con su hermano; Papi se quedó con su hermana. Vivían a pocos minutos el uno del otro, pero emocionalmente estaban en dos mundos diferentes. Me estaba empezando a parecer que preferiría no hacer este viaje.

Viajé a Palmira en la víspera de mi cumpleaños número quince.

—Ten cuidado —me dijo Amelia mientras me dejaba en el Aeropuerto Logan—. Y llámame cuando llegues.

El vuelo de Boston al Aeropuerto Internacional Alfonso Bonilla Aragón, de Cali, el más cercano a la región de mis padres, es largo. Muy largo. Especialmente si haces una escala en Miami. Y sobre todo si no estás segura de lo que enfrentarás cuando aterrices. Mami y Papi me habían dicho que me recibirían en la sala del aeropuerto. Lo que no mencionaron es que irían acompañados. Ay, Dios mío.

Cuando entré a la sala, una banda comenzó a tocar una canción en voz alta. *Oh, no por favor que eso no sea para mí,* pensé. *Por favor que eso no sea para mí.* Y sí: ¡mi madre había contratado a una banda completa para celebrar mi llegada! Los globos, flores y un cartel que decía ¡BIENVENIDA A COLOMBIA, DIANE! llenaban la sala de espera. Varios miembros de mi familia, así como un grupo de vecinos que mi mamá había invitado, aclamaron, gritaron mi nombre, y me tomaron fotos.

Estaba tan aturdida que no podía hablar. Mis ojos se cruzaron con los de Mami y Papi, quienes agitaban frenéticamente sus manos en dirección a mí. Mi mirada de asombro probablemente lo decía todo. Quería gritar «¿Qué demonios es todo esto?». En cambio, esbocé una sonrisa a medias. A fin de cuentas, no todos los días te dan una serenata. Todo el asunto fue muy divertido. Bueno, algo así.

—¡Estás aquí! —chilló Mami. Corrió hacia mí con un abrazo. Papi permaneció a un lado mientras nos abrazamos, y luego se inclinó y me besó en la frente.

—Hola, chibola —dijo—. Me alegra que hayas venido.

Mientras tanto, la banda seguía tocando. Personas desconocidas ponían ramos de flores en mis manos. Por último, todos nos abrimos paso por las puertas y salimos a una sauna. La humedad convirtió inmediatamente mi pelo lacio en un afro esponjado y colombiano.

Primera parada: una fiesta en casa de mi tía. Mi tío nos llevó a Mami y a mí en medio de una caravana de carros. Como ya saben, mi madre puede ser conversadora; pero ese día, estaba completamente desatada. Me hacía una pregunta tras otra. «¿Cómo está Amelia? —me preguntaba. Antes de que pudiera responder, pasaba al siguiente tema—: ¿Trajiste la loción y todos los otros regalos para la familia? ¿Y cómo estuvo el festival de primavera?». Permanecí aturdida y en silencio. No podía creer que estuviera en Colombia. Siempre había pensado que iría por primera vez con mi familia una vez que hubieran conseguido la ciudadanía, una vez que «nuestra situación» se hubiera resuelto por fin. Todo había sucedido con mucha rapidez. Una noche, estaba celebrando con Papi la lotería que había ganado. La noche siguiente, mis padres llevaban puesto un overol naranja. Y ahora estaba en el país del que ellos habían huido una vez. Un verdadero torbellino.

Me quedé mirando desde mi ventana. En el centro de Cali, los habitantes en bicicletas zigzagueaban entre el tráfico. Muchas motos y carros viejos, modelos que nunca había visto en Estados Unidos, tocaban la bocina y cambiaban de carril sin poner las luces direccionales. Las adolescentes se pavoneaban en unos vestidos que escasamente les cubrían las caderas; algunas chicas llevaban tops diminutos con sus vientres desnudos, y jeans que apenas les tapaban las líneas del trasero. La música resonaba desde todas las direcciones. Luego, en la carretera hacia Palmira, multitudes de niños descalzos pedían limosna; cuando nos detuvimos en una intersección, algunos niños se apresuraron a nuestro carro y suplicaron dinero o alimentos; muchos hacían malabares, tratando de conseguir algunas monedas.

—Mami, ¿por qué hay tantos niños en las calles? —le pregunté. Mi madre suspiró.

—Diane, son personas sin hogar —me dijo.

—¿Dónde están sus padres? —le pregunté.

—No lo sé —me dijo. Mis ojos se llenaron de lágrimas. No podía imaginar lo que sería para un niño de cinco o siete años estar completamente abandonado a su suerte. La escena era caótica, colorida, exótica, frenética. Y, debido a la gran pobreza, también era un poco inquietante. En Estados Unidos, no había visto ese tipo de dificultades. Una revelación me llamó la atención: esta podría haber sido mi vida. *Dios mío, ¿será que yo también habría estado haciendo malabares con limones? ¿Cómo puede ser? Esto no está bien. ¿Qué está pasando? ¡Salven a esos niños!*

Llegamos a la casa. Mi tía y un montón de parientes emocionados salieron por la puerta principal para saludarnos. Entre las caras, vi la de Eric. Mi cara resplandeció, no esperaba ver a mi hermano porque había oído que estaba en Santa Marta, una ciudad en el norte de Colombia. Había venido a casa antes de mi llegada.

—¿Cómo estás, hermana? —dijo, agarrándome y dándome vueltas—. ¡Estás muy grande!

—Estoy bien —le dije con timidez, probablemente porque no lo había visto en mucho tiempo. Se veía diferente, mejor. Tenía el rostro bien afeitado, su tez brillante. Durante sus primeros meses en Colombia, había luchado para encontrar su camino: pasaba de la casa de un familiar a otra. Pero finalmente consiguió trabajo como profesor de inglés. Se veía feliz ese día.

Después de una fiesta que se prolongó durante horas, Mami y yo nos fuimos a su casa. Yo me quedaría con ella primero. Las casas de mis padres estaban en sectores de clase trabajadora. Muchos de los residentes sólo tenían agua fría; había que ser rico para permitirse agua caliente.

Hileras de casas construidas en serie, la mayoría de ladrillos, eran tan básicas como podrían serlo. No tenían timbres, ni interiores de lujo.

—Entremos —dijo Mami mientras cruzábamos el umbral de la casa de mi abuelo—. Siéntete cómoda.

Entré mi maleta, la puse a un lado y empecé a mirar a mi alrededor.

Seguí a mi madre a una habitación trasera. Compartía un pequeño espacio con mi primo joven, quien dormía en la litera de arriba y ella en la parte inferior. Su maleta estaba abierta a los pies de la cama. Debido a que no tenía un armario, guardaba todas sus cosas en la maleta, la misma que empaqué a toda prisa para ella. Se agachó, sacó un abrigo de su equipaje y se rió entre dientes.

—¿Por qué empacaste *esto*? —sonrió—. Con este clima, ciertamente no necesitaba un abrigo.

Puse los ojos en blanco. A continuación, mencionó que le había empacado pares de zapatos diferentes. Sabía que mi madre estaba medio bromeando, pero sus quejas me molestaron. ¿Cómo diablos se suponía que debía saber qué empacar? ¿Acaso no entendía la presión que había sufrido al tratar de evitar que nuestros vecinos saquearan nuestras pertenencias?

—Hice lo que pude —murmuré—. Por lo menos tienes una maleta con ropa.

Esta conversación marcó la pauta de mi visita. Día tras día, Mami hablaba constantemente acerca de lo triste que estaba, de lo dolorosa que había sido su separación de mi padre. A través de los ojos de la edad adulta, ahora entiendo que mi madre aún estaba conmocionada por todo lo que había pasado. Y si me parecía difícil aceptar su nuevo estilo de vida, a ella debía resultarle incomprensible. Ella también se estaba recuperando de la angustia del divorcio, porque, no nos engañemos, estaba pasando por eso. Ella y Papi no se habían casado, pero su ruptura fue tan devastadora como cualquier separación legal. Los dos habían sido cordiales por mí en el aeropuerto y en la fiesta, pero lo único que querían era estar lejos el uno del otro.

Sentí pena por mi madre, pero al mismo tiempo, la culpaba por nuestra situación. Al volver a abrir su caso en Nueva Jersey, se hizo susceptible a la deportación. Por un lado, no me puedo quejar de que tratara de cambiar las cosas, estaba desesperada por salir adelante en su vida y por llamar a mi país su hogar legal. Aun así, le echaba la culpa por la forma irregular en que había manejado la situación. Nunca trató de confirmar si su solicitud había sido entregada efectivamente a los federales. En cambio, se asustó y dejó que todo se desmoronara. Y porque no resolvió eso, porque no vio el proceso hasta el final, había dejado nuestro futuro en manos del azar. También nos había dejado indefensos ante gente que quería hacernos daño.

Trataba de manejar mi resentimiento saliendo de casa. Salía mucho, sobre todo con mi otra familia. Me hice muy amiga de tres de mis primos, Raúl, Fernando y Liz; no nos llevábamos más de un par de años. «¿Quieres salir esta noche?», me preguntaba Fernando. «Claro», le decía yo, mirando a Mami a la cara para medir su grado de decepción. Para su crédito, no me impedía salir. Incluso antes de irse de Boston, yo había empezado a pasar más tiempo con mis amigos y menos con ella y Papi, así que esto no era nuevo. La diferencia era que, en lugar de salir con mis amigos en el barrio, yo estaba dando un paso hacia lo desconocido.

Con mis primos como mis guías turísticos, experimenté un lado de Colombia que me encantó. Allá, los adolescentes suelen tener mucha más libertad que en Estados Unidos, por lo que pasábamos varias horas por fuera. Probábamos todo tipo de comidas. Íbamos al cine, al parque, al centro comercial. Bailábamos toda la noche en los clubes de salsa. Era una manera de escapar de mi realidad. Lo que fuera lo hicimos, y lo disfruté todo. A pesar de sus múltiples retos sociales, Colombia tiene una energía increíble, una viveza irresistible, un fervor que te atrae muchísimo. Cuando estaba con mi trío favorito, iba y venía entre las casas de mis parientes. Desde el primer día, la gente estuvo encima de mí. Me sentía como una celebridad. «¿Diane puede venir a comer hoy?», llamaba y preguntaba uno de los hermanos de Mami. Una hora más tarde, el teléfono sonaba con una invitación adicional. Dondequiera que fuera, la gente quería darme comida, hablar conmigo, abrazarme, bailar conmigo o presentarme a sus amigos y familiares. Recibí tanta atención porque los demás me veían como alguien especial: yo era una joven estadounidense que todavía estaba totalmente sincronizada con mis raíces colombianas. Estaba conectada con la cultura. Me gustaba todo el alboroto, pero también había ratos en los que simplemente era demasiado.

Pasé mis últimas dos semanas con Papi. Su vivienda era tan modesta como la de Mami, pero él estaba tranquilo al respecto; si le molestaba su nuevo destino en la vida, no lo mencionó. De hecho, estaba callado en general y tal vez un poco deprimido. Al atardecer, cuando la humedad disminuía, me llevaba con frecuencia a montar en bicicleta. Una tarde, cuando volvíamos, entablé una conversación con él.

—¿Papi? —le pregunté.

—Sí, Diane —dijo—. Dime.

—¿Crees que alguien los haya delatado?

Hizo una pausa.

—¿Qué quieres decir? —preguntó.

—Uno de los guardias de la prisión le dijo a Mami que probablemente alguien los había delatado.

—No sé, Diane —dijo. Apartó la vista de mí—. Y en este momento, supongo que no importa. Ya estamos aquí, no hay mucho que pueda hacer al respecto.

Me encogí de hombros, entré mi bicicleta al garaje y dejé aquel misterio sin resolver.

Papi me sorprendió el domingo de mi última semana.

—Quiero llevarte a un lugar especial para tu cumpleaños —dijo—. Sólo nosotros dos.

En las culturas latinas, cumplir quince años es muy importante para una chica, pues marca el inicio de la feminidad. Años antes, había dicho a mis padres que no quería una *quinceañera*, la tradicional ceremonia de guantes blancos y vestidos de gala. No es lo mío. Pero yo quería algún tipo de fiesta, y, de hecho, ya había tenido tres: una que me hizo mi madre, otra que me festejó la hermana de mi padre y la tercera por cuenta de mis primos. Así que cuando Papi me dijo que remataría todo eso con unas vacaciones, me emocioné.

—¿A dónde iremos? —le pregunté.

—Te voy a llevar a Cartagena —me dijo.

Levanté las cejas.

—¿En serio, Papi? —grité. Yo había oído que esa ciudad histórica en la costa Caribe era una de las más hermosas de Colombia.

—Sí, en serio —dijo, riendo—. Compré los tiquetes aéreos con parte de mis ahorros. Iremos esta semana.

No sólo estaba emocionada. Dada la escasez de dinero, también estaba agradecida. La generosidad de Papi hizo que el viaje fuera muy dulce mientras paseábamos por las calles de la Ciudad Vieja, saboreábamos ceviche en un restaurante pintoresco y veíamos el atardecer de sol rojo y dorado sobre aguas plateadas. Fue un viaje perfecto.

La magia terminó tan pronto volví a Palmira. Cuando mencioné el viaje a Mami, se llenó de lágrimas.

—Ah —dijo—, habría sido agradable estar allá con ustedes.

Saber que habíamos ido sin ella revivió todo el dolor de su separación de Papi. La tristeza en los ojos de Mami me recordó la locura de nuestras vidas.

Mis padres fueron al aeropuerto a despedirme.

—¿Por qué no vienes a vivir aquí? —me preguntó Mami. No respondí. Por mucho que hubiera disfrutado ciertas cosas del viaje, sabía que mi vida no estaba allá. Mami también lo sabía. Papi se quedó tranquilo. De hecho, nunca me había dicho de ningún modo u otro que quería que me fuera para allá. Probablemente sabía que era inútil darme su opinión, porque era claro que yo ya lo había decidido. Oí mi llamado para abordar. Besé a cada uno de ellos y me dirigí a la única patria que realmente había conocido.

* * *

Más cambios me esperaban en Boston. Ese julio, Amelia se había mudado de Roslindale a un lugar de dos dormitorios en Roxbury. El hermano de Gabriela se había ido, por lo que aunque la nueva casa era más pequeña, había una persona menos para compartir el espacio. Gabriela y yo compartimos una habitación; Amelia y su hija mayor estaban en la otra.

Comencé mi segundo año, ya no era una novata. Todavía estaba encontrando mi camino en el departamento de música, y me encantó. Me concentré en mis clases. Y me sentí entusiasmada de evolucionar como estudiante y artista. Ese semestre de otoño también vino con un bono: Gabriela se convirtió en mi compañera de clase.

«Te va a gustar —le había dicho en varias ocasiones el año anterior—. Deberías hacer una audición».

Lo hizo, y unas semanas más tarde, recibió la misma carta que una vez me dio una razón para seguir adelante.

La única cosa mejor que estar en la Academia de Artes de Boston era tener una buena amiga allá. Después del octavo grado, Dana se había mudado a la Florida con su familia y Sabrina empezó a ir a otra escuela secundaria. Pero no se vayan a equivocar, todavía son mis amigas del alma. Era genial saber que tenía a una amiga conocida en la escuela secundaria y era aún mejor saber que mis otras amigas serían amigas por siempre.

Luego de ese enorme sabor de libertad en Palmira, volví dispuesta a extender mis alas sociales. Un montón de mis amigos y yo pasábamos el rato después de la escuela en una sala de cine cerca del campus. Jugábamos, nos tomábamos fotos (el tipo de fotos anticuadas que llevabas a revelar a Walgreens, je, je) y hacíamos tonterías. Ese año, estábamos obsesionados con John Leguizamo, el comediante colombiano-estadounidense. Había lanzado su especial de HBO *Sexaholic*, y nos lo aprendimos de memoria. Nos volvimos bastante insoportables, pero era que estábamos demasiado emocionados de ver a un latino en televisión. Hablaba nuestro idioma y hablaba de temas que nos eran cercanos. Por fin había alguien con quien nos podíamos identificar. Nos entreteníamos repitiendo cada chiste que había contado. Fue el mejor momento. Y luego llegó el golpe del 11 de septiembre.

Junto con el resto de la nación, observé con horror la manera en que los aviones secuestrados golpearon las Torres Gemelas. El Vuelo 11 de American Airlines y el 175 de United habían salido de Logan, el aeropuerto de nuestra ciudad. Los dos aviones estaban llenos de bostonianos, los cuales se sumaron a la cifra de quienes perdieron la vida en Nueva York y Pensilvania. Fue un día aterrador. Todos contuvimos la respiración, sin saber si habría más ataques. Amelia llegó temprano del trabajo para recogernos a Gabriela y a mí; permanecimos en casa los dos días siguientes. Incluso cuando regresamos a la escuela, la tristeza permanecía en el aire. Lo que era cierto en mi propia vida se hizo cierto para nuestra nación: es posible reponerte después de un desastre, pero para sanar de verdad, se necesita más tiempo.

El año avanzaba, y a medida que lo hacía, me enfoqué muchísimo en mis estudios. Por primera vez, entendí plenamente por qué mis padres habían arriesgado tantas cosas para venir a Estados Unidos, y yo estaba decidida a aprovechar esa oportunidad. No sólo me metí de lleno en la escuela, sino que fui más consciente en la casa de Amelia. Estaba decidida a mantener mi lugar, la oportunidad que tenía.

Una tarde de ese diciembre, llamé a Amelia a su celular. Ella y Gabriela habían salido a hacer unos recados. Yo estaba estudiando.

—¿Puedo ir caminando a la tienda? —le pregunté.

—¿Por qué no esperas hasta más tarde? —dijo—. Llegaremos dentro de poco. Gabriela podrá ir contigo.

Pero insistí. Quería comprar unos lápices de colores para un proyecto de arte.

—Está bien —cedió—, pero no te demores.

Yo conocía bien la ruta. Gabriela y yo pasábamos todos los días por la tienda en nuestro camino al metro. Presioné el botón del paso de peatones. Apareció la señal de marcha. Miré a ambos lados y comencé a caminar por la calle. Cuando iba a mitad de camino, un Mazda verde se desvió delante de mí y *¡pum!*, chocó contra el lado derecho de mi cuerpo. La conductora, una mujer blanca, se bajó corriendo hacia mí. Yo estaba tirada en el pavimento, gimiendo.

—¡Señorita! ¡Señorita! —gritaba la mujer—. ¿Qué demonios hacías cruzando la calle así?

Se agachó y tomó mi mano. Con su ayuda, me puse lentamente de pie. Miré hacia abajo y noté que mis rodillas estaban ensangrentadas. Mi brazo derecho palpitaba como si estuviera a punto de desprenderse.

—Voy a llamar al 911 —dijo, buscando el teléfono en su bolsillo. Agarré su brazo.

—¡Por favor, no lo haga! —grité—. ¡Estoy bien!

—Pero, señorita —dijo—, ¡está herida!

—¡Váyase, váyase, váyase! —le rogué, las lágrimas inundando mi cara—. ¡Estoy bien!

Había sufrido un fuerte golpe y, sin embargo, un pensamiento trastabilló por mi cabeza: «no causes ningún problema». Si la policía llegaba, podrían darse cuenta de que mis padres habían sido deportados y enviarme a un centro de acogida. Además, no quería molestar a Amelia.

De hecho, no quería que nadie supiera que había recibido un golpe. Tenía planeado permanecer fuera del radar, como lo había estado siempre mi familia. En lugar de pedir ayuda, fui cojeando a la casa, me limpié e inventé una historia sobre cómo me había lastimado.

—Ay, Dios mío, ¡¿qué te pasó?! —dijo Amelia en el instante en que abrió la puerta y me vio cojeando. Puso los paquetes en el mostrador y corrió a mi lado en el sofá.

—Ah, no es nada —mentí—. Me caí en la calle.

—¿En serio? —replicó—. ¿Por qué no me lo dijiste? ¿Estás bien?

—Estoy bien —le aseguré—. No es gran cosa.

Pero, por supuesto, Amelia insistió en llevarme a la sala de urgencias. Una vez allí, los médicos descubrieron que me había roto la muñeca. Horas más tarde y un par de semanas antes de Navidad, salí del hospital con un yeso que tendría que llevar durante seis semanas. Pasé los últimos días del año 2001 recuperándome de una fractura en el brazo. Lamentando la profunda fractura en mi familia. Y esperando despertar para descubrir que los últimos cuatro meses habían sido tan sólo un mal sueño.

Trabajando desde muy temprano en Barnes a Nizzles.

Recitales de último año con mis amigos del departamento de música en la Academia de Artes de Boston.

Yo, el día de mi grado de la Academia de Artes de Boston. Como era de esperarse, ese día pensé que yo era la única que se graduaba.

CAPÍTULO 10

Mariposa

Los artistas son los historiadores
emocionales del mundo.

—RICHARD BLANCO, primer inmigrante
y latino en ser designado como poeta
de la toma presidencial en EE. UU.

—Hola, Diane.

—Hola, Papi —le dije. Había estado relajándome en el sofá, escuchando una canción de India Ariel, «I Am Ready For Love», cuando el nombre de mi padre apareció en el identificador de llamadas. Por lo general me llamaba los fines de semana. Este era un día de semana.

—¿Qué pasa? —le pregunté.

Hizo una pausa.

—Hoy recibí una llamada de Amelia —dijo.

—¿En serio? —le pregunté. Mi pulso se aceleró—. ¿Todo bien?

Se detuvo.

—No puede tenerte más en su casa.

Me levanté del sofá y caminé hacia el balcón para tener un poco de privacidad.

—Pero, ¿por qué? —tartamudeé.

—Porque su hija mayor acaba de descubrir que está embarazada.

—¿De veras? —dije. Había visto a la hermana de Gabriela todos los días de la semana y no había notado ningún cambio en su comportamiento o estado de ánimo.

—Sí —me dijo—. Y con el bebé en camino, no hay suficiente espacio para ti.

Comencé a procesar lo que me había dicho. «¿Yo había causado esto? ¿Qué había hecho? ¿Por qué quieren deshacerse de mí de repente?», pensaba. Las cosas entre Gabriela y yo parecían ir bastante bien, aunque habíamos discutido a principios de esa semana; nada importante, sólo una riña entre amigas. Pero al enterarme de la noticia de Papi, concluí que nuestro desacuerdo debía haber propiciado la decisión de Amelia. Presioné a mi padre para obtener información.

—¿Hice algo malo? —le pregunté. Mi voz temblaba—. ¿Están molestos conmigo por algo?

—No, mija —me dijo—. No se trata de que hayas hecho algo. De ningún modo. Es sólo que la casa es demasiado pequeña.

No estaba convencida de que fuera cierto. Había hecho todo lo posible para terminar mi segundo año escolar sin mayores problemas. Algo tenía que haber desencadenado esta situación. Debí haber descuidado mis quehaceres sin darme cuenta. O tal vez había dejado un poco más de pelo en el baño. Por mi silencio, Papi se daba cuenta de que yo no creía en su explicación.

—Mira —continuó—, se suponía que Amelia sólo iba a tenerte allá por unos meses. —¿*Unos pocos meses?* Hasta que mi padre dijo eso, yo no sabía que él y Amelia habían acordado un límite de tiempo—. Llevas más de un año viviendo con ella.

—Entonces, ¿qué se supone que debo hacer? —le pregunté.

—Bueno —dijo—, hablé con los padres de Sabrina. —Un peso se levantó de mis hombros al oír el nombre de mi amiga. Una exhalación descomunal—. Me dijeron que te van a recibir —me aseguró. Luego pasó diez minutos prometiéndome que todo estaría bien.

No quería mudarme de nuevo. Me había acercado a esta familia y ahora no quería alejarme de ellos. Me sentí perdida a pesar de las garantías de Papi. Me pedirían que me fuera en cualquier momento. Esa es la realidad cuando tu propia familia, tu tribu, no está ahí para mantenerte conectada a tierra. Estaba agradecida de que Papi hubiera organizado mi próxima movida, y que fuera con mi amiga Sabrina y sus padres, Eva y don Federico. Habían llegado de Colombia desde hacía varios años, ya eran ciudadanos y tenían su propia casa. Vivían en el piso de arriba. La tía y la abuela anciana de Sabrina vivían abajo, en la otra parte de la casa bifamiliar. Crecí prácticamente allá, al igual que en casa de Amelia, pues habíamos sido amigas durante mucho tiempo. Todo bien. Aun así, esta es la verdad: estaba harta de tantos cambios. Quería que una sola cosa en mi vida fuera constante por más de cinco minutos. Ansiaba tener estabilidad.

Amelia me oyó sollozando y supo por qué. Papi le había dicho que hablaría conmigo esa noche. Fue al balcón, se acercó a mi lado y puso su mano en mi hombro.

—Sólo quiero que sepas algo, Diane —dijo en voz baja—. No hiciste nada malo. —Ella debió haber leído mi mente—. Mi hija va a tener un bebé. Es por eso, esa es la única razón.

Por la compasión que había en sus ojos, supe que era sincera, lo que alivió un poco mi dolor.

Cuando Amelia se retiró del balcón, me limpié las lágrimas de la cara, me despabilé y llamé a Sabrina.

—Oye, ¿adivina qué? —le dije, tratando de sonar optimista, aunque tenía el corazón en el estómago.

—¿Qué? —dijo ella.

—Voy a vivir en tu casa —le dije. Ella se rió.

—¡Lo sé! —respondió—. Mi mamá me contó. Pero no podía decirte nada todavía.

Empaqué una semana después. Gabriela me ayudó a recoger mis cosas y me despidió.

—Lo siento, amiga —me dijo—. No me gusta que te vayas.

Amelia puso la bolsa en el maletero de su auto y me llevó a la casa de Sabrina, que estaba en Roslindale, mi antiguo barrio. Sabrina y sus padres me dieron la bienvenida con calidez.

—Entra —dijo Eva—. Estarás en la habitación de Sabrina.

Y así fue como empezó el verano antes de mi tercer año. Otra casa, una familia totalmente nueva y una nueva razón para lamentar que mis padres hubieran sido obligados a abandonar el país. Suspiro. Aquí vamos.

* * *

Conseguí un empleo. Sabrina había estado trabajando en iParty, una tienda de artículos para fiestas en West Roxbury. Vendían desde serpentinas, globos y disfraces de Halloween hasta platos y vasos de papel.

—¿Me puedes conseguir algo? —le pregunté ese agosto.

—Voy a tratar —dijo. Unas semanas después, cuando había comenzado mi semestre de otoño, me contrataron como cajera por cinco dólares con quince centavos la hora, el salario mínimo de esa época. Trabajaba veinte horas a la semana, sobre todo los fines de semana y un par de días después de la escuela. «¿Me puedes llevar?», le preguntaba a Sabrina cuando nuestros turnos se superponían. «Sí», aceptaba ella. Tenía un pequeño Jetta verde.

Yo dependía del autobús para atravesar la ciudad cuando Sabrina no podía llevarme a iParty. Mi nueva responsabilidad era grande, pues tenía que hacer malabares con mis estudios, pero para mí valió la pena. Papi siguió enviando dinero, pero sus recursos fueron disminuyendo: el dinero de la lotería ya era cosa del pasado. Si le pedía dinero para, por ejemplo, materiales escolares, lograba reunirlo, pero después me daba cuenta de que se estaba quedando sin dinero para la comida, así que dejé de pedirle. Conseguir el trabajo significaba que no tenía que depender de él ni de nadie. Y una bonificación: si quería una camisa linda de H&M o un brillo labial MAC, *¡boom!*, podía comprarlo con mi dinero.

Es difícil imaginar que mi estadía en la Academia de Artes de Boston podría haber sido mejor, pero así fue durante mi tercer año. Ese otoño, la señora Jackson tomó la dirección del departamento de canto. Su especialidad era el jazz. Nos animó a estudiar a los grandes y nos enfatizó la importancia de ser buen músico. A mí me habían empezado a gustar los blues tantos años antes en tercero elemental entonces sabía que me iba a ir bien. Me sumergí en el mundo del jazz y escuché a Miles Davis, Roy Haynes y Nina Simone. En la mitad del semestre. La señora Jackson hasta me dio uno de los mejores regalos que haya recibido jamás: un álbum de Sarah Vaughn.

Desde la primera nota, mi vida cambió para siempre. Hay algo en la voz de Sarah Vaughn que simplemente me transporta, Podría escucharla durante horas. Admiro su poder, su voz, su elegancia y su habilidad para hacerme reconocer tanto el dolor como nuestra capacidad para amar. Estudié la historia, la evolución del género y las letras. El poder sanador vivía en esa música. Con cada nota que me aprendía de memoria, me sentía menos sola. Otras personas habían pasado por situaciones mucho más difíciles que la mía, y habían canalizado el dolor en su arte. Habían creado algo hermoso a partir de la devastación. Yo quería hacer lo mismo algún día.

Por otra parte, tenía mis dudas, mis inseguridades, mis temores secretos de que nunca sería una artista profesional. Aparte de esa participación en el festival de primavera, rara vez cantaba solos. No quería ser demasiado vistosa; era más seguro permanecer en un segundo plano, como miembro del coro. Cuando redoblé mis esfuerzos, pensé que tenía que cantar como otra persona para ser buena. Algunos estudiantes de la BAA eran muy talentosos: estoy hablando de voces como la de Whitney. En lugar de apreciar mi sonido único, cuestioné mi propio talento porque no sonaba como ellos. Todavía no tenía confianza para ser yo misma.

Había otra preocupación que también me molestaba: Si perseguía una carrera en las artes, ¿cómo diablos iba a pagar las cuentas? ¿Podría mantenerme si me iba de la casa de Eva? ¿Cuando cumpliera dieciocho años y estuviera sola? En ese momento, el instinto de supervivencia era fuerte; de hecho, era tan fuerte que me hizo cuestionar mis sueños. No distorsione-mos las cosas: esos sueños estaban muy vivos en mi interior. Yo era la misma chica que se había acostado en su colchón doble y fantaseado con tomarse a Broadway. Sin embargo, a medida que mi graduación se acer-caba, más me convencía de que no tenía la capacidad para ganarme la vida como artista.

Esto para no hablar del caos que había en mi familia. Entre la escuela y el trabajo, me mantenía terriblemente ocupada para no tener que pen-sar en todo lo que había sucedido. Enterrado debajo de toda mi actividad había un corazón roto. Me convertí en una evasora consumada, y sólo hablaba con mi madre y con mi padre cuando no encontraba una salida. Siempre que Eva charlaba con mi madre, me pasaba el teléfono y decía: «Tu mamá quiere hablar contigo». Yo cogía el teléfono y pensaba: «Aquí vamos de nuevo».

La vida de Mami era una telenovela interminable, con episodios reple-tos de drama, dificultades y sufrimientos. Durante nuestras llamadas, me contaba todas sus dificultades, e incluso las de nuestros parientes. Se había mudado a la casa de otro miembro de la familia y tenía su propia habitación, lo que suponía una mejora. Sin embargo, y en su mayor parte, sus llamadas estaban llenas de pesimismo. Una tía o tío habían perdido sus empleos; alguien había sido asaltado cuando iba a comprar alimen-tos; y, por supuesto, ella terminaba llorando y moría porque todos estuvié-ramos juntos de nuevo. Yo también, pero no veía ninguna razón para llorar sobre la leche derramada. «Bueno, Mami, me tengo que ir», decía para ter-minar la llamada. A mis dieciséis años, era mi forma de gritar: «¡No puedo seguir lidiando con esto!». Mi pobre madre. Ahora me doy cuenta de lo difícil que debió ser para ella. Pero yo todavía tenía dieciséis años y estaba siendo difícil.

Mientras tanto, había perdido contacto con otro miembro de la fami-lia: mi sobrina. Casi nunca veía a Erica. Con mis padres y Eric lejos de Boston, el distanciamiento se dio de forma natural. Una vez me encontré por casualidad con ella y su abuela en el parque. Erica me vio entre la multitud y gritó «¡Tía Diane! Tía Diane!». Cuando me di vuelta para verla correr hacia mí, el mundo se detuvo por un momento. Permanecí atur-dida en medio de la música a todo volumen, de los gritos, de los niños que les pedían algodón de azúcar a sus madres. Ella tenía siete años y estaba mucho más alta. Esto me hizo ser consciente de un momento a otro de que nuestras vidas habían seguido adelante, y de la rapidez con la que pasaba el tiempo.

—¿Cómo estás, preciosa? —le dije, dándole un gran abrazo.

—¡Te extraño! —chilló ella.

—Lo sé —dije, todavía aturdida—. Yo también.

Si yo estaba lidiando, a mi edad, con la deportación de mis padres, para ella debió ser devastador. Había perdido a su padre y a sus dos abuelos, con los que había vivido, todo antes de cumplir cinco años. Yo por lo menos tuve a mis padres hasta los catorce años. Aunque las circunstancias estaban fuera de mi control, me sentí como si hubiera abandonado a Erica. El simple hecho de pensar en eso me partía el corazón. Después de nuestro encuentro en el parque, Gloria llevaba a mi sobrina de vez en cuando a la casa de Sabrina. Pero entre el poco tiempo que tenía ella como madre soltera y todas mis responsabilidades, nuestros encuentros pronto fueron cosa del pasado.

Para esa primavera, mis padres habían adquirido la costumbre de dejar mensajes airados en mi correo de voz: tan poca era la frecuencia con la que los llamaba. Los quería y extrañaba tanto como ellos a mí, pero hablar con ellos era un recordatorio de todo lo que quería olvidar a toda costa. «Por favor, ven aquí, mi amor —decía Mami llorando—. Necesito verte».

Mis padres insistieron tanto que finalmente acepté. También era muy consciente de que necesitaba dejar descansar a Sabrina, a Eva y a don Federico porque seamos sinceros, después de un año, incluso los mejores anfitriones quieren descansar un poco de ti. Así que para el verano después de mi tercer año, reservé un tiquete para pasar cuatro semanas en Colombia.

El viaje fue un torbellino. Pude haber ido allá para pasar el tiempo con mis amigos, pero los vi poco, pues me mantenía con mis primos bailando en clubes de salsa. Y, básicamente, divirtiéndome. Era mi oportunidad de dar rienda suelta, de dejar a un lado la presión de ser una buena chica, una huésped perfecta. Cada fin de semana me reunía con otros adolescentes y nos íbamos a fincas, unas casas de verano donde se entretienen los niños ricos. Acampábamos allá toda la noche, hacíamos fogatas, jugábamos en la piscina y bebíamos. (Tienes que tener dieciocho años para consumir licor en Colombia, pero por cortesía de mis primos mayores, por primera vez tomé aguardiente, un licor colombiano. Un trago pronto se convirtió en dos). Ah, y sí: no olvidemos el anillo que me puse en el estómago. Era el furor del momento. Pensé que era genial, es decir, hasta que se me infectó y comenzó a supurar. Ahora ¿por qué tenía que hacerme un agujero en el estómago? Es ridículo, pero es lo que hacían casi todas las adolescentes en Colombia, y me gustaba seguir las tendencias.

Traje la fiesta conmigo a mi último año, que fue cuando florecí socialmente. Mis dudas sobre mí misma no habían desaparecido por arte de magia, pero cada vez me sentía más segura. Había ahorrado unos pocos cientos de dólares, lo que me dio una sensación de poder. Me inscribí en más actividades extracurriculares. Estaba aprendiendo a expresar mis opiniones en las clases, y por fuera de ellas, y en lugar de irme directamente a casa después del trabajo, quería tener una vida. Empecé a salir con mis amigos los fines de semana, a hacer vida social y a cenar por fuera.

Nunca fui desenfrenada ni rebelde. Me parecía patético cuando mis compañeros de clase se metían en problemas sin ninguna razón, a pesar de tener a sus padres aquí. Tal vez parezca una criticona, pero no podía entenderlo. Tenían tantas cosas maravillosas a su favor y, sin embargo, estaban dispuestos a arruinarlas. En cierto modo, no tener a Mami y a Papi conmigo hizo que yo misma me impusiera unas reglas, una estructura, unos límites. No era consciente de ello, pero es como si hubiera estado criándome a mí misma en su ausencia. Quería mostrarle a la gente que, incluso sin mi familia aquí, podía mantener el rumbo.

En el otoño conseguí otro trabajo cerca de la escuela. Mi amiga Sofía, que estudiaba teatro y es una poetisa increíblemente talentosa, me metió en el Barnes & Noble Café, en el Prudential Center. Ella y mi chica Sasha siempre estaban hablando de lo mucho que les encantaba ese lugar. Una vez me contrataron, las tres nos convertimos en nuestro propio club. Entre nosotras nos llamábamos *habibi*, que en árabe quiere decir "mi amor", porque lo habíamos aprendido en la película *Bend It Like Beckham*, que vimos miles de veces. Por lo general, trabajábamos desde las cinco de la tarde hasta el cierre, o hasta altas horas de la madrugada los fines de semana. Fue muy divertido. Y yo estaba creciendo.

Cuando no estaba preparando capuchinos o metiéndome a escondidas galletas rotas en la boca, estudiaba mucho y me preparaba para el SAT. Había llegado la hora de decidir qué iba a hacer con mi vida, pues sólo me faltaban unos pocos meses para graduarme. Tenía muchas ganas de hacer un trabajo que hiciera algún tipo de diferencia. Una de mis ideas era trabajar en los medios. En el campus, formé parte de una revista literaria y de artes visuales llamada *Slate Blue*; Gabriela, varios otros estudiantes y yo, recopilábamos cuentos y poemas que escribían nuestros compañeros de clase y escogíamos los mejores para incluirlos en una colección anual. Como parte de nuestra labor, hicimos un viaje de campo a las oficinas de *The Improper Bostonian*, una publicación sobre estilos de vida suntuosos. Los editores nos hablaron de cómo funciona una revista.

Mientras estaba allá, pensé en lo genial que sería aparecer en la portada de la revista. Pero esta experiencia detonó un pensamiento: tal vez podría ser una presentadora de noticias en la televisión, un trabajo que conjugaría mi amor por la actuación y mi deseo de contribuir con algo. Un profesor me había dicho una vez que tenía que estar muy bien informada sobre política y acontecimientos actuales con el fin de ser buena periodista, lo cual tenía mucho sentido. Así que empecé a explorar la posibilidad de estudiar Ciencias Políticas y Comunicación. Para ser honesta, no tenía la menor idea de lo que iba a hacer, pero sabía que me presentaría a la universidad. El personal de la Academia de Artes de Boston me había inculcado eso desde un comienzo.

En el semestre de primavera, me comprometí de lleno con el mejor conjunto de la escuela: ritmo y voz. Dediqué todo el semestre a prepararme para mi recital de graduación, la evaluación final. Nos dieron a elegir nuestras propias canciones. Escogí «Funny Honey» de *Chicago*, una pieza clásica francesa. También escogí «Poor Wandering» de Pirates of Penzance. Y claro, mi tema preferido, la versión de Sarah Vaughn de «Poor Butterfly». Un entrenador de voz venía a trabajar individualmente con nosotros dos tardes por semana. Pasé varias horas ensayando incluso en mi cabeza mientras preparaba café en Barnes. Tenía la intención de estar lista.

En marzo, muchos de mis compañeros de clase empezaron a recibir cartas de aceptación de universidades en todo el país. Yo no había enviado ninguna solicitud. ¿Por qué? Porque estaba aterrorizada de que no me admitieran.

—No es demasiado tarde, Diane —me dijo mi consejero, el señor McGillen—. Puedo ayudarte con el papeleo.

En respuesta a su empujón, hice una lista de universidades para mujeres. Tenía la idea de que podría concentrarme en un ambiente totalmente femenino. No habría chicos para distraerme. Hasta entonces, había tenido un solo novio en serio. Es un chico cuyo nombre no mencionaré. Me partió el corazón en mil pedazos. (¡Tú sabes quién eres! Pensé que te amaaaaaba y que tú me amabas a míííííí! Insertar aquí la carita llorando más fea que hayas visto en tu vida). Estoy segura que toda chica se ha cruzado con un chico que te parte el corazón en la escuela secundaria o más allá. Duele. Pero bueno, me estoy yendo por la tangente. Había experimentado lo suficiente como para darme cuenta de que incluso un amor adolescente puede distraerte de tus estudios y yo no quería nada de eso. Además, ese año había leído mucho sobre Simone de Beauvoir y muchas otras feministas increíbles. Quién sabe por qué relacioné mi interés por el feminismo con ir a una universidad para mujeres, pero lo hice.

Envié solicitudes a cinco programas en Nueva Inglaterra, los únicos cinco en los que pensaba que tendría una oportunidad. Algunos de mis amigos querían estudiar en Tufts y Northeastern, pero yo no. Por mucho que me hubiera esforzado para mejorar mi dificultades de aprendizaje y obtener buenas calificaciones, mi promedio era normal, no estelar. Yo sabía que tenía que ser realista. No tenía las agallas, el dinero o los resultados de las pruebas para tratar de entrar a universidades prestigiosas. Me armé de valor para llenar una solicitud para la Universidad Pace en Nueva York, pero nunca la envié. Me angustiaba muchísimo que me rechazaran. También tenía miedo de irme de Boston, la única ciudad que conocía. Incluso si, una vez en la universidad, no veía tanto a Eva o

Amelia como lo hice durante toda la secundaria, de todos modos quería que estuvieran cerca porque me daban seguridad.

Ese abril, me llamaron para algunas entrevistas, y una de ellas era en la escuela que estaba cerca de la parte superior de mi lista: Regis College, una universidad privada y católica a pocas millas del centro de Boston. Eva me llevó al pequeño campus. Era precioso. Los jardines verdes y exuberantes eran impecables. Árboles enormes. Antiguos edificios de ladrillo. Sólo con estar en el campus, me sentí como si estuviera haciendo realidad mi fantasía de vivir en un pueblo blanco y suburbano. Asistí a unas cuantas clases, y el ambiente era maravilloso. Todo el mundo era relajado, y los maestros, algunos de los cuales eran monjas, parecían preocuparse por las estudiantes. Las cosas se veían bien.

Yo tenía claro lo que había ido a hacer allá: venderme. Mucho de lo que he conseguido en mi vida no ha tenido nada que ver con lo que está en el papel. Si me ponen en una habitación, puedo lograr casi cualquier cosa: se le conoce como «el don de la palabra». Fui con un vestido lindo y mi collar de perlas falsas, y expuse mi caso al equipo de admisiones de la manera más contundente que pude.

—Yo representaría una gran contribución a su escuela —les dije apasionadamente—. Si me dan esta oportunidad, haré todo lo posible para sobresalir.

Un mes más tarde, me aceptaron.

Fui recibida en una de las otras universidades a las que me había presentado, pero me decidí por Regis de inmediato. No me dolió que en otras me ofrecieran un paquete de ayuda financiera que cubría la mayor parte de los costos de mi primer año. Tuve un momento de pánico, sin embargo, cuando comprendí que tenía que solicitar algunos préstamos. ¿Quién podría firmar por mí? Nadie, y pensé que sería demasiado pedírselo a Eva o Amelia. Así que llené las solicitudes como pude y de alguna manera conseguí financiamiento. No entendí muchas de las cosas para las cuales me inscribí, y años después, pagaría un alto precio por algunas de mis elecciones. Digamos que Sallie Mae y yo hemos estado hablando los últimos años.

Un par de semanas antes de que terminara el semestre, llegó la hora de mi último recital. Me levanté temprano esa mañana, y mientras me bañaba, calenté mi voz con algunas escalas. Llevaba un hermoso vestido *strapless* de color rosado, que había conseguido en Charlotte Russe y flores rosadas en el pelo de mi otro "diseñador" preferido, H&M. Llevaba el chal de mi mamá como amuleto de la buena suerte; aún podía oler su perfume en él. Cuando llegué al cuarto de múscia (conocido como «el Conservatorio de Boston»), la señora Jackson, mi entrenadora de voz, y algunos otros profesores, me estaban esperando.

—¿Estás lista? —me preguntó la señora Jackson con una sonrisa que me dijo que sabía que lo estaba.

—Sí —dije con seguridad—. Lo estoy.

La siguiente hora fue una de las más especiales de mi vida. Esta era mi noche. Era mi momento para brillar. Mientras cantaba los temas que había trabajado tan duro para pulir, la música me transportó a otro lugar, uno donde no existían la tristeza ni el dolor ni la miseria. No traté de arrastrarme de nuevo al presente; más bien, me entregué a esa sensación y dejé llevarme por ella. Terminé con un estándar de jazz llamado «Poor Butterfly». Es sobre una chica japonesa encantada por un estadounidense que nunca vuelve a estar con ella; John Raymond Hubbell escribió la canción inspirado en el personaje principal de *Madame Butterfly* de Puccini. Yo la había escogido porque tocaba una fibra sensible en mí: el abandono, la esperanza, la espera y el anhelo por algo que no sucede. Me había sentido muy conmovida la primera vez que escuché a Sarah Vaughn interpretarla. Ahora era mi turno.

Al final de mi concierto, la señora Jackson y los otros maestros se pusieron de pie y me aplaudieron, un largo aplauso que significó más para mí que los que he recibido desde entonces. Sabrina, Eva, Gabriela y Amelia sonreían y aplaudían en primera fila. Claro, extrañaba a mis padres, pero estaba muy agradecida por su apoyo. Lo había logrado, y era la mejor sensación que hubiera sentido. Fue necesario hacer acopio de mucho valor para mostrar mi voz, para dejarme ver y oír como soy. Y por una vez, no tuve miedo. Alguien sabio dijo que realmente sólo hay dos emociones: el miedo y el amor, y es imposible sentirlas al mismo tiempo. Esa mañana, en esa habitación, me sentí rodeada por un espíritu abrumador de amor.

Me fue tan bien en el recital que empecé a lamentar no haberme presentado a un conservatorio. Pero yo había puesto un pie en el camino hacia Regis en el otoño de 2004, por lo que en mi mente eso significaba que ya era demasiado tarde. Alguien debería haberme hablado al respecto.

Mami y Papi me llamaron durante todo ese año escolar y hasta el momento de mi grado. Llamaban y llamaban, era como si pudieran sentir que cada vez me estaba alejando más de ellos, y ellos trataban de aferrarse a algo, a cualquier cosa que mantuviera intacta nuestra relación. Se habían perdido muchas cosas mías: bailes de grado, recitales, cumpleaños. Piensen en todas las cosas importantes que ocurren entre los catorce y los dieciocho años, todos los hitos y rituales, la manera como cambiamos, nos desarrollamos y adquirimos nuestra personalidad. Al final de mis años en la Academia de Artes de Boston, yo ya era un poco adulta. Había crecido desde que era esa niña asustada que temblaba debajo de una cama, y me había convertido en una mujer joven y serena, una mariposa, lista para desplegar mis alas y orientar mi vida. Y mis padres, aunque anhelaban profundamente otra cosa, no habían estado conmigo para presenciar ninguna de estas transformaciones.

Arriba: Segundo año en Regis College. El comité de bienvenida y yo. Mitad: Año de intercambio en el extranjero. Roma, Italia. En la parte de atrás una estatua de un viejo italiano súper sexy. Abajo: En Venecia, Italia, portándonos como turistas totales.

CAPÍTULO 11

Un mundo nuevo

La vida comienza al final
de tu zona de confort.

—Neale Donald Walsch, autor

El día en que puse un pie en el campus, supe que había cometido un error. Uno grande. No es que Regis pareciera menos ideal de lo que lo había parecido durante mi visita; era más impresionante en el otoño que en primavera, y estaba lleno de la energía de los estudiantes que querían un nuevo comienzo. Pero después de mi recital memorable, mis dudas sobre mi dirección habían aumentado. «¿Por qué no traté de entrar a un conservatorio? —pensaba a todas horas—. ¿Y por qué no estoy en Nueva York?». Me había apresurado con todo el asunto de la universidad porque era el siguiente paso lógico. Ahora me doy cuenta de que podría haberme tomado un año para definir lo que quería hacer. Ay, Dios.

De inmediato, tuve que ajustarme mucho para, ¿cómo decirlo?, las chicas (blancas). Había hecho amistad con diversas variedades de caucásicos en la Academia, la mayoría de ellos del tipo de granola marginal y crujiente. Pero las chicas de Regis eran diferentes, y esas variaciones se extendían más allá de la raza. Había chicas suburbanas arrogantes. Súper nerds y chicas súper religiosas. Chicas que no habían sido aceptadas por Wellesley. Ah, y lesbianas; montones y montones de lesbianas. Menos de una semana después de estar allí, tuve mi primera experiencia lesbiana. «Uf, ahora que he superado eso, ¿qué sigue?». Había también un buen número de niñas negras y mulatas, pero no tantas como a las que estaba acostumbrada. No encontré a nadie muy artístico, más allá de los EMO góticos en el departamento de de teatro. No más música y no más fantasías. Estaba atrapada.

Me hacía falta mi cuadrilla. Gabriela se había matriculado en Pine Manor College en el área metropolitana de Boston. Sabrina también estaba en la ciudad, asistiendo a la escuela de belleza para ser peluquera. Sofía, mi socia en Barnes, se había ido a la Universidad de Hofstra en Nueva York. Sabrina, Gabriela y sus madres me dejaron en mi habitación universitaria una semana antes del semestre de otoño.

—Siempre tendrás un lugar en nuestra casa —me aseguró Eva mientras nos despedíamos—. Nos puedes visitar en cualquier momento.

Dormí allá algunos fines de semana y días festivos. Pero ya saben cómo es: después de que te vas, muchas veces no te mantienes en contacto, incluso cuando tus seres queridos están cerca. Eso es especialmente cierto una vez que quedas atrapada en tu nueva vida.

Y muy pronto lo hice. Inmediatamente conecté con Adrienne, mi compañera de cuarto, una chica preciosa, con pelo rojizo y ojos verdes. Había sido criada en una comunidad un poco hippy en los Berkshires. Cuando sacó un afiche de *Les Misérables* y lo colgó encima de su cama, supe que era mi tipo de compañera de cuarto: artística, desinhibida, chévere. Perfecta para mí.

A medida que fue pasando el año, hice más amigos en clase y en otras actividades escolares y eventos que se hacían en el campus. Encontré un grupo de amigas que incluían a Paulette, una puertorriqueña que estaba enamorada de George Bush, Jemma, una chica de Maine súper divertida e increíblemente organizada y diligente, Jenna, una chica dulce y que estaba estudiando para ser enfermera y Sarah, que en ese momento estaba explorando el estilo de vida gótico alternativo.

Especialmente durante ese primer año en Regis, pensé mucho en temas de raza porque era parte de mi plan de estudios. Había elegido Ciencias Políticas y Comunicaciones como asignaturas principales. Con mi mente en una carrera en los medios, tenía sed de educarme, de aprender todo acerca de las diversas filosofías. Leí vorazmente. *La República* de Platón, *El príncipe* de Nicolás Maquiavelo, *El contrato social* de Jean-Jacques Rousseau. Me identificaba tanto con lo que leía que cambiaba mi punto de vista. Después de leer un poco a Henry David Thoreau, pensé: «¡La revolución es la única manera de lograr justicia!». Y después de leer un poco a Aldous Huxley, comencé a despotricar del pacifismo. No estaba leyendo simplemente, también estaba forjando un sistema de creencias, una identidad, un lugar para encajar como latina, como mujer y como *millenial*. El problema es que, de un curso a otro, no podía decidir si quería ser miembro de las Panteras Negras o Mahatma Gandhi. Eso dependía de mi estado de ánimo.

Me obsesioné con ciertos temas que acapararon mi mente; cosas como la desigualdad social, los derechos reproductivos y la injusticia en general. Si en alguna clase decía que la redistribución de la riqueza era la única esperanza para el futuro de nuestro mundo y una chica blanca hacía algún comentario irritante, le decía, «¿Me estás hablando a mí? ¡Tú eres una colegiala fascista de derecha! ¡Tú no sabes nada!».

Gran parte de mi enojo estaba fuera de lugar. Estaba furiosa porque había perdido a mis padres. Furiosa porque quienes me rodeaban eran de comunidades donde mi realidad no era parte de las conversaciones. Furiosa porque otros prestaban poca atención a la existencia de los trabajadores indocumentados. La lucha de mi familia para permanecer en

Estados Unidos había definido mi infancia, pero la inmigración no estaba en sus radares. No tenían la menor idea de lo que yo había padecido.

Lo que era deliberado. Compartía mucho con mis amigas, pero inicialmente evité la criptonita en las conversaciones: el paradero de mis padres.

—¿Vas a ir a ver a tus padres? —me preguntó una compañera de clase.

—Ah, no —le dije—. Ellos se reubicaron en el extranjero hace unos años.

Mientras que era técnicamente cierto, estoy segura de que pensó que mis padres estaban en los Alpes franceses o en Tahití, y no viviendo en el Tercer Mundo con una mano adelante y la otra atrás. Si ella u otras insistían en el tema, yo lo cambiaba rápidamente porque me daba vergüenza. Aparte de eso, no quería que me vieran como una víctima. Ya había renegado lo suficiente, ahora estaba lista para pasar la página de la historia de «la pobre Diane».

* * *

Para la mayoría de mis amigos, las vacaciones de verano eran las vacaciones de verano, la época en que, por ejemplo, cambiaban sus estudios por unas vacaciones en la Toscana. Para mí, sin embargo, el receso universitario era una razón para entrar en pánico. Me preocupaba pensar en a dónde iría y cómo iba a hacer para ganar dinero. Al terminar el primer año, me dirigí a casa de Eva, pero todo fue tan inútil como querer volver al pasado. No sólo estaba nerviosa por abusar de su hospitalidad, sino que también quería demostrar que por fin podía ser independiente. ¿Quién quiere ser un caso de caridad permanente? Yo no. Pero como ni mis padres ni yo teníamos dinero para viajar a Colombia, tendría que encontrar algo. Así que al final de mi primer año, me convertí en líder de orientación, un trabajo que implicaba hacer recorridos a los futuros estudiantes y, bingo, permanecer gratis en el dormitorio durante junio, julio y agosto. Resuelto el segundo verano: todavía me quedaba uno.

Las vacaciones también eran difíciles. Mientras que otros se preparaban para irse de juerga, yo me estresaba al pensar si mis préstamos cubrirían el semestre de primavera.

—Quiero que vengas en diciembre —me dijo Mami—. Llevo cuatro años sin pasar una Navidad contigo.

En el invierno de 2005, sus súplicas me convencieron y organicé un viaje. No tenía el dinero para el pasaje aéreo, así que Dios bendiga a la hermana de Gabriela, quien pagó los ochocientos dólares con su tarjeta de crédito.

—Te los pagaré —le prometí (por cierto, lo hice; cuando todo lo que tienes es tu reputación, aprendes a ser impecable con tus palabras. Tengo una fijación con pagar puntualmente a mis amigos, así como devolver, en perfecto estado, cualquier artículo que me hayan prestado).

La Navidad en Colombia es increíble. Había oído hablar de que la gente va de casa en casa, cantando y recitando versos durante la novena, así como lo habíamos hecho en Boston, sólo que multiplicado por veinte. Las historias distaban mucho de la experiencia real. Por todas partes había fiestas. Las casas permanecían iluminadas con cientos de luces intermitentes. Los parques y las plazas resplandecían con decoraciones navideñas. Los niños jugaban en las calles. Los que tenían trabajos sacaban un mes de vacaciones. La música y los fuegos artificiales llenaban el aire. A través de los años, una tía me había enviado con frecuencia casetes con villancicos muy bonitos. Algunos eran los mismos que cantamos aquí, como «Noche de paz» y «El tamborilero». Otros eran coros tradicionales como «Vamos, vamos, vamos pastorcita» y «Los pastores de Belén». Los sonidos, las vistas, el sabor de los buñuelos y la mazamorra —algunos postres colombianos— le daban una gran vida a esta temporada y daban paso a una gigantesca fiesta nacional.

Mami y yo intercambiamos regalos. Le llevé los artículos habituales de su lista: delineador de ojos, loción, perfume, maquillaje. Temprano por la mañana de Navidad, antes de que me levantara de la cama, entró a mi habitación y me entregó un paquete. Mis ojos se iluminaron.

—Ábrelo —me dijo. Quité la cinta elegante de las capas de papel de seda rosado. Adentro encontré siete calzones, uno en cada color del arco iris.

—Gracias —susurré. Estaba medio dormida, pero lo suficientemente despierta como para levantarme y abrazarla. A cualquier otra persona, el regalo le habría parecido un simple conjunto de ropa interior sencilla.

Para mí, era un símbolo de la atención de mi madre. Me llevó de vuelta a las épocas en que yo tenía cuatro, siete y diez años, cuando Mami había estado ahí para darme un artículo personal que sólo una madre podría comprarle a su hija. Probablemente suene extraño, pero todavía espero que mi madre me regale calzones.

Fue después de las vacaciones de Navidad que empecé a pensar en cómo podría llevar de nuevo a mis padres a Estados Unidos. ¿Podía hacerlo? ¿Cuáles serían los obstáculos? ¿Podría encontrar un buen trabajo, ahorrar y contratar a un abogado respetable cuando terminara la universidad? No conocía ninguna de las respuestas, pero mi tiempo al lado de Mami me había recordado lo sola que me sentía aquí sin ella y sin Papi. Los necesitaba mucho. No le dije a ninguno de ellos lo que estaba pensando, y más bien deseché el pensamiento. Esto me dio algo para esperar, para prever, para rezar. Todos lo necesitamos. Los sueños son lo que nos mantiene vivos.

Uno pensaría que mi dulce reencuentro con Mami me habría incitado a llamarla a ella y a Papi con más frecuencia. No fue así. La misma canción, verso XVII: habría dado cualquier cosa para que estuvieran más cerca, pero al mismo tiempo necesitaba mantener cierta distancia con una situación que no podía cambiar. En este punto, mis padres se habían acostumbrado a que yo hubiera pasado a la clandestinidad. Dejaron de regañarme por ello. Esa batalla se había perdido, y lo sabían. ¿Cuál podría ser la razón por la que Mami cambiara con inteligencia su táctica de exigir a sentir culpa?

—Diane —me dijo en mi buzón de voz ese marzo—, me siento muy triste cuando no me llamas.

Al día siguiente le devolví la llamada.

Ahora, años después, recuerdo esa conversación en particular. La madre que yo había conocido de niña, que había acariciado suavemente mi pelo y que me había acostado en mi cama, se hizo presente en esa llamada. Esta vez, Mami no mencionó el gran dolor de 2001. No habló de lo mucho que quería estar de nuevo con Papi. No se quedó enfrascada en las dificultades cotidianas de su vida en Colombia. Más bien, me hizo una pregunta simple, que he llevado conmigo desde entonces: «¿Cómo estás, querida mía?... ¿en serio?». Y entonces, me escuchaba muy atentamente mientras yo le contaba.

Yo no había estado ahí para ver todas las formas en que estaba sucediendo, pero mi mamá estaba cambiando. Estaba superando el trauma, la indignación y la pena, y acomodándose en la aceptación tranquila de las cosas no como ella quería que fueran, sino como eran. No crecemos completamente entre el momento de nuestro nacimiento y la adolescencia o incluso en nuestra veintena. Si somos afortunados, nunca dejamos de crecer.

* * *

Mis clases me estaban dando duro. Por más que estudiaba, todavía sacaba B y C. Eso estaba bien, pero quería más, y no podía entender por qué no me podía ir mejor si me estaba esforzando tanto. No es que me mantuviera de fiesta o aplazara las cosas. Así que fui a hablar con mi consejero.

—¿Te han hecho pruebas de problemas de aprendizaje? —me preguntó. La respuesta era «no». Una vez que tomé las pruebas y llegaron los resultados, descubrimos los dos culpables con los que yo había lidiado desde la escuela primaria: trastorno por déficit de atención y dislexia leve tanto en matemáticas como en lectura. Empecé a tomar medicamentos, pedí prórrogas a mis profesores para completar los exámenes y ¿adivinen qué?, las A comenzaron a llegar a chorros.

Con mi promedio en aumento y con un paquete de ayuda financiera menos generosa para el segundo año en Regis, busqué trabajo. Conseguí uno en Jasmine Sola, una tienda que vendía ropa dénim de diseñador y de moda. Nunca había visto unos jeans tan caros; ¡algunos costaban doscientos cincuenta dólares! Se me caía la baba mientras los doblaba y colgaba cada noche. ¿Quién tenía tanto dinero para gastar en esa ropa? Ah, cierto, todo el mundo en la tienda menos yo.

Sin embargo llegué a conocer gente interesante mientras trabajaba allí. Había una chica petite, rubia, lindísima y toda vestida de rosado. Intenté mirar a otro lado. Pero incluso con todas mis tonterías y rarezas y promesas a mí misma de tener amigas más diversas, Katie fue la chica blanca que simplemente no pude resistir. Era, y sigue siendo, una de las personas más hermosas y cariñosas que haya conocido en mi vida. No tenía miedo de decirme cuando me equivocaba y me dejaba que yo se lo dijera a ella también. Me veía tal como soy y de todas formas quería ser mi amiga. Ese tipo de amistad no tiene color ni límites. Hablábamos durante todos nuestros turnos en la tienda. Mientras doblábamos jeans y ayudábamos a los clientes, soñábamos con el futuro y elegíamos la ropa de la tienda que queríamos comprar cuando nos pagaran. Fue una época maravillosa y nada me distraía de lo que quería lograr.

Un cierto hombre entró durante uno de mis turnos. Era guapo y de rasgos oscuros. Medía como 5′11″. Bien peinado, amplia sonrisa, latino.

—Perdone, señorita —dijo. Me volví, pensando que estaba listo para pagar—. ¿Puedo preguntarle su nombre?

Me sonrojé y sonreí.

—Diane —le dije.

—Me encantaría que me diera su número —dijo fríamente. Me sonrojé más. Cuando no respondí, metió la mano en el bolsillo de su chaqueta y sacó un lápiz y papel.

—¿Está bien esto? —preguntó. Asentí, sonreí y le di el número—. Mi nombre es Brian, por cierto —me dijo sin apartar los ojos de mí.

Qué decir de no dejarme distraer por los hombres. Ese fin de semana, Brian me llevó a cenar a un buen restaurante. Y luego a otro el viernes siguiente. Y luego a un tercero la próxima semana. Las citas eran muy nuevas para mí. El puñado de veces que había salido durante la escuela secundaria, el tipo con el que salía y yo íbamos a relajarnos con algunos amigos al cine o a McDonald's. Esto era diferente. Brian ya se había graduado de la universidad y tenía un trabajo de verdad. Me había llamado con antelación para consultar mis horarios, elegir un restaurante, pasar a recogerme a mi dormitorio y luego cenar y tomar vino. Me llenó de atenciones. También me encantó la libertad de no tener que decirle a nadie con quién estaba yo o a dónde iba. Comenzamos a vernos casi cada fin de semana, y un par de meses después, estábamos saliendo.

* * *

Una tarde, mi amiga Jemma entró a mi habitación. Como siempre, estaba llena de energía y tenía un folleto en las manos. Era la solicitud para estudiar en el extranjero.

—Empaca tus maletas —me dijo en su mejor acento inglés—. ¡Nos vamos a Londres!

Yo ya había escuchado hablar del programa el año anterior y aunque sí había soñado con estudiar por fuera, no me permití a mí misma emocionarme demasiado.

—Jemma, no puedo ir —le dije—. ¡No tengo ni un centavo! No puedo ir a tomar té contigo y con la Reina.

Y me giré para seguir estudiando. Pero como Jemma es una chica recursiva y que no se rinde fácil, ignoró por completo mis quejas y mi actitud pesimista. Me dijo:

—Tienen un programa increíble de relaciones internacionales.

Levanté la ceja y pensé, *Bueno, quizás*, pero entonces me invadió un río de dudas. *¿Cómo puedo pagarme esto? Esto no es para una chica como yo.* Pensé y pensé, intentando encontrarle sentido a una idea tan loca. *¿Yo? Nooooo, yo no puedo. Soy demasiado pobre, demasiado latina, demasiado desafortunada.* Sin embargo, había llegado hasta aquí. Entonces, ¿por qué no? Miré a Jemma y me estaba sonriendo, suspicaz.

—Nos vemos en Londres —me dijo. Entonces me entregó una solicitud que ya había llenado por mí. Poco después recibí la noticia: Iba al Reino Unido. Jemma y otro par de amigas irían también.

El campus Westminster de la Universidad Regent's, la escuela asociada de mi universidad, podría haber sido sacada del set de *Downton Abbey*: antiguos edificios de ladrillo alrededor de un patio lleno de hierba, calzadas empedradas, sicomoros con hojas doradas y rojas en otoño. Adrienne, Jemma y yo compartimos una suite con un balcón con vista a un patio pintoresco mientras que Paula tenía su propio cuarto sola en el segundo piso.

Si yo había sido clandestina en Boston, me convertí en una maldita agente del MI6 en Londres. A la única persona a la que le había contado era Adrienne. Una noche en la que yo estaba siendo particularmente difícil, ella me preguntó: «¿Y a ti qué te pasa?». Entonces le conté.

—Ah, ahora todo tiene sentido —me dijo.

—¿Qué tiene sentido? —le pregunté.

Simplemente me abrazó y me dijo que estaba a salvo. A partir de ese momento no le conté a nadie más de mi pasado.

«¿Dónde viven tus padres?», me preguntaban algunas personas. «Oh, fallecieron», decía. Otras veces, afirmaba que mi madre y mi padre habían regresado a Colombia para dirigir su propio negocio. «Son jubilados», expliqué. Tenía tantos cuentos diferentes dando vueltas que Adrienne me decía «Es mejor que mantengas tus mentiras en orden. ¡Te estás desencajando! ¡Orden capitán!». La forma en que yo lo veía, mi estadía en Londres era mi oportunidad para convertirme en otra persona, para asumir una identidad en una trama de mi propia creación. Si hubiera revelado mi trágico pasado, la gente se habría compadecido de mí, y yo estaba mucho más allá de la lástima. Lo que quería era ser normal. Ahora entiendo que lo normal es relativo, e incluso la persona que parece estar más tranquila está lidiando con algo. Así es la vida.

Durante todo el tiempo que estuve en el extranjero, hablé con Mami y Papi unas cuantas veces. En una de esas llamadas, Mami me dio algunas noticias.

—Me iré a vivir a Madrid —me dijo. Tragué saliva y pensé: *¿Madrid? ¿Por qué?*—. Tengo que empezar de nuevo en otro lugar —dijo como si hubiera leído mi mente. Hacía años, en los setentas, el hermano de mi madre se había ido a vivir en España para cumplir su sueño de volverse torero. Aunque en Madrid había poco trabajo, había más oportunidades que en Colombia.

—Qué bien, Mami —le dije. Guau. No sabía qué decir porque estaba muy sorprendida. Además estaba tan inmersa en mi vida universitaria que me había olvidado del hecho que mis padres seguían viviendo sus vidas sin mí. *No hay tiempo para ponerme triste*, pensé. *Tienes que seguir adelante.*

—Qué bueno, Mami, me alegra —le dije. No le pregunté si estaría allá antes de que yo me fuera de Europa. Estaba demasiado concentrada en fingir que no era su hija, actuando como si la vida que habíamos compartido no hubiera existido y que ella estaba jubilada y/o muerta.

Aunque me la pasaba fingiendo, logré cumplir con mis deberes como estudiante universitaria responsable. El tiempo que pasé en Londres fue increíble, una experiencia que nunca imaginé que pudiera tener una chica como yo. Me encantaban las clases, ¡y estaba prosperando en un país extranjero en donde la gente hablaba con acento! En los fines de semana o cuando teníamos tiempo libre me iba de viaje por toda Europa con mis amigas. Vi cosas que jamás me habría imaginado en mis sueños más locos. Vivía a punta de pan, tomate, papitas fritas y, Dios mío, fue un sueño. Lo peor que hubiera podido hacer era negarme esa oportunidad por miedo o por pensar que no lo merecía. Fue una de esas veces en las que realmente pude ver lo poderoso que puede llegar a ser tener un sueño y hacerlo realidad sin importar los obstáculos. La única cosa que habría cambiado es que me hubiera gustado vivir ese sueño como yo misma y no como alguien más.

Volví a Estados Unidos, pero no a Regis de inmediato. Había disfrutado tanto de mi experiencia en el extranjero que decidí pasar el semestre de primavera en el campo, esta vez en la American University en Washington, D.C., otra de las escuelas asociadas de mi universidad. Antes de mi programa académico, pasé las vacaciones con Brian en Boston. Cuando le hablé de irme a D.C., explotó.

—¿¡Por qué no puedes ir el *próximo* año!? —gritó—. ¡Ya has estado mucho tiempo afuera!

—No quiero ir el próximo año —respondí—. ¿Y por qué te da tanta rabia? Voy a estar en D.C., no en Europa. Podemos tomar el tren para vernos.

La discusión nubló mi decisión e hico que el tiempo que pasé en D.C. fuera más melancólico de lo que hubiera querido. Pensándolo ahora, me doy cuenta de que he debido matar el problema de raíz y echarlo ahí mismo. Pero, ay, el corazón a veces quiere lo que no necesita. Me doy cuenta de que no era la relación más sana del mundo pero mierda, no es que tuviera nada más que fuera súper importante en ese momento, ¿cierto? A pesar de sus objeciones, fui a la capital del país para continuar con mi programa. Yo había elegido Política Exterior como mi área de concentración (en este punto, estaba pensando en una carrera como diplomática).

—¿Por qué no tomas Política Estadounidense? —me preguntó Adrienne porque sabía me gustaba más discutir acerca de los temas sociales de este país. Resultó que mi amiga tenía razón. Los temas que discutíamos en clase, aunque eran importantes, me daban sueño. Las relaciones entre EE. UU. y China, tratados de libre comercio, resoluciones de las Naciones Unidas, ronquidos.

La universidad es una oportunidad para explorar, pero incluso a mediados de mi primer año, no estaba más cerca de averiguar mi camino. Quería servir a los demás y hacer un trabajo que tuviera sentido. Lo sabía. Lo que no sabía era cómo lograrlo. No es como si mis padres me pudieran aconsejar. No tenía a nadie que me dijera: «Oye, Diane, ¿qué vas a hacer con este diploma?». Estaba a la deriva, y rezando para que el viento me llevara en la dirección adecuada.

* * *

Mi estadía en D.C. fue realmente miserable. Un mes después de iniciado el curso, mi ayuda financiera colapsó. Descubrí (demasiado tarde) que mis préstamos estudiantiles federales no podían ser transferidos para cubrir mis gastos en la universidad. En medio de mi desesperación, solicité préstamos privados con altas tasas de interés. Estampé mi firma en acuerdos que no tenía por qué firmar, pero era la única manera de seguir adelante que podía ver. Esos préstamos no llegaron de inmediato, por lo que en lugar de estudiar, estaba mortificada por la posibilidad de quedarme en las últimas. Me llamaron a la oficina de ayuda financiera en varias ocasiones. Las cosas se pusieron tan tensas, de hecho, que pensé dejarlo todo y reservar un vuelo de ida a Colombia. Pero sabía que esa no era una respuesta. No puedes escapar de tus problemas. Por lo menos la universidad me daría una oportunidad en un futuro.

Caí en una depresión. Y no me refiero a un caso leve. Estoy hablando de una niebla oscura y pesada que me mantuvo en cama durante días seguidos. Faltaba a clases, dejé de socializar, mi apetito desapareció y bajé veinte libras. Adrienne me llamaba de Boston para saber cómo estaba. «Diane, ¿qué pasa? —me preguntaba—. No he sabido nada de ti. ¿Estás bien?». Yo fingía una voz valiente y le aseguraba que estaba bien, para colgarle cuanto antes. El dolor, para mí, iba más allá de lo emocional, era físico. Literalmente, sentí como si estuviera a punto de estallar. Todo el cuerpo me dolía.

Había estado deprimida antes, pero nunca así, y por eso concluí que los medicamentos estaban contribuyendo a mi estado de ánimo. Así que sin consultar a un médico, dejé de tomar las pastillas y el impacto en mis calificaciones fue inmediato y desastroso. En un mes, pasé de sobresalir a casi reprobar. Las cosas no se detuvieron allí.

La combinación de todo, la situación desastrosa de mi préstamo, la caída en picada de mis notas, mi relación amarga. Había muchas cosas en juego en este gran plan para terminar mis estudios, conseguir un trabajo y traer a mis padres de nuevo aquí. Nada de esto estaba encajando en su lugar. *He debido regresar a Regis.* No dejaba de pensar en esto después de que me di cuenta del gran lío financiero en el que estaba—. ¿Qué hice mal?». Mi vida era un gran proyecto inacabado, y temía que nunca podría completarlo. Estaba decepcionada de mis elecciones. ¿Cómo podría un año escolar que comenzó en Londres terminar en un hoyo?

Cuando ese abogado le robó a mi padre sus ahorros de toda una vida, Papi quiso darse por vencido. Eso era exactamente lo que yo quería hacer. Me sentía tan agobiada y agotada que escasamente tenía la voluntad para seguir adelante.

Al cierre del semestre, me arrastré de vuelta a Boston y me fui a vivir con Brian, de nuevo. Sabía que la relación no era buena para mí, pero era lo único que conocía. Él se había convertido en mi apoyo.

La depresión puede tomar varias formas, y la mía se presentó de nuevas maneras ese verano y en el otoño siguiente. Me encantaba la FIESTA, y salía mucho con las chicas de mi trabajo. Llegaba borracha a casa a las tres de la mañana, y luego despertaba en la tarde siguiente, mareada y con la boca seca. Me importaba un comino faltar a clases. Varias veces estuve tan borracha que me desmayé, y mis amigas tuvieron que subirme a un taxi y acompañarme hasta la casa. Incluso ahora, años después, hay ocasiones de las cuales no recuerdo por qué me desmayé.

Ahuyenté a todo el mundo. «¡Por favor, llámame! —suplicaba Gabriela en mi buzón de voz—. Por favor, dime que estás bien». Sabrina, Eva, Amelia y mi tía y tío en Nueva Jersey también me llamaban, pero yo no les devolvía las llamadas. Adrienne vino una vez a mi apartamento y golpeó la puerta.

—¡Diane! —gritó—. ¿Estás ahí?

La ignoré. No tenía ningún deseo de hablar de lo que me estaba pasando, ni de decirle que estaba en la cuerda floja. Así que me desconecté de mis seres queridos, y mientras más rechazaba su ayuda, más aislada me quedaba.

Y más bebía y salía. No sólo quería calmar mis nervios, sino estar entumecida. La mayoría de las semanas, no podría haber dicho si era lunes o jueves. Cada día sentía lo mismo, prefiriendo quedarme dormida. Era como lavar, enjuagar, repetir: depresión, juerga alcohólica, pelea con Brian, vergüenza de mi comportamiento y luego, siempre —siempre—, otra ronda de anestesia líquida.

* * *

—¿Diane?

Mis ojos se abrieron. Brian estaba al pie de mi cama en el hospital, mirándome hacia abajo. A nuestro alrededor había una cortina azul, una de esas telas utilizadas para separar a un paciente del otro. La cabeza me palpitaba. La habitación estaba borrosa. Miré hacia abajo y noté que mis antebrazos estaban envueltos en vendas blancas. Un monitor a mi izquierda llevaba el registro de los latidos de mi corazón. *Bip. Bip. Bip. Bip.*

—¿Qué pasó? —murmuré—. ¿Dónde estoy?

Brian apretó los labios.

—Intentaste hacerte daño de nuevo —dijo. Señaló con la cabeza mis brazos. Los miré, y luego a él—. Ya sabes —susurró, inclinándose cerca de mi oído—, te cortaste.

Las cortadas. La primera vez que me hice daño fue en D.C. Esa mañana había recibido una noticia terrible sobre mis préstamos, y por la noche estaba inconsolable. Destapé un merlot, me senté en el piso en medio de mi habitación y bebí un vaso tras otro hasta que la botella quedó vacía. No lograba comprender lo que estaba sintiendo. Me sentía incómoda, casi hasta el punto de querer salirme de mi propia piel. Estaba, literalmente, intentando salir de mí misma. Me tiré al suelo, me di golpes a mí misma, me jalé el pelo y me enterré las uñas en la piel. Estaba agotada y angustiada. *¿Tengo que quedarme aquí sentada sintiendo todo esto?*, pensé. *¿Por qué?* Me miré al espejo y quise llamar a mi mamá.

«¡Ma! ¡Mamá! ¿Dónde estás? Por favor... ¡Mamá! ¡Papá!». Como una niña envolví mis brazos alrededor de mis rodillas y empecé a mecerme de un lado a otro, pensando que quizás eso calmaría mi desasosiego. No fue el caso, y en un instante que desearía poder borrar, tomé el sacacorchos que estaba sobre la mesa. Enterré la punta en mi brazo y lo deslicé a lo largo de mi piel. Cuando vi la sangre que empezó a brotar de mi brazo, abrí los ojos muy grandes. Me levanté y fui a buscar una toalla. *¿Qué diablos te pasa?*, pensé. Un tiempo después logré recomponerme pero después de ese episodio me prometí que nunca volvería a hacer algo así. Me aterró.

Y, sin embargo, también me produjo un alivio extraño. Por un momento breve, el dolor físico agudo mitigó el resto de la angustia, una especie de interrupción temporal de mi desesperación. También me ayudó a controlarme. En ese momento, me veía impotente. Aunque cortarme no solucionaba ninguno de mis problemas, lo usaba como una forma de calmarme cuando perdía el control. Con el leve giro de la mano, en la intimidad de mi casa, podía decidir cómo quería sentirme. Estaba a cargo. Sostenía el arma.

La promesa que me hice no duró. A medida que la tristeza se intensificó, lo mismo sucedió con mi deseo de hacerme daño a mí misma. Traté de evitarlo, escribiéndome cartas; escribía una página tras otra sobre lo perdida que estaba, pero mi deseo de aliviar mi dolor se hizo tan intenso que se apoderó de mí. Aquellos que se han hecho esto a sí mismos quizás lo describan de la misma forma en que lo describo yo: es como estarse ahogando. Hacerte daño es una forma de volver a respirar. Tan estúpido. Al comienzo sólo me hacía cortes pequeños en los brazos o los muslos en donde no serían muy perceptibles puesto que utilizaba por lo general una cuchilla de afeitar o un cuchillo de cocina afilado. Pero después de un tiempo comencé a perderme por completo. Pensé que el deseo de hacerme esta locura a mí misma desaparecería pero a medida que fue pasando el tiempo, no mejoró. ¡Qué sorpresa! Terminé el semestre muy mal y me fui de D.C. sintiéndome muy poco realizada. Y mi nueva "costumbre" no hizo sino empeorar la sensación. A medida que fue pasando el tiempo, le echaba mano a cualquier cosa que estuviera cerca: una hebilla del cinturón, una lima metálica de uñas, un sujetador para papeles. Mientras menos afilado el objeto, más desagradable era la cicatriz.

Estaba perdida y comencé a volverme una pesadilla para mí misma y para la gente que me rodeaba. Pobre Brian. Digo pobre Brian porque nadie se merece tener que vivir con la forma tan loca en que me estaba comportando. Mis desquicies se volvieron cada vez más frecuentes y aterradores. Todos esos años de haber sido la «chica buena» y el apoyo fuerte para los demás se estaban yendo a la basura. No podía más. Estaba deshecha.

La cortina se abrió, una enfermera corpulenta con rizos ásperos de color plateado y con gafas de culo de botella, entró con un portapapeles.

—¿Puedo tener un minuto a solas con ella? —le dijo a Brian. Él asintió con la cabeza y salió—. ¿Quieres hablar de esto, preciosa? —dijo. No respondí. Examinó mi registro de entrada—. De acuerdo a nuestros registros, esta es la segunda vez que vienes por lesiones autoinfligidas. —Hizo una pausa y me miró fijamente a la cara—. Tenemos trabajadoras sociales. Quisiera conectarte con una. ¿Te gustaría?

—Sí pero por favor no me lleven a ningún lado —dije, como una niña. Reviví el trauma de lo que sucedió con mis padres. Era como si estuviera atrapada en el tiempo.

—Nadie te va a llevar a ningún lado —me dijo mientras volvía a correr la cortina—. ¿Tus padres viven en la zona?

—No —respondí.

—Bueno —me dijo—, realmente espero que puedas conseguir un poco de ayuda. La necesitas.

¡Ja! ¡Como si no lo supiera, señora! Tal vez necesitaba que alguien me dijera algo, que alguien se diera cuenta de lo que me estaba sucediendo y del dolor que estaba sintiendo por dentro. O tal vez necesitaba que alguien me cuidara. Fuera cual fuera la razón, la mujer tenía razón: Necesitaba ayuda. Pronto.

El hospital me dio de alta esa misma noche. El regreso a casa fue silencioso.

—Estoy preocupado por ti —dijo Brian para romper el silencio—. Tenemos que resolver esto.

Es curioso cómo puedes estar sentada al lado de alguien y sentirte más sola que si no estuvieras con nadie. Así era como me sentía.

La estancia en el hospital me dejó asustada por un par de meses.

Pero al igual que el alcohol o las drogas, los cortes pueden ser adictivos. En las raras ocasiones en que me tomaba la molestia de ir a clase, sorprendía a mis compañeros mirando mis brazos, y luego evitaba rápidamente sus miradas cuando los veía mirarme boquiabiertos. Sus expresiones faciales lo decían todo: «¿Qué demonios te pasa?». Me sentía como un fracaso y un capricho de la naturaleza.

Otros trataron de lanzarme un salvavidas, pero en un caso, pareció como una traición. Alguien informó anónimamente sobre mis cicatrices a la oficina del decano, y me llamaron del centro de asesoramiento de Regis.

—Diane —dijo la terapeuta cuando logró comunicarse conmigo—, necesito que vengas a verme.

Mierda.

Unos días más tarde, me arrastré a través de las puertas de la oficina a las tres de la tarde. Acababa de levantarme de la cama después de una noche de juerga. Mi piel oliva había palidecido, mi rostro estaba demacrado, mis ojos estaban inyectados en sangre. Yo era toda piel y huesos y llevaba un saco con cuello tortuga a pesar de que hacía 75 grados Farenheit.

La consejera se reunió conmigo en la sala de espera. Era una mujer blanca de mediana edad que llevaba perlas, un peinado Jackie O., y medias de nylon color carne. Parecía tan perfecta, tan de cera y de plástico. Sonrió y me tendió la mano. No se la estreché.

—Me alegra que hayas venido —dijo—. Ven conmigo para que podamos hablar.

La seguí por el pasillo a una habitación. Cerró la puerta y nos sentamos frente a frente. Me quedé mirando el piso.

—Sé que has estado teniendo algunos problemas, Diane —dijo. Se aclaró la garganta—. ¿Puedes decirme qué te está pasando?

Hasta el día de hoy, no tengo ni idea de lo que le dije. Todo era mentira. En el instante en que posé mis ojos en ella, supe que era alguien que no podía relacionarse conmigo. Y cuarenta y cinco minutos más tarde, crucé las puertas del centro sin sentirme mejor de lo que me sentía cuando entré. Lo que pasó doce días después todavía me persigue.

Mi cumpleaños número veintidós en Boston.

CAPÍTULO 12

Sobreviviré

La luz brilla a través de los
lugares rotos.

—Leonard Cohen, cantante

Los meteorólogos habían pronosticado que nevaría, y así sucedió en la noche del 13 de diciembre de 2007. Antes de nevar, la gente salió temprano del trabajo para ir a sus hogares, y las carreteras se congestionaron hasta quedar intransitables. Los compradores de último minuto entraron deprisa a los supermercados para comprar agua embotellada. Los vecinos abrieron las puertas de sus casas y echaron sal en las escaleras, con la esperanza de no tener que palear tanta nieve a la mañana siguiente. Al caer la noche, el bullicio de la ciudad se había reducido a un murmullo y Boston dormía bajo una espesa capa blanca. Yo estaba cansada, y llegué a las nueve de la noche, incluso antes que Brian. Me habían programado para hacer turnos seguidos de coctelería al día siguiente y necesitaba descansar a toda costa. «Tal vez no tenga que ir gracias al clima», pensé. Las cosas casi nunca eran así, pero las esperanzas nunca se pierden.

¡*Buzz!* ¡*Buzz!* ¡*Buzz!* Me tambaleé hacia el reloj despertador junto a mi cama y lo apagué. *Las ocho y cincuenta de la mañana.* Miré a Brian, que debió entrar después de que yo estuviera completamente dormida, ni siquiera lo había oído llegar. Se movió, se dio vuelta y miró adormilado en mi dirección.

—¿Qué vas a hacer hoy? —preguntó.

—Tengo que trabajar más tarde —gemí. Jalé el edredón alrededor de mi cuello. *Sólo cinco minutos más*, me dije. Cuando me desperté de nuevo, los números rojos del reloj marcaban las nueve y cuarenta de la mañana. Brian se había bañado y vestido. Se asomó a la puerta del dormitorio.

—Tengo que hacer algunas paradas en el camino a casa —me dijo—. Te veré cuando vuelva. —Segundos después, salió por la puerta.

Me estiré para coger el teléfono de la mesa de noche. *Dos mensajes de voz.* Presioné para oírlos.

—Señorita Guerrero —dijo una voz femenina—, tenemos un asunto financiero urgente para discutir con usted con respecto a su cuenta de tarjeta de crédito. Este es nuestro quinto y último intento antes de emprender acciones legales. Por favor devuelva nuestra llamada de inmediato. Este es un intento para cobrar una deuda.

Clic.

Luego escuché el siguiente mensaje.

—Diane, estoy llamando en nombre de la oficina de ayuda financiera de Regis. Es extremadamente importante que venga a nuestra oficina tan pronto como sea posible. Tenemos que hablar con usted acerca de su préstamo Stafford.

Clic.

Retiré el edredón y me fui al baño. Abrí la llave, agaché la cabeza en el lavamanos y me eché agua fría en la cara.

A medida que las vacaciones se habían acercado. La ciudad bullía de ligereza y alegría. Yo me moría de ganas de ser parte de todo eso pero no podía participar del todo. ¿Saben lo que se necesita para que una persona feliz y optimista como yo no disfrute de la Navidad? Mucho. Como se podrán imaginar, muchas cosas no andaban bien. Todo el mundo parecía tan feliz; hasta los aguafiestas habituales saludaban a los transeúntes. Los voluntarios del Ejército de Salvación, con sus mejillas rosadas y grandes sonrisas, permanecían a la entrada de Macy's y tocaban sus campanas para dar la bienvenida a las donaciones. Yo era como Alanis Morrissette en su video de «Hand in My Pocket». Estaba parada desnuda en medio de toda la alegría navideña aunque no estaba ni cantando y estaba feliz de estar desnuda. Estaba opaca y apagada. A finales de noviembre después de Acción de Gracias, traté de revivirme a mí misma entonces fui a ver vitrinas de tiendas cerca de Downtown Crossing. Llegué aún más deprimida a casa. Las multitudes, las luces brillantes, la música, las familias que paseaban alegremente por los bulevares, todo eso me hizo muy consciente de lo sola que estaba.

Funcionaba como una sonámbula a través de mis días, y todo me parecía exactamente igual: la casa, beber, luego de vuelta a casa con el corazón encogido. Desde el momento en que me levantaba de la cama empezaba a contar los minutos hasta que pudiera meterme de nuevo debajo de las sábanas. Había perdido el control sobre todo aquello que era importante para mí, y seguir adelante era lo más que podía lograr. De vez en cuando vivía un momento medianamente decente, reía un poco, sentía algo de alivio, pero después veía algo que me hacía odiar mi vida y desear poder cambiar de puesto con alguien más.

Pasó la mañana y la tarde y antes de que me diera cuenta ya era hora de mi turno de la noche; después de Jasmine Sola había tomado un trabajo en un club nocturno. Llegué a la estación del tren, bajé las escaleras y empecé a prepararme mentalmente para la noche. Estaba empezando de verdad a odiar el ambiente de trabajo. Quiero decir, al comienzo era divertido y el dinero era fácil. Pero también era un trabajo tonto y superficial.

Y como todos los trabajos, tenía su dosis diaria de drama y de tipos desagradables, como era el caso de uno de los habituales, que estaba sentado en el taburete cuando comenzó mi turno.

—¿Qué le puedo dar, señor, lo de siempre? —le pregunté, aunque había empezado a preparar el gin-tonic que bebía normalmente.

Cuando me di vuelta, me miró directo a los senos. Un imbécil de verdad.

—Es desagradable afuera, ¿verdad, preciosa? —me dijo, sus ojos clavados en mi blusa. Se puso de pie, se inclinó sobre la barra y me hizo señas para que me acercara, como si estuviera a punto de contarme un secreto.

—¿Te gustaría que alguien te diera calor esta noche, belleza? —dijo. Su aliento apestaba.

—No, gracias —le espeté, recogiendo el vaso y dejándolo de un golpe frente a él—. ¿Eso es todo, señor?

Frunció el ceño y volvió a su asiento.

—Feliz Navidad para ti también, perra —murmuró en voz baja.

Sufrí mucho este tipo de acoso sexual. A veces por parte de los clientes; otras veces, del administrador del bar o del dueño del restaurante. No sólo me producía asco, era muy molesto. Yo era más frágil que nunca antes, y algún idiota siempre estaba haciendo todo lo posible para meter las manos por debajo de mi maldita ropa interior. Podía ignorarlo la mayor parte del tiempo, pero ese día el insulto del hombre me hizo querer saltar el mostrador y estrangularlo. Lo más loco es que no podía siquiera reunir la energía para hacerlo. Ya ni me importaba.

Estaba empapada cuando llegué a casa. Tenía un resfriado, por lo que en el camino de regreso a nuestro lugar, entré a una tienda y compré unos Tylenol. *Mañana debería llamar para decir que estoy enferma*, pensé. Me dejé caer en el sofá, prendí el televisor y pasé los canales. Todo eran noticias acerca de la limpieza de la tormenta.

Mi teléfono sonó. Me di cuenta por el código de área que era una llamada de Colombia. Dejé que se fuera al correo de voz. Una media hora más tarde, escuché el mensaje.

—Diane, es tu papi —dijo con una voz cascada—. Por favor, llámame. Nadie ha sabido nada de ti en mucho tiempo. No hay problema, no te voy a gritar. Por favor, chibola. Sólo quiero saber que estás bien.

Bip.

No había hablado con ninguno de mis padres en mucho tiempo. Siempre me llamaban, pero al igual que con los acreedores, ignoré sus peticiones. Desde que Mami se había trasladado a Madrid, constantemente me enviaba correos electrónicos y me rogaba que la visitara. No le respondía. Estoy segura de que los demás pensarán que parecía como si no me preocupara por mi madre y mi padre, que me gustaba verlos tristes. De ningún modo. Me rompía el corazón saber que estaba rompiendo los suyos. Y, sin embargo, la angustia que se apoderaba de mí cuando escuchaba su voz era más dolorosa que saber que los estaba alejando de mí. Cuando nos poníamos al día, las conversaciones eran rebuscadas y torpes. ¿Por dónde comienzas cuando llevas un año sin hablar con alguien? ¿Cómo le cuentas todos los momentos que se ha perdido? Realmente no puedes. Y cada vez que colgaba el teléfono después de hablar con ellos, me parecía como si mi propia madre y mi padre fueran extraños para mí, personas que tal vez había conocido en una vida anterior, pero a quienes no reconocía ya.

Me sorprendí a mí misma cuando empecé a marcar el número de mi padre. Parecía más frágil que nunca en el correo de voz. Quería ver cómo estaba.

—¿Papi? —dije.

—Hola, hija, ¿eres tú? —Su voz era somnolienta. Eché un vistazo al reloj de la pared de la sala. Eran las diez de la noche.

—Sí, soy yo —le dije—. ¿Cómo estás?

—Bien —susurró—. Qué bueno escucharte. ¿Qué ha pasado?

—No mucho —le dije, lo que era la respuesta habitual cuando alguien quería saber cómo me iba. No me atreví a contarle acerca del desastre en que se había convertido mi vida, por lo que dirigí el centro de atención de nuevo hacia él.

—¿Cómo has estado? —le pregunté—. ¿Cómo está la familia?

Suspiró.

—Las cosas están iguales —me dijo. Uno de sus hermanos había sido atacado mientras iba en bicicleta a la tienda de comestibles; la semana anterior, la hermana de mi madre le había contado que Eric había sido despedido de su empleo; y mi padre, que todavía no había podido encontrar trabajo en todo este tiempo, tenía poco dinero—. Pero no quiero que te preocupes por mí. Voy a estar bien. —Cuando Papi decía «no te preocupes», muchas veces significaba que sólo le quedaban veinte dólares. Yo no tenía nada de dinero, pero me sentía tan mal por él, que ofrecí enviarle un poco. Él no quería saber nada de eso—. Utilízalo para la escuela —me dijo—. Esa es tu prioridad en este momento.

Llevábamos hablando menos de cinco minutos, pero ya estaba ansiosa por colgar.

—Te quiero, Papi —le dije, tratando de terminar la llamada.

—Yo también —dijo—. Te extraño demasiado. ¿Cuándo vendrás?

—No sé —le dije—. Ya veremos. Pero te llamo más tarde.

—¿Me lo prometes? —dijo.

—Lo prometo —respondí, aunque ambos sabíamos la verdad.

Mi papi podría haber estado en Neptuno; así de lejos parecía estar. Yo sabía que él y Mami me adoraban tanto como cualquier padre puede querer a una hija y, sin embargo, sentí como si ya no les perteneciera, como si ya no tuviera un hogar, un centro, una base, una fundación. Un lugar donde yo era yo y al que podía volver cuando las cosas se volvieran difíciles. Si tenía una discusión con Brian, por ejemplo, me habría gustado poder ir a casa de mi madre y hablar con ella.

A los catorce años, había podido esconder de alguna manera gran parte de lo que estaba sintiendo. Pero para cuando llegué a mi veintena, esa década cuando lo averiguas todo, el enorme agujero en el centro de mi vida se había vuelto imposible de ignorar. Se me cortaba la voz al mencionar los nombres de mis padres. Volvía a ser esa niña que una vez fui, a esa infancia que había terminado mucho más temprano de lo que debería. Por lo menos había podido apoyarme en Amelia y en Eva en la escuela secundaria y a comienzos de la universidad, pero esa red de seguridad había desaparecido. Moría de ganas de demostrar que podía cuidarme a mí misma, que no necesitaba a nadie, que era toda una adulta. Estaba claro que necesitaba a otras personas, pero cuando lo reconoci, ya había alejado a todas las personas que estaban cerca de mí. Comprenderlo aumentó mi dolor.

La escuela se había convertido en una broma. Estaba furiosa con todo y con todos. Mis notas estaban por el suelo. En tres de mis seis clases, iba a sacar una C menos; llevaba una materia completamente perdida. Algunos de mis profesores me animaron a pasar de una calificación en formato de letra a aprobado-reprobado con el fin de evitar que mi promedio siguiera bajando. Había pensado en una escuela de posgrado —quería estudiar leyes—, pero con mi rendimiento académico tan pobre estaba arruinando las posibilidades de ser admitida. A veces, trataba de mantenerme al día con mis tareas, pero como no había tenido dinero para comprar libros, tenía que pedírselos prestados a amigos por un par de horas. Necesitaba tutoría, pero no tenía la energía mental o los recursos para buscarla. Y cuando iba a clases, me sentía completamente fatigada, porque había trabajado hasta tarde la noche anterior o tenía resaca, y muchas veces ambas cosas.

Estaba hasta la coronilla de deudas. A comienzos de mi último año, debía casi ochenta mil dólares. Puede que esto no les parezca mucho dinero a algunas personas —muchos terminan la universidad con una deuda tres veces mayor—, pero a mí me parecía imposible de pagar. Cuando hube recibido toda la ayuda financiera federal que podía conseguir, recurrí a las tarjetas de crédito. En cuestión de meses, llegué al tope de mi Visa y de mi MasterCard, y fue cuando las llamadas de los acreedores se volvieron implacables. No debería haber solicitado las tarjetas en primer lugar, pero en ese momento no tenía ninguna otra opción. Tenía la inteligencia financiera de una niña de tres años. Cuando Mami y Papi fueron deportados, yo ni siquiera sabía conducir, y mucho menos evitar unas tasas de interés exorbitantes. Brian trató de entrometerse, pero no lo dejé.

Yo había recurrido a las artes durante épocas difíciles; interpretar algo siempre ha sido mi salvación, una experiencia que me mantuvo a flote en las aguas más traicioneras, pero esa ancla había desaparecido. A lo largo de la universidad, había sentido un deseo ardiente de expresarme artísticamente, pero no había muchos medios para hacerlo. Anhelaba encontrar mi camino de regreso a los escenarios, así fuera en las producciones más aficionadas. Pero debido a todo lo que estaba ocurriendo —y como había caído tan bajo emocionalmente—, no podía encontrar la manera de hacerlo. La melancolía puede alimentar la creatividad, pero también puede matarla.

No le dije a nadie acerca de mi situación. Eso es lo que pasa con la depresión: No es un tema para una conversación agradable y refrescante a la hora de la cena. Es más fácil decirle a alguien «Me duele la cabeza» o incluso «Tengo cáncer» que decir «He caído a un abismo sin fondo». Te sumes en un silencio impotente, vagando sin rumbo por el desierto en busca de agua, sin la capacidad de gritar que te estás muriendo de sed. La depresión no es como la tristeza; no se siente como cuando terminas con un amante o pierdes un empleo. Esas cosas duelen, por supuesto, pero incluso en medio de la agonía, sabes que llegará un momento en que la pesadez cederá. La desesperación es diferente. Es la ausencia de esperanza. Es un camino, largo, plano y sin horizonte en la distancia. Es el camino que una vez recorrió mi hermano.

* * *

Mis ojos se abrieron de golpe. Cogí mi teléfono en medio de la oscuridad, lo prendí y lo acerqué a mi cara para no despertar a Brian, que ya había llegado, con la luz. *Dos y cincuenta y dos de la madrugada.*

Durante mucho tiempo traté de dormir. No pude. Me quedé pensando en todo lo que había sucedido en los ocho años anteriores. En el día que había llegado a casa para descubrir que Mami y Papi habían desaparecido. En todo el esfuerzo que tuve que hacer para quedarme allí y seguir respirando. Esta mierda está demasiado difícil.

Me deslicé debajo de las mantas e introduje los pies en mis zapatillas blancas al lado de la cama. Sin encender la luz, me tambaleé a la sala y abrí la puerta del armario. Saqué mi largo abrigo de lana y me lo puse. Luego me fui de puntillas a la puerta principal, le di vuelta a la manija y salí al pasillo.

Nuestro edificio tenía ocho pisos; Brian y yo vivíamos en el primero. Me acerqué a la escalera que conducía a la azotea y subí lentamente. Cuando salí a la azotea, el aire helado me golpeó la cara; mis pies sin medias temblaban. Subí por completo el cierre de mi abrigo y apreté los brazos alrededor del pecho. Copos livianos, un polvo estelar centelleante y casi imperceptible, capas frescas de nieve sobre el cemento gris. Miré el barrio, inquietantemente silencioso y hermoso.

Me arrastré hacia el borde del edificio y me detuve cuando estuve a un pie de distancia. No había muros ni barreras. Me senté en el suelo y avancé poco a poco hasta que mis pies colgaron en el aire. Asomé la cabeza por encima del borde y miré hacia abajo. Un estacionamiento, con muy pocos autos, estaba debajo. Visualicé mi cuerpo, ceniciento y paralizado, yaciendo en la grava. «¿Lo haré?», pensaba.

Había estado cerca de poner fin a todo. Una vez, cuando Brian y yo estábamos de viaje, tuvimos una discusión fuerte. Yo estaba tan angustiada que arrastré una silla hasta la pared del balcón y me subí para lanzarme al vacío.

—¡Nooo! —gritó Brian mientras corría para tirarme hacia atrás—. ¡Ya basta, Diane! ¡No puedes hacerlo! —Trató de razonar conmigo después de que me hubiera calmado—. ¿Te imaginas el dolor que sentiríamos tu familia y yo si te quitaras la vida? Estás putamente loca si decides dejar así. —Me hizo recobrar temporalmente la cordura, porque cuando caes en la desolación, dejas de ser racional. De hecho, te sientes muerta; el acto del suicidio es una mera formalidad.

Esa noche no fue como estar simplemente en el balcón. Me enfrenté a la decisión simple de saltar, y ninguna persona estaba allí para impedir que lo hiciera. «¿Estoy realmente preparada para hacerlo? —El carrete de los pensamientos que habían estado desfilando por mi cabeza durante varias semanas se puso en marcha—. Soy una inútil. Nunca llegaré a nada. No soy lo suficientemente inteligente como para terminar la universidad. ¿Cómo puedo ayudar a Mami y a Papi cuando ni siquiera puedo ayudarme a mí misma? El mundo estaría mejor sin mí».

Me había estado diciendo que las cosas cambiarían, que el mañana sería más brillante. Pero no fue así. Tal vez si hubiera sido mayor, tal vez si hubiera tenido un modelo para superar la crisis, podría haber comprendido que las cosas mejorarían con el tiempo. Que una mejor existencia era posible al otro lado de la angustia. Pero todavía no tenía la perspectiva que sólo puede darte el hecho de sortear circunstancias horrendas durante varios años. A los veintidós, lo único que podía ver era la oscuridad. Miré el estacionamiento que estaba abajo. Mientras lo hacía, mi zapatilla izquierda cayó de mi pie. Intenté cogerla, apretándola entre los dedos de los pies, pero no pude hacerlo.

No sentí miedo mientras estuve sentada contemplando el final. Una paz que nunca había sentido se apoderó de mí junto con los copos de nieve. Mis párpados se volvieron pesados por el agotamiento. Con mis piernas todavía balanceándose sobre el borde, apoyé la parte superior de mi cuerpo en el cemento y me quedé dormida. No sé por cuánto tiempo lo hice, pero una fuerte ráfaga de viento me despertó.

¿Dónde estoy? Me apoyé en los codos y miré alrededor, sin saber por qué estaba en la azotea. Entonces me acordé de repente, y me asustó estar en una posición tan precaria. *Dios mío, ¿qué estoy haciendo?* Sentí un vacío en el estómago. Me eché hacia atrás y traté de levantarme, pero mientras lo hacía, me sentí desubicada y aletargada. Perdí el equilibrio y tambaleé hacia adelante. Resbalé y me caí de la cornisa.

El corazón martilleaba en mi pecho. Apreté el cemento con mis palmas y luché para subir todo mi cuerpo a la cornisa, había viento y yo estaba muy débil. Pero con cada célula de mi ser, con toda la fuerza que pude reunir, logré alzarme y estar en una posición segura.

Trastabillé hasta el centro de la azotea, caí con las piernas cruzadas. Respiraba con dificultad. Puta vida, ¿realmente acaba de suceder eso? Horas antes, había estado desesperada por quitarme la vida, pero sólo si podía hacerlo a mi manera. En esa fracción de segundo cuando mi decisión se salió de control, mi impulso por sobrevivir me sacudió de la desesperación. Mientras lloraba de manera incontrolable, una visión de mi mami y mi papi, consumidos por el dolor después de saber que yo había muerto, inundó mi cabeza. Habían soportado mucho dolor, habían arriesgado todo al venir a este país para que yo tuviera la oportunidad de hacer algo con mi vida. Con sólo unos pocos milímetros más, con el leve giro de la muñeca hacia la izquierda o hacia la derecha, todo aquello a lo que habían renunciado habría sido en vano.

El mismo amor profundo que nos puede herir sin la posibilidad de una reparación también tiene el poder de preservarnos. Cuando hemos perdido la determinación para seguir respirando, cuando no tenemos voluntad alguna para seguir adelante, el hecho de que los demás nos importen es lo único que puede mantenernos marchando hacia adelante. Permanecemos con vida por los demás, a menudo con más determinación de la que podríamos llegar a tener si lo hiciérmos por nosotros mismos. No sé qué pensé que me debía a mí misma, pero supe que le debía al menos a dos personas —a mis padres—, algo más que esto. Habían pagado un precio demasiado alto como para que me quitara la vida de una manera tan absurda. No era el momento de irme. No así.

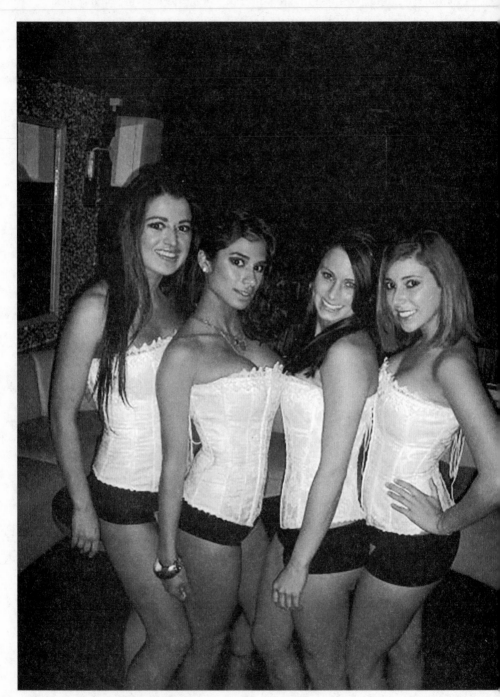

Ganándome el pan.

CAPÍTULO 13

Giro radical

*Una persona a menudo se encuentra
con su destino en el camino que tomó
para evitarlo.*

—Jean de la Fontaine, poeta

Según algunos cálculos, tú y yo cruzaremos caminos con un máximo de ochenta mil personas durante nuestras vidas. Muchas de las personas que encontraremos serán conocidos fugaces. Otros serán familiares, amigos y compañeros de trabajo que permanecerán en nuestras vidas durante décadas. Si incluso una de esas personas tiene un impacto duradero en nosotras, somos afortunadas. Lorraine fue la mía.

Conocí a mi terapeuta poco antes del intento de suicidio. Todavía me estaba haciendo daño y eso fue lo que me llevó a ella. Casi siempre me cortaba en privado, pero eso cambió a medida que me sumía más en la depresión. Después de una pelea horrible con Brian, por ejemplo, saqué una cuchilla delante de él y la pasé por mi antebrazo.

—¡No, detente! —me gritó, saltando para arrebatarme la navaja. Estaba aterrado.

Aunque Brian tenía sus propios problemas, era una buena persona. Hizo todo lo posible para sacarme de mi crisis. Pero es difícil ayudar a alguien que no se ayuda a sí misma. Debido al estado en el que me encontraba, quería que Brian fuera algo más que un novio para mí; quería que fuera mi terapeuta, mi salvador, mi caballero que galopaba en un caballo blanco para rescatarme, tal como sucede en los cuentos de hadas de Disney. Esa expectativa ridícula puso una mayor presión en nuestra frágil relación. «Tienes que ver a alguien —me decía—Esto se está volviendo realmente aterrador». Yo pensaba lo mismo, pero estaba segura de que no iba a volver a hablar con esa aspirante a Jackie O. Así que una noche, cuando me sentí particularmente desesperada, busqué en Google «clínicas de bajo costo en Boston». En la parte superior estaba el nombre de un centro en mi zona. Llamé y pedí una cita.

Al día siguiente, fui a la clínica y me senté en la sala de espera, al lado de un joven asiático que estaba pegado a su Blackberry; enfrente de nosotros estaba una chica rubia hojeando las páginas de una vieja edición de *Cosmopolitan*. Ambos se veían normales y tranquilos. Recé para que sucediera lo mismo con la consejera.

Segundos después, una mujer latina salió de una puerta giratoria. Medía alrededor de 5′3″, debía tener cuarenta y tantos años y tenía unos jeans lindos y ceñidos y una chaqueta ajustada. Unos rizos de pelo negro y corto enmarcaban a la perfección su cara redonda. Llevaba un par de gafas elegantes. «Parece agradable —pensé—. Esto podría funcionar».

—Soy Lorraine —dijo. Sus ojos brillaban, su expresión era cálida.

Parecía cordial, pero no tan alegre que te dan ganas de vomitar—. Tú debes ser Diane.

Asentí con la cabeza, me paré y la seguí a través de la puerta giratoria y por un largo pasillo. Nos instalamos en una oficina en un rincón.

—¿Qué te trae por acá?

La miré fijamente. Las mentiras de costumbre, las mismas que le había dicho a la primera consejera, se arremolinaron en mi cabeza. Antes de que pudiera decirlas de nuevo, me sorprendí a mí misma. No tiene caso pedir un salvavidas a gritos si no lo vas a agarrar. Me aclaré la garganta y me senté.

—Bueno —le dije—, las cosas han estado difíciles últimamente. —Me miré las filas de marcas de cortadas frescas en mi piel morena. Ella también las vio.

—¿Qué está ocurriendo, preciosa? —preguntó.

—He estado haciéndome daño —le dije. Antes de que pudiera continuar, las lágrimas brotaron de mis párpados y cayeron sobre mi camisa. Era la primera vez que me oía decir esas palabras en voz alta, y mientras lo hacía, me invadió el hecho de comprender lo cerca que había estado de morir.

Lorraine no parecía asombrada o sorprendida por lo que le dije. De hecho, se acercó más a mí.

—¿Por qué crees que te cortas, Diane? —preguntó.

—No lo sé —sollocé—. Supongo que se siente mejor que todo lo demás que siento.

—¿Qué es todo lo demás?

—Simplemente todo —le dije, y allí mismo, en un torrente de emoción, todo lo desagradable de los seis años anteriores brotó: lo asustada que me había sentido en los meses que siguieron a la deportación de mis padres, el estrés de cuidarme a mí misma, el desastre financiero en el que me encontraba, mi relación tormentosa con Brian, que casi no iba a clases, que bebía mucho más de la cuenta, que me mantenía de fiesta, la gran responsabilidad que sentía como la única esperanza de Mami y Papi para regresar a Estados Unidos, la culpa que sentía por alejar a mis padres cuando trataron de conectarse conmigo en varias ocasiones. Mientras le contaba mi historia, Lorraine no me quitó los ojos de encima. Me dejó terminar antes de hablar.

—Ya sabes, Diane —susurró—, lo que estás sintiendo tiene mucho sentido. —Se echó hacia atrás en su silla—. Cuando te arrebataron a tu madre y a tu padre te viste obligada a convertirte en tu propio padre y madre. Esa es una carga enorme que ningún chico de catorce años debería tener que asumir. Ya es hora de que sueltes esa carga. —Me dio un pañuelo.

Al final de nuestro encuentro, me preguntó:

—¿Te gustaría volver a verme?

—Claro —dije, sacando un pañuelo de papel de mi bolso para limpiarme la cara—. Sería genial.

—Vas a estar bien, Diane —me aseguró cuando salió conmigo al vestíbulo.

Me encantaría decirles que nuestra sesión fue suficiente para poner de inmediato mis cosas en orden, pero todavía pensaba en hacerme daño. Lorraine no podía mover una varita mágica y, puf, hacer que todo funcionara. No sucede nunca. He tardado años para ver que, si bien la ternura de Lorraine no me impidió caer de esa cornisa, tuvo mucho que ver con que no saltara en última instancia. Era claro que a ella le importaba lo que me pasaba, y eso me dio una razón para seguir adelante.

* * *

En la noche que estuve tan cerca de poner fin a mi vida, bajé las escaleras, caminé de puntillas a la puerta de nuestro apartamento oscuro, me metí bajo las sábanas junto a Brian y lloré hasta quedarme dormida. Nunca le dije lo que pasó. No se lo conté a nadie en un principio. El episodio no había sido una petición de ayuda, una manera de llamar la atención del mundo al gritar «¡Miren aquí, por favor, sálvenme!». Más bien fue un momento de tranquilidad entre Dios y yo, cuando tuve que decidir si seguiría adelante. Una parte de mí quería que el dolor terminara, tanta era la angustia que sentía. Pero una gran parte de mí sabía que si lograba ser fuerte por un poco más de tiempo, mi historia podría tener un final diferente.

El día de Navidad fue difuso. Estuve en pijama, angustiada. mientras

Brian trataba de ayudarme con cosas, como por ejemplo, prepararme una taza de té. Unos días más tarde, a principios de 2008, regresé a la oficina de Lorraine y le confesé que todavía pensaba en hacerme daño. Le conté que también había estado buscando páginas web que apoyan ese tipo de comportamiento. Era una mierda muy asquerosa y yo estaba desesperada. Ella me escuchó y me ofreció consuelo.

—Quiero que tomes un medicamento contra la ansiedad —me dijo—. Aún tendríamos que seguir trabajando en todo, pero la prescripción te estabilizará. —Me negué. Dados los problemas que había tenido con los medicamentos para el ADD, por no hablar de mi abuso del alcohol, no quería tomar nada a lo que pudiera volverme adicta. Necesitaba una desintoxicación—. Está bien —me tranquilizó—, vamos a necesitar que te concentres de lleno en los cambios de comportamiento, porque creo que puedes cambiar, Diane.

Sí, lo que sea, pensé. A pesar de que tenía mis dudas, esperaba que ella tuviera razón.

Después de tener dificultades en mi último semestre y de haber perdido algunos cursos, tuve que recuperarlos en el verano. Me decepcionó no poder estar en el escenario con Adrienne y mis otras compañeras de clase. Pero tenía una cosa para celebrar: había llegado viva a mi vigésimo segundo cumpleaños.

Dicen que los viejos hábitos tardan en desaparecer, pero son casi imposibles de romper cuando te mantienes en estado de embriaguez. Una vez que terminada la universidad, conseguí un nuevo trabajo en un club nocturno. Había ido allí para una entrevista sobre un puesto de coctelería, pero el gerente me miró y me dijo:

—Tesoro, eres mi nueva mesera de cócteles.

Pronto descubrí que «mesera de cócteles» era el nombre cifrado para una fresca con muy poca ropa que de vez en cuando sirve vodka con jugo de arándanos. Era el último trabajo en el mundo que debería haber tenido, pero era la única manera en que pensé que podría ganar dinero rápido cada fin de semana. Tenía razón en ambas cosas.

Éramos seis, y trabajábamos en el turno de nueve de la noche a dos de la mañana de jueves a domingo. Había un par de universitarias blancas de Nueva Jersey, que estudiaban Moda y Relaciones Públicas. Mi chica

Amir estaba estudiando enfermería en ese momento. Otras sólo vivían de la fiesta. No recuerdo lo que hacían las demás. Mi favorita era Luciana, una brasileña muy dulce. Su piel era clara, tenia un cuerpo atlético, una cintura diminuta, un increíble trasero como el de J.Lo, y el pelo le llegaba más abajo de la cintura. La primera vez que la vi, dije: «Rayos, ¿cómo diablos puedes tener el pelo tan largo?». La familia de Luciana había llegado a Estados Unidos cuando ella era pequeña, pero de algún modo parecía como si hubiera sido criada en el sector bostoniano de Belo Horizonte. Su acento era una extraña mezcla entre el de una brasileña y una bostoniana traviesa. Su sueño era ser enfermera licenciada, y estaba usando el dinero de este trabajo para pagar la escuela. Era muy divertida y buena amiga. De hecho, fue una de las personas que más me animó a volverme actriz. Todas éramos muy jóvenes —a mis veintidós años, yo era la mayor—, y tratábamos de averiguar qué diablos hacer con nuestras vidas.

—¿Estarás aquí todo el fin de semana? —me preguntó Luciana un viernes. Nos estábamos vistiendo en el salón verde del bar. A un lado había un espejo que iba del piso al techo, como el que ves en el estudio de una bailarina. En el otro lado había una pequeña fila de casilleros en los que guardábamos nuestras cosas. El espacio era tan pequeño que básicamente tropezábamos unas con otras mientras tratábamos de vestirnos. Todas las noches, me enfundaba en un corsé apretado que me subía las tetas hasta el mentón. Para rematar, me ponía tacones altos, medias de red y pantalones cortos infantiles que eran básicamente ropa interior. No me juzguen.

—Sí, estaré aquí hasta el domingo —le dije mientras me aplicaba una gruesa capa de maquillaje.

—¿Heather vendrá esta noche? —me preguntó. Me dio risa la forma en que pronunció ese nombre.

—Creo que sí —le dije—. Todas estaremos esta noche aquí.

Las puertas se abrían a las diez y media, pero la fiesta realmente comenzaba a partir de las once. La música sonaba a todo volumen, los clientes se apretujaban alrededor de las mesas y nosotras desfilábamos por el lugar —lleno de humo— para tomar los pedidos. Cada vez que preparaba una bebida para un cliente, me tomaba otra. Vodka y Red Bull sin parar; era así como mantenía mi energía. También era mi manera de no percatarme de lo desagradable que era el lugar.

—Ven aquí y siéntate en mi regazo, querida —me decía algún tipo blanco, calvo, de mediana edad y completamente barrigón.

—Hola guapísimo —le seguía yo la corriente con coquetería—. Dime si puedo traerte otra bebida, ¿OK?

Una gran parte del trabajo consistía en pretender estar interesada en hombres (asquerosos) que estaban babeando por mis tetas. Bueno, no todos eran asquerosos y algunos eran jóvenes y buenmozos pero se parecían a Christian Bale en *American Psycho*. Me decían «Hola» pero lo único que escuchaba yo era «¿Quieres venir a mi casa para que te corte en pedacitos?». Había unos cuantos que de verdad sí eran chéveres y para ser honesta, estoy agradecida con todos ellos. De no haber sido por su forma de gastar, jamás habría tenido como mantenerme a mí misma. Se le podría llamar mi primera actuación, y déjenme decirles, yo era tan convincente que debería haber ganado un Oscar. Ciertos tipos volvían noche tras noche y nos hacían propuestas a mí o a cualquiera de las otras meseras. Sentían que teníamos una conexión con ellos. Era eso, o tal vez se sentían solos. O calientes. O ambas cosas. Y me asombró la gran cantidad de estos tipos que no se molestaban en quitarse sus anillos de matrimonio.

Mientras preparábamos cócteles, nos subíamos a las mesas o al escenario y bailábamos para entretener al público. Si me hubieran preguntado en aquel entonces si me estaba divirtiendo, la respuesta habría sido que sí. Definitivamente. Al ciento cincuenta por ciento. Pero era porque estaba tan completamente borracha que no tenía verdadera conciencia de lo que sentía. Incluso cuando nos vestíamos en el cuarto, ya tenía mi «botella de agua» plástica y transparente llena de vodka. Todas tomábamos tanto que escasamente podíamos estar de pie a la hora del cierre. En mi corazón, sabía que era un ambiente terrible para mí. Me obligué a olvidarlo adormeciéndome con alcohol.

Detrás de bambalinas había drama, y en abundancia. Para empezar, todas competíamos unas con otras por las noches del viernes y el sábado, pues era el turno en que podías ganar más propinas; las cosas se ponían desagradables cada vez que entraba una nueva chica y trataba de hacerse un lugar. Aparte de eso, había discusiones por el pago. Cada noche, un empleado permanecía en la parte de atrás y recogía todas las propinas, y luego las dividíamos.

—Vi a Heath meterse un fajo de billetes en el brasier —me susurró Luciana una vez—. Nos está estafando.

Después de investigar la situación durante unos días, nos dimos cuenta de que las otras también se estaban embolsando un montón de nuestro dinero. En una noche en que deberíamos haber salido de allí con ochocientos dólares, por ejemplo, acabábamos con la mitad. Cuando Luciana confrontó a un par de chicas, se desató una pelea en el vestuario. Como dije: era todo un drama.

Fuera de mi pluriempleo, tenía una vida, la cual estaba bastante ocupada. En el otoño de 2008, me inscribí en un programa de un año en Bunker Hill Community College, en Charlestown, para prepararme como asistente legal. Había desechado la idea de una carrera en la diplomacia y me interesé más por las leyes. Pensé que si llegaba a ser una abogada, algún día podría asumir el caso de mis padres; también podría convertirme en defensora de familias inmigrantes. Pero la escuela de derecho es tan costosa (¡más préstamos!) que primero quería ver si me gustaba esta profesión. Mi plan era obtener la certificación como asistente legal, trabajar con abogados y luego decidir si quería presentarme a la escuela de leyes. También trabajé como recepcionista a tiempo parcial en una firma de abogados especializada en casos de lesiones personales. Entre eso, mi trabajo como mesera y la escuela, escasamente tenía tiempo para dormir.

Como sucedían tantas cosas en mi vida, no me quedaba mucho tiempo para ver a Lorraine. Aun así, iba a las sesiones cada dos semanas. En los primeros meses, yo hablaba mientras ella se limitaba a asentir y a tomar notas. Pero con el tiempo, cuando tuvo un panorama más claro de mis problemas, comenzó a cuestionar gran parte de lo que le decía. Por ejemplo:

—Solía pensar que quería ser una artista —le dije—. Ahora estoy pensando en dedicarme a las leyes.

—¿Qué te hizo cambiar de opinión? —preguntó.

—Una carrera en las artes escénicas no es práctica para mí.

—¿Por qué?

—Debido a que ya es demasiado tarde —le expliqué—. Si quisiera dedicarme al teatro musical, debería haber ido a un conservatorio.

Se quitó las gafas, las puso en su regazo, y luego me miró.

—Chica —me dijo—, no creo que sea demasiado tarde para nada. Simplemente tienes miedo de que si persiguieras ese sueño ahora, no lo lograrías. Es por eso que te pones tantos obstáculos.

Me retorcí en la silla.

—¿Qué obstáculos? —le dije—. ¡¿Qué quieres decir?!

—Lo que quiero decir es: toma tu propio camino, independientemente de que seas consciente o no de él —explicó—. Mira las decisiones que has tomado en los últimos años. Observa con qué frecuencia has logrado estar cerca de completar un objetivo que es importante para ti, y luego te descarrilas. Probablemente no es una coincidencia.

Suspiré y traté de entender lo que me estaba diciendo.

—Supongo que sí —le dije—. Pero ni siquiera estoy segura de que aún quiera ser una artista.

—¿En serio? —dijo ella, levantando las cejas—. Resplandeces cada vez que lo mencionas.

Me encogí de hombros.

—No sé —dije—. Tal vez no sea lo suficientemente buena.

Puedo haber dudado de mi propio talento, pero las chicas en el trabajo pensaban que yo tenía una habilidad especial para la actuación. Todas las noches, mientras nos vestíamos, interpretaba mi mejor material para ellas. Tenía una parodia en la que imitaba el baile de Britney Spears en el video «Stronger». Mi voz sonaba tan alta como la suya, sacudía frenéticamente mi pelo de derecha a izquierda y hacía unos movimientos locos en una silla, al igual que ella, sólo que yo me tropezaba con la silla tratando de hacerlo lo menos sexy posible. Mis amigas se reían hasta más no poder. Un día un hombre pasó por enfrente y me dijo que no lo volviera a hacer porque en realidad no era sexy.

—Ah, come mierda, viejo feo—le dije—. ¿Tú qué vas a saber?

—Diane, ¿por qué no tratas de ser actriz? —me preguntaba Luciana en su acento bostoniano—. No entiendo eso de las leyes. Podrías estar en la televisión a ojos cerrados.

Eso sonaba bien, y me daban ganas de ir a trabajar para poder mostrarles cualquier rutina nueva que hubiera aprendido. Pero entretener a mis amigas era una cosa, ganarse la vida y estar frente al mundo era harina de otro costal.

No había dejado de beber pero estaba haciendo mis afirmaciones diarias, cortesía de Lorraine. «Perdónate Diane, hoy es un nuevo día», me decía a mí misma. «Está bien si bebes siempre y cuando te puedas levantar al otro día y te aceptes como eres». ¡Ja! Así es: me inventé esa última frase de la afirmación para adaptarla a mi estilo de vida. Eso funcionaba la mayor parte del tiempo excepto cuando me ponía muy triste. Es increíblemente doloroso abrir de repente las puertas cerradas de tu corazón. Lo único que deseas es escapar y a menudo es lo que hacía. Pero por lo menos ya no me estaba cortando la piel. «Cuando te den ganas de cortarte—me decía Lorraine—aprieta un hielo con la mano». Lo crean o no, funcionó. Eso y un poco de yoga, Namaste, me cambió la vida. «Sé buena contigo misma, D», me decía a mí misma. Tenía que recordármelo con frecuencia. Incluso hasta el día de hoy.

Las ideas de Lorraine comenzaron a calar en mí entre una sesión y otra. Ella tenía razón: la mayoría de mis actos se habían basado en el hecho de que estaba completamente asustada. ¿Y si hacía todo lo que estaba en mi poder para ser exitosa, sólo para fallar completamente? ¿Qué tal si perseguía una carrera en la industria del entretenimiento y era abucheada en el escenario? ¿Qué tal si no le agradaba a la gente? En muchos sentidos, había estado tropezando conmigo misma para nunca tener que responder a estas preguntas. Es interesante lo que comienzas a notar acerca de ti cuando prestas mucha atención. «Estás permitiendo que el miedo bloquee tu grandeza —me recordaba Lorraine con frecuencia—. Tienes que cambiar tu forma de pensar». Tenía razón. El miedo es lo que me había impedido presentarme al conservatorio. Y el miedo estaba atentando contra el sueño que yo decía no querer más.

Mientras tanto, semana tras semana, permanecía en ese trabajo de escritorio, contestando el teléfono y archivando documentos. Lo odiaba por completo. Nunca me he aburrido más en la vida. Los minutos se arrastraban, literalmente. Y todo el tiempo, este susurro que había estado escuchando, esta sensación persistente de que yo estaba destinada a hacer otra cosa, se hizo más fuerte. No se suponía que debía estar clasificando documentos legales. Yo no pertenecía en un tribunal, sino en un escenario o un set de televisión. Sin embargo, las leyes eran la opción más segura. Es por eso que me aferré a ellas con tanta fuerza. Terminé el programa de asistente legal, pero no presenté los exámenes de certificación. Para entonces, me había dado cuenta de que no era el camino para mí; más bien, era un desvío de la ruta que tenía mucho miedo de tomar.

Lorraine me dio muchos regalos durante nuestros meses juntas, y uno de los más grandes ocurrió en una sesión en el verano de 2009. Yo le estaba enumerando —otra vez— todas las formas en que había desperdiciado oportunidades. Todas las decisiones estúpidas que había tomado. Todas las veces que me había decepcionado a mí misma y a los demás. Por lo general, me dejaba desahogar totalmente antes de hablar. Pero ese día me interrumpió.

—¿Quieres saber algo, Diane? —dijo.

—¿Qué? —respondí, sorprendida de que me hubiera interrumpido.

—No eres tus errores.

Lorraine se quedó mirándome durante mucho tiempo mientras esa frase flotaba en el aire entre nosotras. Bajé la cabeza, jugueteé con mis pulseras y la miré.

—Tus fracasos no te definen —continuó—. Tu valor no consiste en lo que hagas o dejes de hacer. Tienes valor simplemente porque estás aquí.

Clavé mis ojos en el suelo y dejé que eso calara en mí. Pasé toda mi infancia tratando de ser la niña católica buena. Tratando de obtener la aprobación de los demás. Tratando de no cometer los errores de mi hermano. Tratando de demostrar a todos que no iba a ser *esa* niña-hija de inmigrantes que terminaba en el fondo del precipicio. Y después de esforzarme tanto, estaba completamente agotada. Ya no tenía más fuerzas para seguir presionando hacia adelante. El hecho de que hubiera vomitado hasta la conciencia me hizo parecer, a mis propios ojos, como un verdadero desastre. Pero en opinión de Lorraine, eso me hacía un ser humano, que merece estar aquí, independientemente de si ese día hacía o no otra cosa correcta. Levántate y vuelve a intentarlo. Qué revelación.

Nuestras vidas intentan llamar nuestra atención de innumerables maneras: a través de nuestros instintos, a través de nuestros seres queridos, a través de nuestras circunstancias y, en mi caso, a través de un ángel de Dios que me fue enviado exactamente en el momento adecuado. Lorraine apareció en mi vida cuando yo necesitaba con urgencia una amiga para ayudarme a ver la verdad. Ella lo hizo, y era todo lo que podía hacer, debido a que yo había llegado a ese lugar al que todos llegamos, donde ninguna cantidad de compasión, de amor o de amistad por parte de otra persona puede cambiar las cosas. Era algo que dependía de mí. Tal como lo había hecho en esa azotea, tuve que cerrar los ojos y tomar una decisión que fuera la mejor para mí. En noviembre de 2009, un año después de haber resbalado de este mundo al siguiente, tomé unas cuantas decisiones. Primero, dejé la falsa ilusión de una carrera como abogada. Luego me inscribí en un curso de actuación en Boston Casting y finalmente, me tomé fotos.

La clase de Peter Berkrot para principiantes en Boston Casting.

CAPÍTULO 14

El escenario adecuado

Cuando canto, la dificultad
puede posarse en mi hombro y
ni siquiera me doy cuenta.

—SARAH VAUGHAN, cantante de jazz

Se ha escrito mucho acerca de cómo encontrar tu pasión.
Tu verdadera vocación. Tu trayectoria profesional. Descubrí
algo a comienzos de 2010: no escoges la obra de tu vida;
ella te escoge a ti. Es un nuevo amor que te barre en su
impulso. Desde el amanecer hasta el anochecer, no puedes
pensar en otra cosa. Te encuentras hablando más rápido,

más fuerte, más emocionada cuando la mencionas. Cuando por fin cedí a la fuerte atracción que las artes escénicas han tenido siempre en mí, sentí todo lo anterior.

Comenzaba mis mañanas leyendo las columnas de chismes de la industria en Internet. ¿Quién actuaba en qué? ¿Qué estrella había conseguido un papel importante en una película de cine o serie de televisión? ¿Qué tendencias estaban apareciendo en el teatro? Quería saber qué estaba buscando la industria. Y, vaya sorpresa, no me estaban buscando a mí. Pero era igual porque yo estaba enfocada en descubrir la manera de que me conocieran. Busqué todas las clases de actuación que pudiera tomar y, por supuesto, hacía clic en los anuncios y estudiar minuciosamente los listados de audición para ver si había algún lugar al que podría ir y que me descubrieran de inmediato. Ey, una chica tiene derecho a soñar... pero la realidad era otra. No tenía idea de cómo entrar al negocio. Ninguna. No podía presentarme a nada porque para hacerlo tienes que tener un agente o un mánager que te represente.

Al principio mantuve la boca cerrada acerca de mi nuevo rumbo. Brian sí lo sabía; de hecho, había sido él quien me había animado a inscribirme en clases de actuación, porque sabía que era lo único que podía poner fin a mi locura. Pero yo no quería hablar de mi plan con nadie más, por varias razones. En primer lugar, pensaba que hacerlo podría traerme mala suerte: soy un poco supersticiosa al respecto. En segundo lugar, me encantaba tener mi propio secretilo, algo que pudiera saborear en privado. Y sobre todo, no tenía ningún interés en escuchar las opiniones (inútiles) de los demás. Tienes que tener cuidado con quién compartes tus grandes sueños. La gente a menudo se caga en ellos. Algunos incluso hablan de sus aspiraciones, sobre todo porque han renunciado por su cuenta. No es que yo tuviera muchas amigas cercanas para hablar del asunto, pero prefería cerrar la boca. Además, yo no era el tipo de persona que anda diciendo por ahí: «¡Soy una actriz y quiero hacer algo especial!».

Me inscribí en dos cursos: Introducción a la Actuación e Improvisación. Mi maestro en ambos era Peter Berkrot, que participó en *Caddyshack*, la película culto estelarizada por Bill Murray. Cada curso tenía unos doce estudiantes, y todos teníamos orígenes diferentes. Había un abogado que quería mejorar sus litigios utilizando técnicas de actuación en la sala del tribunal. A otro tipo simplemente le divertía estar con otras personas y le gustaban los ejercicios. Y había muchos que, como yo, estaban incursionando en las artes interpretativas por primera vez. Sí, era una clase de la más alta categoría. Una clase era un lunes y la otra un miércoles. Para cuando acababa el fin de semana, casi no podía contener mi entusiasmo por participar en todas las cosas nuevas que veríamos en la próxima clase. Pasé de dormir todo el día, beber toda la noche y no dar un centavo por mi vida, a despertarme temprano en anticipación de todo lo que podía aprender. Nuestras pasiones no sólo nos obligan, también nos pueden curar.

Me encantaban los cursos de Peter, y los cursos me querían a mí. Hicimos mucho trabajo en escena. Al inicio de la improvisación, por ejemplo, Peter mencionaba un escenario hipotético.Si han leído *Yes Please* de Amy Poehler o *Bossypants* de Tina Fey, estoy segura de que ya saben lo que es en realidad la improvisación. Para los que no saben, así es como funcionaba la clase: Una vez Peter nos daba un escenario hipotético, cada uno de nosotros tenía que interpretar el personaje y la situación. Me resultó muy liberador el poder actuar con tanta espontaneidad y decir ¡sí! Sí a mí misma. Sí a la vida. ¡Era tan divertido! Todo me fue saliendo con absoluta naturalidad. De nuevo empecé a sentirme como yo misma. Feliz. Casi toda mi vida había sido una persona muy feliz y el hecho de estar en un espacio en el que no me sentí feliz y por tanto tiempo, me estaba volviendo loca. Necesitaba esto: unas salida artística. Y Peter era genial. Me hizo sentir como que pertenecía allí. De hecho, la retroalimentación de Peter fue la que me hizo seguir adelante. Cuando la clase había terminado, me quedaba para hablar con él, sólo para poder escuchar los consejos adicionales que pudiera darme.

—¿Sabes, Diane?, eres buena —me dijo una vez—. Tendrás que seguir trabajando duro en esto, pero tienes un don.

Yo ya estaba cantando mi versión de «Some People», la versión de Bernadette Peters, claro, de la comedia musical *Gypsy*.

Peter también me instó a ser menos tímida. No siempre fui consciente de ello pero soy una persona tímida y créanlo o no, eso para mí fue una revelación; hasta el día de hoy me sigue sorprendiendo. Hoy día sigo siendo una persona torpe socialmente, que no se siente cómoda con la idea de abrazar. Todavía me cuesta trabajo saber si una situación requiere de un abrazo o un apretón de manos. Casi siempre termino haciendo una mezcla extraña de ambas cosas, lo cual hace que la gente se sienta realmente incómoda. ¿Quién se hubiera imaginado que esas dudas y esa inseguridad se vería en mi trabajo?

— Olvídate de parecer tonta —me decía Peter con frecuencia—. Tienes que superar tus inhibiciones para poder encarnar plenamente el personaje.

Las clases me gustaban tanto que de nuevo empecé a soñar. Mi confianza aumentó a medida que seguí sus consejos. Empecé a llamarme a mí misma «actriz». No necesariamente en voz alta, eso sí, pero en mi cabeza. *Tranquila, D.*

Aunque mentalmente me olvidé de las leyes, conservé mi trabajo en la empresa. Cuanto más tiempo permanecía allí, más segura estaba de que había tomado la decisión correcta de dejar a un lado la facultad de derecho. A la mayoría de los abogados en la firma les encantaba su trabajo, pero esa no era mi pasión. Soy incapaz de quedarme quieta por un tiempo prolongado pues me convertiría en piedra, me derretiría o explotaría. No sé si esto sea 100% verdad pero tampoco quería tentar la suerte. Tal vez mi empleo no fuera inspirador, pero pagaba mis cursos de actuación con el dinero que ganaba. Y aunque ya no percibía todo el dinero de mis días de mesera de cócteles, me sentía muy feliz de haberlos dejado atrás. Necesitaba un descanso. Ese trabajo me había agotado realmente. Sabía de muchas chicas que trabajaban en ese tipo de ambiente durante años. «Yo no», pensé. No es algo malo, algunas meseras tienen una vida muy agradable, pero yo no podía manejar el consumo constante de licor, la fiesta, el hecho de permanecer despierta toda la noche, todo ese mundo sórdido. Eso me habría llevado por el camino equivocado.

Pero luego, como siempre, la vida real me dio un golpe y me di cuenta, *Mierda, necesito dinero.* Necesitaba un segundo cheque para quitarme a los acreedores de encima. Entonces acepté otro trabajo como barman en una discoteca. Por lo menos ya no estaba sirviendo cócteles en las mesas sino que estaba detrás del mostrador del bar. Me gustaba que los horarios eran flexibles. Como trabajaba de noche, tenía el día libre en caso de que

saliera una audición. Sabía que tenía que estar disponible. Estaba decidida en no dejar escapar ninguna oportunidad. Si un agente de *casting* me
preguntaba: «¿Cuándo puedes venir?», yo le decía «Hoy a las dos sería
perfecto». En este punto, la mayoría de mis audiciones eran sacadas directamente de Craigslist (o cualquier cosa que me enviara Boston Casting) y
ya se podrán imaginar qué tipos de papeles anunciaban. Algunos involu-
craban no actuar en absoluto, pero incluso esos eran una oportunidad para
aparecer frente a las cámaras. Entonces me apuntaba a lo que fuera.

Una vez respondí a un anuncio como modelo de pies. No que tuviera
unos pies particularmente bonitos, pero como les decía, yo me apuntaba
a lo que fuera. Cuando me presenté en el set, el director me preguntó si
me sentía cómoda en topless. Mm, ¿cómo así? ¡Estoy aquí para una audición de pies! Yo no tenía ningún interés en seguir el camino de una cone-
jita de *Playboy*. Ah, también hice pruebas para un sinnúmero cortometrajes
y videos musicales (sin presupuesto). La mayoría eran producidos por estudiantes que estaban terminando sus últimos proyectos, y pocos estipula-
ban pagos. Yo no tenía problemas con eso, porque agregar algo a mi hoja
de vida era una especie de pago.

Uno de mis primeros papeles fue en un video musical llamado
«Faces», con Louie Bello, un cantante bostoniano de R&B. Cuando miro
el video ahora, me río y me hace temblar. Durante todo el video, ¡Louie
y yo nos miramos básicamente como si quisiéramos acostarnos! La idea
era que yo me viera bonita. Estaba agradecida por la oportunidad pero
no me sentía cómoda siendo una «cara bonita». Yo lo que quería era
pelear con monstruos y resolver misterios pero bueno, salía ante las cámaras. No paraba de trabajar en lograr mi objetico. No había un solo segundo
del día en el que no estuviera pensando en lo que tenía que hacer para
acercarme más a mi sueño. Las cosas parecían estarse moviendo lentamente pero yo estaba aprovechando el viaje. Estaba dándome espacio a mí
misma para ensayar algo realmente y ver si tenía éxito o si fracasaba. Por
lo menos no me iba a morir sabiendo que ni siquiera lo había intentado.
No tenía ínfulas de grandeza, lo único que quería era hacer el intento.

Con cada papel que aceptaba, aunque sólo tuviera un par de líneas, me
esforzaba para que la experiencia fuera mejor que la vez anterior. Acepté
un papel en un corto de veinte minutos, una película independiente de

terror producida por mi amigo Billy Duefrese, quien estaba entusiasmado por el simple hecho de hacer películas. Honestamente, la película era desquiciada, y todas las grabaciones fueron en el patio trasero del chico. Interpreté a una chica que había sido encerrada en un sótano por unos traficantes de drogas; durante la mayor parte de la filmación, agitaba los brazos frenéticamente y gruñía y gemía a pesar de tener una cinta adhesiva en la boca. Tan ridículo como era, lo estaba haciendo. ¡Formaba parte de un proyecto y estaba actuando! También estaba sanando y aprendiendo a medida que experimentaba. No había tiempo para estar triste o descontenta con la vida y tampoco para juzgarme a mí misma en el proceso. Sabía lo que quería y lo estaba buscando.

En un principio, ninguno de mis papeles era sindicalizado, lo que significaba que ni siquiera entraba a formar parte de la Screen Actors Guild (SAG), la membresía estándar de oro para los actores. Hay que hacer cierta cantidad de trabajos sindicalizados antes de que te den la membresía. Creo que a partir de junio de 2010, diseñé estrategias para buscar empleos sindicalizados. Muchos actores acumulan créditos trabajando como extras en películas importantes. Lo intenté, hasta que conseguí un trabajo como extra en la película *Zookeeper*, la comedia romántica protagonizada por Kevin James de *The King of Queens*. Una película importante con una plantilla de actores de primera línea en un set real. Guau. Yo estaba en él.

¿Realmente era yo? Porque para resumir la historia, era toda una tortura. Yo era una entre varios extras vestidos para aparecer en una gran fiesta en la película. Mi tiempo en el set comenzaba bien: pude ver (pero no conocer personalmente) a Kevin James, que estuvo muy gracioso y fenomenal en su papel. Las cosas fueron cuesta abajo a partir de allí. Yo y todos los demás, masas sin rostro y sin nombre, permanecíamos en nuestros tacones y vestidos de cóctel, sosteniendo copas de champán que en realidad estaban llenas de jugo de manzana. Aproximadamente cada hora, el director gritaba: «¡Acción!», y nuestro grupo caminaba de un lado a otro y fingía que estábamos disfrutando de la fiesta. En ciertos momentos, se suponía que debía reír y/o toser. Era descabellado. Me fui temprano sin siquiera recoger mi vale. «Me voy de aquí. No voy a hacerlo». Yo no quería—y lo repito, *no* quería— ser llamada una «artista de fondo». No me malinterpreten: es una oportunidad fabulosa para algunos actores, y puedes ganar un dinero razonable haciéndolo, pero tenía una visión muy diferente para mí misma. Sabía que tenía que recorrer un largo camino antes de alcanzar mi meta, pero ese trabajo me hizo adquirir una gran claridad sobre el destino final que tenía en mente: quería ser una actriz que pudiera seguir afinando su arte mientras trabajaba al frente, no en el fondo. A partir de entonces, decidí que me concentraría en conseguir cualquier trabajo que pudiera, con tal de que me obligara a utilizar todas mis habilidades. La membresía del SAG llegaría de un modo u otro.

A medida que mi fervor por mi trabajo aumentaba, la depresión desapareció. Seguí viendo a Lorraine, quien me invitó a hacer más cambios y me ofreció algunas herramientas para mantenerme en el camino. Un ejemplo perfecto: me sugirió que utilizara afirmaciones como anclas. Cuando esto se ponía en marcha en mi cabeza, cuando mis inseguridades saltaban a la superficie, recurría a una de las frases que Lorraine me había enseñado a repetir: «Soy una mujer inteligente. Soy una buena persona y una hija cariñosa. Soy importante, y lo que tengo para ofrecer también es importante. Puedo perdonarme por lo que hice ayer porque hoy es un nuevo día». Piensa: Eres inteligente. Eres amable. Eres importante. ¿La verdad? En un principio me parecía un psicobalbuceo cursi; se sentía raro decir estas cosas en voz alta. Pero lo superé, y con el tiempo la práctica me ayudó. Y hasta hoy, me considero afortunada de haber salido de ese hueco sin medicación. ¡Gloria a Dios! ¡Aleluya! Muchas personas necesitan antidepresivos, lo cual no tiene nada de malo. Nada. Haces lo que tienes que hacer. Pero en mi caso, las sesiones con Lorraine y mi regreso a las artes me sacaron del borde del abismo. También le mermé a la juerga; me había convertido en toda una bebedora. Y hay otro pedazo de buena fortuna por la que me siento agradecida: no tuve que internarme en un centro de rehabilitación con el fin de reducir el consumo de alcohol. Todavía salía de fiesta de vez en cuando pero por lo menos ya sabía lo que quería hacer con mi vida.

Mis compañeros de clase se convirtieron en mi nuevo círculo de amigos. Además de mis cursos, me inscribí en clases privadas con Peter. De vez en cuando, él nos llevaba a mí y a los otros estudiantes a una antigua iglesia que había alquilado. Nos emparejaba para el trabajo en escena.

Fue así como conocí a los increíbles Dave y Kat, unos actores que estaban pasando por algo similar a lo mío. «Te lo estoy diciendo, Diane, realmente podrías ir y hacerlo», solía decirme Dave. «La crema siempre flota a la superficie». Me encanta ese dicho de mi querido amigo Dave. Y yo pensaba: «¿Yo?, ¿en serio? ¡¿De qué estás hablando?!». Es decir, yo esperaba secretamente que él tuviera razón, pero de cualquier manera, su dulzura me estimuló. Y Kat siempre estaba pendiente de encontrarme algo en la industria. Fue ella quien me consiguió el papel en *Zookeeper*. En el verano de 2010, los tres nos habíamos vuelto inseparables.

Mi confianza mejoró gradualmente y Peter me recomendó que me tomara fotos del rostro; Boston Casting estaba organizando una clínica fotográfica y me inscribí de inmediato. Las fotos eran decentes, lo suficientemente buenas para empezar a mostrarlas en la ciudad. En Boston no hay docenas de agentes y agencias como en Nueva York. Están Boston Casting, la agencia principal, así como CP Casting, Carolyn Pickman Casting y Maggie Inc., una agencia de modelos. Subía mis fotos y mi hoja de vida a todos los sitios web que podía. No recibí ni un pellizco en varias semanas. Pero en el otoño de 2010, conseguí mi primera audición oficial, es decir, una que no me conseguí de gorra en Craigslist. En otras palabras, era completamente legítima: un papel en un anuncio comercial de Kmart.

—¡Dios mío, no puedo creerlo! —grité cuando le conté la noticia a Brian. Ustedes habrían pensado que me había ganado el gran premio de *Who Wants to Be a Millionaire*, y por lo que a mí respecta, este premio era mucho más grande—. ¡Estoy tan emocionada! ¡Esto significa que vieron mis fotos y les gustaron!

En esta industria se te corre un poco la teja. A veces algo pequeñísimo te sube los ánimos hasta muy arriba… y al día siguiente vuelven a caer estrepitosamente. Ser actriz es más difícil de lo que se cree, pero hay que mantener la cabeza fría y ser optimista sin emocionarse demasiado. «Ahhh, ya encontrarás la manera», me decía a menudo a mí misma. «Sólo haz tu trabajo y todo estará bien».

En la mañana de la prueba de audición, mi entusiasmo dio paso al terror. ¿Qué debería ponerme? ¿Qué debería decir? ¿Les gustaría? No tenía ni idea de cómo se suponía que debía salir todo eso, y me asustó por completo. Me habían dado tres líneas, y yo las había memorizado tan bien que podía repetirlas dormida. Una de ellas era algo cursi, como: «¡Estas camisetas de algodón son increíbles!». Me había preparado como si estuviera haciendo mi debut en la película biográfica más importante del año. Créanme, me tomé todo esto muy en serio.

Me dirigí al estudio. La sala de espera estaba abarrotada con todo tipo de personas, algunas larguiruchas y con el pelo castaño, otras gruesas, bajitas y fornidas. Yo no sabía quién estaba ahí ni por qué, y sin embargo, hice lo mismo que muchos actores: evalué a la competencia. Definitivamente había algunas chicas bonitas, pero yo era apenas una entre dos latinas. ¿Quién sabe? Tal vez este sería el aspecto que estaban buscando.

Los actores fueron llamados de uno en uno. La directora de *casting*, una mujer gótica con flequillo recto y un portapapeles, por fin dijo mi nombre.

—¿Diane? —gritó.

—Sí —dije, sentándome y alisando la camiseta y los jeans que había elegido con tanto cuidado.

—Vamos de inmediato —dijo ella.

La seguí al salón. Allí, un grupo de directores de *casting* estaba sentado en un semicírculo. Nadie esbozó una sonrisa.

La mujer gótica explicó el concepto para el comercial y me entregó mi accesorio, una camiseta rosada que aparecería en el anuncio.

—¿Quieres recitarnos tu primera línea? —me pidió.

—Mm, claro —dije. Me aclaré la garganta y me paré muy erguida—. ¡Estas camisetas de algodón son increíbles! —dije con todo el entusiasmo que pude mientras sostenía una camiseta. Tenía una sonrisa muy estúpida en mi cara.

El grupo permaneció en silencio.

—Muy bien, muy bien —dijo por fin la mujer de Grateful Dead—. Escuchemos tus otras dos líneas.

Las dije sin problemas, y otra vez, los directores mostraron su cara de piedra.

—Eso es todo —me dijo la mujer—. Gracias por venir.

Luego me siguió hasta el vestíbulo y llamó a su próxima víctima.

Tres días más tarde, mi gran oportunidad se convirtió en mi angustia. No obtuve el papel. Traté de no dejar que eso amargara mi estado de ánimo, pero me dolió. El hecho de haber hecho tanto esfuerzo me hizo sentir decepcionada.

—Nunca sabes lo que están buscando —me dijo Peter—. Podría haber sido algo tan fortuito como que pensaron que no tenías la estatura adecuada, o decidieron utilizar a un hombre en tu lugar. Sólo tienes que seguir presentándote a tantos llamados como sea posible.

Tardé un mes en recuperarme de la decepción, pero una vez lo hice, seguí el consejo de Peter y volví a coger al toro por los cuernos.

A través de Dave, me conecté con Rebecca Rojer, que era entonces una estudiante de cine de licenciatura en la Universidad de Harvard. Ella estaba audicionando a un montón de gente para el papel principal en un corto llamado *Ashley/Amber*.

—Deberías seguir intentándolo —me instó Dave.

—No creo que esté lista —le dije. Yo había visto otros trabajos de Rebecca por Internet y me dejé intimidar. Su material era bueno.

—Diane, estás *totalmente* lista —me incitó Dave—. Simplemente hazlo.

Otra razón para mi aprehensión: el guión contenía una escena en la que el personaje principal tiene relaciones sexuales con su novio, y el tipo se muere. «¡No quiero hacer una película independiente haciendo el amor con alguien que estira la pata! O haciendo el amor y punto», pensé. Pero Dave opinaba lo contrario: «Amiga, ¡puedes encargarte de eso más tarde! Anda y ve qué pasa».

El día de la prueba nevó. La audición fue en el campus de la Universidad de Harvard. Ese solo hecho era estresante. Dan fue a apoyarme.

—Esto es horrible —le dije mientras caminábamos por un patio congelado de Harvard—. Es un desastre. Desearía no haberme inscrito nunca para esto. Ni siquiera sé lo que estoy haciendo aquí.

Mientras caminábamos, mi mente se remontó a todos esos domingos cuando Papi nos llevaba por Wellesley; el aspecto del campus de Cambridge, con todos sus edificios cubiertos de hiedra y los campanarios dorados, me recordó a esa comunidad. Era un mundo secreto y elitista del que nunca pensé que formaría parte, y sin embargo aquí estaba, y me asusté.

—Cálmate —me dijo Dave—. Recuerda, la crema siempre flota a la superficie.

Rebecca me llamó casi de inmediato.

—¿Cómo estás, Diane? —me preguntó, extendiendo la mano. Parecía tan querida como la que más. *Fiu.*

—Estoy muy bien —le dije. Dave me hizo una seña con el pulgar mientras íbamos a un pequeño estudio. Literalmente, todo terminó diez minutos después. Justo cuando me estaba preparando para reunirme con Dave en la sala de espera y entusiasmarlo con otra ronda de «pobre de mí», Rebecca me sorprendió.

—Agradezco que hayas venido —me dijo—, y sería estupendo que pudieras volver.

«¿Qué? ¿Oí bien? ¿Me está llamando para la siguiente audición incluso antes de salir de allí?».

—Mm, bueno —dije tímidamente.

—¿Qué tal el próximo miércoles? —preguntó.

—Sí, claro —le contesté. DIOS MÍO.

Cuando regresé a la siguiente audición, eché un vistazo alrededor de la sala de espera y casi me cago en los pantalones. Una chica rubia, increíblemente hermosa, con labios gruesos y dientes perfectos estaba sentada a mi derecha; a mi izquierda estaba una morena casi tan despampanante como ella. «No lo entiendo —pensé. Todas éramos tan diferentes que empecé a preguntarme cómo podríamos presentarnos para el mismo papel—. Tal vez está audicionando para varios papeles». Más bien crucé los dedos, porque no tendría la menor oportunidad contra esa nena sacada de *Baywatch*.

Cuando Rebecca me llamó pocos minutos después, fui allá e hice lo mío, sin guardarme nada.

—Espera aquí —me dijo. Salió de la sala y regresó con una gran sonrisa—. Me encantaría que hicieras el papel —Se hizo un silencio en la sala.

—¿En serio? —grité—. ¿Lo quieres?

—Sí, claro —dijo—. Creo que eres perfecta para el papel.

Me quedé de piedra. Literalmente.

—Estoy muy contenta de que Dave nos haya conectado —añadió

mientras yo seguía confundida—. Hice audiciones a doscientas chicas para el papel y no había podido encontrar a la persona adecuada.

Salí de allí y llamé al celular de Dave.

—¡Me quiere en su película! —grité—. ¡Muchísimas gracias por animarme a hacerlo!

Me impresionó mucho que me hubiera escogido entre tantas chicas. Decir que estaba sorprendida es el eufemismo del milenio. Por fin, después de tantos reveses y fracasos en los años anteriores, algo me estaba saliendo bien.

Trabajar en la película todavía está en mi lista de las diez experiencias más divertidas. En primer lugar, tenía un presupuesto. No, no me pagaron, pero me dieron todas las comidas. Y, atención: ¡fui el personaje principal! ¡Por no hablar de que al final tendría veintitrés minutos de mííí! También lo podía usar para buscar otros trabajos. En la película, que es una comedia negra, Ashley y Amber son la misma persona, de ahí la diagonal. Durante el rodaje, todos en el elenco tuvieron que colaborar (como sucede con un presupuesto bajo). ¿En cuanto al set, rodamos en el apartamento de Rebecca, en un café y a veces incluso en mi apartamento. También hicimos un montón de tomas exteriores, en la nieve. Todo fue muy artístico.

Me emocionaba cada vez que estaba frente a las cámaras. La mayoría de las veces, no sabía lo que estaba haciendo, pero adopté el enfoque de la improvisación hasta lograrlo. Yo era demasiado seria, probablemente porque era inexperta y estaba nerviosa. Quería que todo fuera perfecto, según las reglas. No hacía mucho eso que los actores llaman «interpretar», donde intentas diferentes cosas y realmente te apropias del material. Cuando te sientes libre, cuando entiendes quién eres, eres más capaz de probar cosas nuevas. Yo no había llegado a ese lugar todavía. El miedo al fracaso me impedía desinhibirme, y ahora que veo esa película en términos retrospectivos, puedo notar que mi desempeño lo reflejaba. Pero Rebecca estaba feliz. «Me diste lo que quería de ti», me decía, y supongo que estaba en lo cierto. La película fue escogida para ser proyectada en el Festival Internacional de Cine de Berlín, y viajé a Alemania con el elenco para ver el gran estreno. Y sí: la escena retrospectiva de sexo terminó incluida en la película. #incómodo

Mi vida estaba cambiando para bien, pero no estaba llamando a mi familia con mucha frecuencia. Cuando hablaba con Papi, parecía orgulloso de mí. «Estoy muy orgulloso de ti —me decía—. Siempre supe que estabas destinada para esto. ¿Recuerdas cómo solías cantar todo el tiempo en la mesa?». No voy a mentir: aún me costaba hablar con Papi por teléfono. Pero estaba mejorando y mientras más hablábamos, mejor nos sentíamos. Es increíble cómo el simple hecho de enfrentarte a tus miedos logra eso. Vayan ustedes a saber. En cuanto a Mami, realmente no sentí la menor conexión con ella durante esa época, ni sabía cómo le iba en España.

Aunque yo tenía un par de créditos a mi nombre, nunca hablaba de mis actuaciones. Por ejemplo, nunca invitaba a las chicas del bar para ver alguna de las películas en las que había participado. Pero una vez mencioné a una compañera de trabajo que estaba experimentando con la actuación.

—Entonces, ¿qué vas a hacer? —me dijo—, ¿porno?

Eso me dolió. Y reafirmó mi decisión de no volver a decir nada.

En 2011, revelé un secreto. A principios de ese año, surgió una oportunidad increíble, y que era muy poco común en Boston. Recibí una audición para *Body of Proof*, la serie de ABC. Para la audición, tenía que simular que estaba conduciendo y que me quedaba dormida al volante; cuando el personaje se despierta, se da cuenta de que ha atropellado a alguien y es arrestada. En esa época, ya no era un bicho completamente raro y neurótico durante las audiciones, me estaba sintiendo más cómoda. El mismo día que hice la audición, ocurrió lo inimaginable: ¡me dieron el papel! ¿Saben lo que sentí? Fue como si me hubieran dicho que me contrataban como actriz estelar de la serie.

Un par de semanas más tarde, viajamos a Rhode Island para rodar la escena, la misma para la que yo había hecho la audición. Yo no era sólo una actriz, era una actriz *viajera*. Tenía un tráiler y todo, con un equipo de peluquería y maquillaje. Me sentí como si lo hubiera logrado. Semanas más tarde, y sin que lo supiera, el episodio salió al aire y mi escena abrió la serie. Ustedes saben que en *Law and Order* siempre tienen esa primera escena antes de que el programa comience realmente. Lo mismo sucedía en *Body of Proof*, así que yo estaba de frente y en el centro. Empecé a recibir correos electrónicos de personas en Colombia. También me llegaron un montón de mensajes por Facebook. «¡Acabo de verte en la tele!», me escribió Dana. Yo no podía creerlo. Lo grabé en el DVR y lo vi un trillón de veces. Todo lo que podía pensar era «¡Esa soy yo! ¡Esa realmente soy yo!».

En retrospectiva, todavía estoy sorprendida por todo lo que pasó durante ese corto período. Hice un cambio de trescientos sesenta grados. Muchas veces en nuestras sesiones, Lorraine me preguntaba: «¿Qué sientes al estar frente a las cámaras?». «Me siento libre —le decía—. Como si pudiera hacer cualquier cosa».

No es que la actuación no sea la cosa más terrorífica del mundo, pero el miedo es parte de la emoción. Y cuando estás en ello y sientes esa emoción, es alegría absoluta. Lo había sentido en la escuela secundaria, cuando actué en el festival de primavera, y otra vez durante mi recital de grado. La diferencia entre la persona que era en ese entonces y la que soy ahora es que yo había crecido. Tenía material para aprovechar. El viaje que había emprendido, incluso las partes más desgarradoras, comenzó a darme forma como artista y como persona. Y mientras me dejaba llevar por algunos de los juicios que hacía sobre mi pasado, también me hice menos crítica con mi propio trabajo. Cuando sacas algo no se trata de decidir si es bueno o malo. Se trata de crear, y de dejarlo ir con la esperanza de que otros reciban un poco de luz o inspiración a partir de él.

Después del punto tan alto de mi aparición en la televisión, empecé a pensar en mi próxima movida. Mi relación con Brian era estable, pero los dos ya sabíamos que se había agotado. Éramos más compañeros de cuarto que una pareja, e independientemente de que me quedara o no en Boston, llegó el momento de separarnos. La vida me estaba llevando claramente a una carrera en el escenario, y con el fin de explorarlo, tenía que estar dispuesta a irme. El lugar para hacerlo se encontraba en la meca del mundo de la actuación: Nueva York. Como dicen, si logras hacerla en Nueva York, lo lograrás en cualquier lugar del mundo. Yo quería probarme a mí misma, y al resto del mundo, que yo tenía lo que se necesitaba para hacer esto.

«Hay años que hacen preguntas, y años que las responden», escribió Zora Neale Hurston. 2009 fue el año que me preguntó por qué estaba aquí. 2010 y 2011 dieron su respuesta.

Yo en la Gran Manzana.

CAPÍTULO 15

Nueva York

No es verdad que las personas dejen de perseguir sus sueños porque envejecen; envejecen porque dejan de perseguir sus sueños.

—GABRIEL «GABITO» GARCÍA MÁRQUEZ, novelista colombiano, ganador del Premio Nobel de Literatura en 1982

——¿Cómo se sienten todos hoy? —Marishka, una entrenadora del Susan Batson Studio en el meatpacking district de Manhattan, examinó la fila de rostros. Ocho personas y yo nos habíamos reunido para nuestra sesión de terapia dos veces por semana, mm, mejor dicho, para nuestro curso de actuación llamado "Ex-Er Actor". El curso tenía varios componentes, incluyendo la consciencia de sí y la flexibildad emocional. Marishka, una mujer lúcida, inteligente y fogosa, señaló con la cabeza a la primera persona en nuestro semicírculo: Ethan, un chico de Brooklyn con rizos negros, ásperos e inmanejables brotaban de su cabeza.

—¿Ethan, hoy de qué estás consciente? —preguntó.

—Estoy consciente de que perdí el tren de camino aquí y casi no llego —dijo, suspirando—. Estoy consciente de que me siento sin un puto aliento en este momento.

Algunos de nosotros nos reímos. Marishka sonrió con aprobación y dirigió su mirada a la siguiente persona en la fila: a mí.

—Diane, ¿de qué estás consciente? —me preguntó.

Miré a mi alrededor a mis compañeros de clase antes de posar mis ojos en Marishka.

—Mm, supongo que estoy consciente de que estoy un poco nerviosa hoy —dije, envolviendo un mechón de pelo en los dedos—. Mi mamá me dejó esta mañana un mensaje de voz increíblemente largo, y, bueno, para ser honesta, me siento como una hija terrible. —Algunas personas se rieron pero yo no estaba intentando ser divertida. Quizás fui muy «Kramer» en la forma en que lo dije.

Marishka hizo lo mismo con los demás. Una chica acababa de perder a su gato amado y estaba abrumada de dolor. Un tipo mayor, un dentista jubilado, estaba eufórico después de escuchar que había conseguido un papel en un comercial. Y una mujer pelirroja, una mamá de Queens, nos dijo que se estaba sintiendo neutral y no tenía ganas de decir más. Después de que todo el mundo tuvo la oportunidad de hablar, pasamos a la segunda parte de nuestra clase: el interludio musical, mejor conocido como flexibilidad emocional. Marishka se acercó al equipo de música y puso «Superstition», de Stevie Wonder. Sonaba tan fuerte que casi hizo temblar las paredes.

—De pie, muchachos —gritó en medio de la música. Todos nos pusimos de pie, formamos un gran círculo alrededor del espacio del aula, y nos estiramos un poco en preparación para lo que sabíamos que se avecinaba—. No se juzguen, este es un espacio seguro —gritó—. Ethan, tú primero.

Sin la menor señal de vacilación, Ethan se puso en el medio y comenzó a mover sus brazos y piernas por todo el lugar, mientras chasqueaba los dedos al ritmo de la música o lo que sea que estaba escuchando en su cabeza. No había una forma correcta o incorrecta de hacerlo. Se trataba simplemente de permitirnos conectar emocional e intelectualmente con nuestros cuerpos para no ser unos malditos robots. Era una forma de soltarnos en preparación del trabajo que haríamos a continuación.

—Bueno, Diane —gritó Marishka un momento después—, ahora tú. —A regañadientes, salí en medio de todo el mundo e hice un intento (flojo) por moverme al son de la música. Al principio, no lo estaba sintiendo pero después de unos segundos, me metí en ello y me dejé llevar por el ritmo de la música. A cada uno de nosotros le tocó su turno, con Marishka gritando instrucciones desde un lado de la habitación—. Siéntanse presentes en sus sensaciones corporales —nos dijo—. Entréguense a ustedes mismos. Suelta tu mierda, Diane. No te resistas. Deja de pensar en cómo se ve. Déjate ser libre.

Nuestro curso giraba en torno a la libertad de expresión emocional. ¿Por qué? Porque una gran actuación, como nos recordaba Marishka a menudo, implica más que el simple hecho de aprender las técnicas. Se trata también de sentirte muy cómoda con tus propios sentimientos, de modo que puedas identificarte con los de los personajes que interpretas. En la clase, por ejemplo, hicimos un montón de lo que se llama trabajo de «memoria sensorial», que consiste en dejar que las condiciones sensoriales, junto con las necesidades de un personaje, afecten la vida física y emocional de dicho personaje.

—Piensen en la época de su infancia cuando eran más vulnerables —nos dijo Marishka una vez. «Ay Dios mío», me quedé pensando—. Cierren los ojos e imaginen que están de nuevo en ese momento. Observen cómo se sienten sus cuerpos. ¿Qué ven? ¿Huelen algo?

Algunos terminaron llorando. Otros, como yo, nos revolvíamos en nuestros asientos. Algunos estaban aturdidos y con cara de piedra. Fue muy intenso. El punto era empujarnos a encontrar nuestra propia verdad al igual que la verdad de cada personaje que interpretas. La fundadora del estudio, la icónica actriz Susan Batson, ha entrenado a grandes figuras como Nicole Kidman, escribió un libro sobre el tema. Se llama *Truth*, y era de lectura obligatoria en nuestro curso. Como dije: pura terapia.

Susan Batson fue mi primera parada en Nueva York en agosto de 2011. Elizabeth, una amiga de Boston que ya se había trasladado a la ciudad para entrar a la industria, me sugirió que fuera a ver el estudio. En esa época, Elizabeth estaba trabajando para una anciana italiana, que era una gestora de talento muy conocida. También me sugirió que me reuniera con la directora del estudio para hacer una breve audición. Lo hice, y fue un completo desastre.

—Diane... *¿Gue-rue-rou?* —me preguntó, arrugando la frente mientras miraba la hoja de registro por el borde superior de sus gafas de lectura—. ¿Cómo se pronuncia tu apellido? —me preguntó con uno de los acentos de Brooklyn más fuertes que he escuchado. Estoy hablando de acentos tipo Bensonhurst.

—Se pronuncia Guerrero —le dije, tratando de mantener mi sonrisa impostada.

—Bueno, como sea —dijo, dejando a un lado la hoja y recogiendo otra—. Toma este diálogo para que me lo leas. Échale un vistazo rápido y luego me lo lees.

Miré el papel de arriba abajo; tenía unas pocas líneas en la parte superior. Me puse de pie con la espalda recta, levanté la hoja a la altura de mi rostro y leí las líneas de la mejor manera que pude. *Por favor, cerebro, no hagas esa cosa que haces cuano mezclas todas las letras y sueno como si fuera de otro país.* Ella me miró sin pestañear.

—Mm, está bien —dijo—. La cosa es, querida, que no sé si eres lo suficientemente bonita para este negocio. —Podía sentir el vapor saliendo de mis oídos—. Pero sí, supongo que te daremos una oportunidad, sólo porque eres amiga de Elizabeth.

—Está bien —le dije. *Gracias por el voto de confianza, bruja,* pensé—. Suena bien.

—¿Tienes fotos? —me preguntó. Busqué en mi bolso, saqué una carpeta llena de fotos y se la di. Ella las hojeó, haciendo escasamente una pausa para mirar cada una—. Parece que necesitarás algunas fotos nuevas —me dijo. Supongo que eran demasiado bostonianas para ella—. Pero estás con suerte, conozco a un tipo que te las puede tomar. Es un poco caro, pero es bueno. También te sugiero que te inscribas en Susan Batson. Elizabeth probablemente ya te lo haya dicho.

Asentí.

—¿Cuánto valen las fotos?

—Tendrás que llamarlo para que te dé el precio exacto —me dijo—, pero creo que alrededor de mil doscientos.

Casi me orino en los calzones.

—¿Mil doscientos dólares? —pregunté.

—Sí —me dijo, devolviéndome las fotos—. Pero confía en mí, valen cada centavo. Él puede hacer que cualquier persona se vea como un millón de dólares. Justo en ese instante deseé conocer a un tipo que conociera a un tipo, no sé si me explico.

Esa mañana había entrado con la esperanza de conseguir una compañera de equipo y una animadora. Pero salí con una anciana sarcástica de Brooklyn a cuestas. Con la orden de reunir una gruesa suma de dinero, y pronto. Y con un nuevo conjunto de palpitaciones en el corazón. En este punto, ni siquiera tenía todavía un hogar permanente en Nueva York. Había podido pagar los cursos gracias a mi trabajo en la firma legal de Boston. Así eran las cosas: Dos veces por semana, conmutaba desde allí a la ciudad en un autobús de Greyhound, cuatro horas en cada dirección. Una vez en la zona, me quedaba en la casa de mi tía Milly en Passaic, Nueva Jersey, en un rincón de la habitación de mi prima. El viaje era una pesadilla. También me había convertido en una vagabunda: la mayoría de las veces, me mantenía con una enorme lona colgada en mi cuerpo. No era una escena agradable.

Cada vez que iba a la ciudad tomaba una clase y de vez en cuando hacía audiciones. Cuando estás aún empezando, tiene suerte si te dejan siquiera entrar a la sala de audición. Es cierto que de niña me imaginaba que un día entraría al teatro musical. Pero en este punto, la actuación se había convertido en mi único objetivo. Y cuando miro hacia atrás esos años en que saltaba por nuestra casa, cantando a todo pulmón los éxitos de Selena, no lo hacía pensando en que me convertiría en una famosa cantante de pop. Para mí, la fantasía consistía más en el simple hecho de estar en el escenario. De conectarme con el público. De contar una historia. De disfrutar mientras era el centro de atención.

La primera vez que me bajé del autobús de Greyhound en Manhattan, sentí que había nacido para estar aquí. El lugar palpita con una energía loca, es impredecible, es crudo, es real, es peligroso. La gente que viene a Nueva York, con sueños más grandes que el cielo, son mi tipo de personas. Hay una cierta electricidad en el aire, creada en parte por la competencia feroz. Las apuestas son muy altas. Y tienes que ser muy dura para permanecer incluso en el campo de juego. Eso es cierto no sólo en mi negocio, sino en todas las industrias. Incluso un vago aquí tiene que rebuscársela el doble. En primer lugar, el frío puede ser terrible en esta ciudad. En segundo lugar, siempre hay alguien dispuesto a sacarte del camino. Por no hablar de todo lo que sucede en un abrir y cerrar de ojos, de modo que nadie tiene tiempo para detenerse y escuchar tu triste historia. El ritmo y la presión pueden ser difíciles, pero eso es exactamente lo que te hace trabajar el doble. En la ciudad que nunca duerme, aprendí rápidamente que no debía hacer ninguna de estas dos cosas.

El proceso de audición era tres veces más brutal de lo que había sido en Boston. Pensé que había visto chicas bellas, pero aquí llenaban las salas de espera de las pruebas, con tetas, dientes y traseros perfectos, dinero y conexiones. El talento y la buena apariencia son tan frecuentes aquí como el nepotismo. Para tener éxito, tienes que ser muy buena en lo que haces, o conocer a alguien que te pueda ayudar a llegar a la parte delantera de la fila, y en muchos casos, necesitas las dos cosas. Yo iba a las audiciones y lo daba todo de mí. Luego esperaba varios días para recibir una llamada, pero nada. No me llamaban para audiciones. Nada de nada. Y entonces me di cuenta de que, si realmente iba a dedicarme a esto, tenía que mudarme a Nueva York, de tiempo completo.

Así que después de tres meses de idas y vueltas, finalmente cambié mi trabajo de Boston por otro en el centro de Manhattan. También corté mis lazos con Brian. Ambos nos sentimos tristes pero sabíamos que era la mejor decisión.

—¿Me podrían abrir un espacio en el sótano, por favor? —le pregunté a mi tía Milly. Ella había notado desde hacía mucho tiempo que me estaba sintiendo agotada de viajar con tanta frecuencia, y accedió gentilmente.

Era un lugar muy pequeño, con sólo el espacio suficiente para una cama, un televisor y una cómoda, pero ahí podía quedarme, y estaba agradecida de que no me cobrara alquiler. Estar allá significó también que podía pasar tiempo con mi familia. Yo llegaba a casa muy tarde en la noche, y mi tía me esperaba muchas veces para ofrecerme una cena de arroz con fríjoles y plátanos maduros con un poco de limón para echarle por encima. Era muy dulce de su parte.

Los jóvenes aspirantes a actores me preguntan con frecuencia si alguna vez quise renunciar. Sí. A veces todos los días. Pero nos guste o no —y a mí me gusta—, llegué a este mundo como artista, es lo que soy. La alternativa a seguir luchando era volver a la forma en que me sentía después de la escuela secundaria. En mi fuero interno, sabía que me había desviado de la trayectoria profesional que estaba destinada a tomar, y esto explica en parte por qué estuve a un paso de poner fin a mi vida. Y aunque fue muy difícil presentarme a una sucesión interminable de audiciones, lo hice. Cuando quieres algo con todas tus fuerzas, casi hasta el punto de la obsesión, el trabajo no parece extenuante. No me malinterpreten: es agotador y desgarrador. Pero aunque puedas estar físicamente cansada, y tu espíritu sea puesto a prueba, no te lo puede robar. El esfuerzo en realidad te da energía, antes que robártela. Este es un negocio muy difícil y siempre estás intentando ganarle a tu puntaje más alto. Y cuando lo logras… pues es maravilloso. Tienes el viento a tu favor, e incluso cuando estás exhausta, esa fuerza te impulsa hacia adelante.

Hasta que deja de hacerlo, porque ese mismo ventarrón también puede darte una patada en el trasero y dejarte en el suelo, que es lo que me parecía estar pasando después de seis meses en la ciudad. Sólo me quedaban cien dólares y seguía viviendo con mi tía. Con un promedio de tal vez dos pruebas a la semana, no había conseguido un solo papel. Y me había gastado todos mis ahorros en esas fotos estúpidas que me había recomendado la agente.

—Ese tipo de fotos son completamente obsoletas —me dijo un actor experimentado en el estudio—. Tal vez sea por eso que no te están llamando.

Obviamente no era cierto, ¿pero yo qué iba a saber? Mierda. Yo había confiado en esa mujer, y allí estaba yo, sin nada que mostrar por mi inversión. Y aunque había llegado a la ciudad llena de pasión, cada vez se volvía más difícil mantener mi cabeza en alto. Por lo menos estaba ahorrando el bajo salario que ganaba en la firma, pero después de ahorrar varios meses, no me alcanzaba para pagar mi propio lugar. Ni en sueños. Fue entonces cuando tuve que llevar mi esfuerzo al siguiente nivel y reunir algo de dinero, al estilo *gangsta*. Déjenme explicarles.

Estaba tan arruinada que fui a Craigslist. Ya me había funcionado antes. Así, mientras estudiaba detenidamente su página web una noche, examiné los anuncios de personas que querían comprar ciertos artículos, que incluían de todo, desde relojes Rolex hasta lavadoras. A mediados de la primera página, mis ojos se posaron en este titular: «Se buscan zapatos usados de mujeres». «¿Zapatos de segunda mano? ¿Quién querría el calzado maloliente de otra persona?», pensé. Bueno, un tipo de Nueva Jersey los quería, y de acuerdo a su entrada en Craigslist, estaba dispuesto a pagar hasta treinta dólares por un par. «Cuanto más apestosos y desgastados, mayor será el precio», escribió. Yo no había traído muchas cosas de Boston, pero siempre he sido fanática de los zapatos y tenía muchos pares. Así que le escribí, y quedé de encontrarme con él en una esquina para venderle mis zapatos.

El tipo tenía poco más de veinte años. Tenía una barba tipo hípsterartista. Llevaba un sombrerito de lana y jeans. Yo me estaba imaginando a un tipo espeluznante con una camiseta de Kiss y que no se había molestado en cepillarse los dientes o el pelo en varios días. Pero lo que me encontré fue a alguien completamente diferente. Era limpio y cool. Esto no quiere decir que no tuve cuidado. Todavía tenía miedo porque, al fin y al cabo estaba conociendo a un tipo X de Craigslist para venderle mis zapatos viejos y apestoso. Pero el punto es que estaba desesperada. Después de un «Hola» rápido y nervioso, le entregué mi bolsa de zapatos y los sacó e inspeccionó uno por uno. Los tacones de un par estaban deteriorados; mis mocasines tenían un enorme agujero en los dedos. Había llevado cinco pares en total.

—¿Esto es todo lo que tienes? —preguntó.

—Bueno, sí, por ahora —dije encogiéndome de hombros.

—Te puedo dar ciento diez por todos.

—Pensé que habías dicho treinta dólares por cada par.

—Sí, pero algunos no están muy gastados —dijo—. Te pagaré veinte dólares por los que están en mejores condiciones, y treinta por los mocasines. ¿Quieres el dinero o no?

Era tan rara la situación que me sentí como si estuviera vendiendo drogas o algo por el estilo. Hice una pausa por un segundo, pero fue muy breve.

—De acuerdo —le dije. Necesitaba el dinero sin importar lo rara que fuera la situación.

—Tal vez pueda traerte más la próxima semana —le dije—. Ya veremos.

—Bueno —comentó. Y nos fuimos en direcciones opuestas.

Me encontré con el tipo por lo menos tres veces más, y ya para el último encuentro me di cuenta que era más chévere que raro. Hasta me regaló una pieza de su arte y no estaba nada mal. Al parecer, el tipo le vendía los zapatos a hombres en toda Nueva Zelanda y Australia que tenían fetiches con los pies femeninos. Ey, a cada cual lo suyo. ¿Quieres medias? En todo caso, lo único que sabía era que tenía dinero en el bolsillo. De hecho, terminé consiguiendo quinientos dólares de este tipo, ni hablar del hecho de que había quedado con sólo dos pares de zapatos: una botas negras para el trabajo y un par de tenis baratos. Me reí/lloré al pensar en que habría podido terminar cortada en pedacitos por un asesino de Craigslist. Fue una movida peligrosa pero tal como dije, tuve que tomar medidas *gangsta*. Me consolé ante la perspectiva de poder contar la historia algún día en el show de Jimmy Fallon.

Para la primavera de 2012 había logrado reunir el dinero suficiente para conseguir mi propio lugar. Manhattan estaba fuera de mi alcance: los alquileres eran muy caros.

—¿Por qué no te mudas a Hoboken? —me sugirió mi amiga Katie. Ella vivía allá con su novio (y ahora esposo) Henry y le encantaba—. Está cerca de la ciudad, es una zona linda y puedes encontrar un lugar barato cerca de mí.

Luego de caminar de un lado a otro durante un mes, firmé un contrato de arrendamiento de un estudio por setecientos cincuenta al mes. Era tan pequeño que me golpeaba el trasero contra el radiador cuando me levantaba de la cama. Pero bueno, era todo para mí. Era asequible. Y no era un sótano sin ventanas.

* * *

Siete años. Completos. Ese era el tiempo que había pasado desde que había visto a mi familia. Mami me llamaba casi todas las semanas de Madrid. «Mi amor, te extraño —decía en mi buzón de voz—. Por favor, ven a visitarnos. Esto es muy distinto. No se parece en nada a Colombia. Sólo estaremos nosotras dos, sin distracciones. Devuélveme la llamada». Rara vez lo hice, pero eso no impedía que mi madre me volviera a llamar. Y otra vez. Y otra vez. Alguien debería darle el premio a la Madre Más Persistente, porque no conozco a ninguna que le haya tendido la mano a su hija con más frecuencia que la mía, incluso después de que yo la había rechazado terriblemente.

En Hoboken, me sentí como una verdadera adulta por primera vez. Podía entrar y salir a mi antojo, y llegar a la hora que quisiera, sin un novio llenando mi teléfono con mensajes de texto. Podía sentarme en paz y pensar. El tipo de trabajo que hacía en clase me tenía pensando constantemente. «¿Qué te está bloqueando? —nos preguntaba Marishka durante nuestros ejercicios—. ¿Qué muros tienen todavía en pie?». Todos los muros que yo había erigido tenían algo que ver con el tema que había evitado crónicamente: la desintegración de mi familia. Y, sin embargo, semana tras semana, y clase tras clase, se hizo cada vez más claro para mí que yo estaba bloqueada. Extremadamente. Cuando intentaba una escena, tenía dificultades para abrirme a ciertos sentimientos. Me costaba trabajo abrirme a la intimidad. Cuanto más cerca estaba de cualquier emoción que me hiciera sentir impotente, más me cerraba.

A finales de 2012, me encontré en una encrucijada. Sabía que con el fin de seguir adelante con este nuevo capítulo en mi vida —de seguir creciendo como actriz y como mujer— tenía que conectarme con la mujer que me dio la vida. Tenía grandes aspiraciones de convertirme en una actriz exitosa y, muchas veces, me había encontrado a mí misma deseando tener a mi madre conmigo, sólo para compartir cosas con ella. También extrañaba a Papi, por supuesto, pero siempre había tenido una relación más complicada con mi madre. En mi mente, Papi había sido el que había sacrificado mucho para hacer que mi vida fuera lo más uniforme posible. Él había sido el salvador, el cuidador, el ancla. Ambos habían sido arrebatados de mi vida, pero resentía la presencia de Mami. Era ella la que había estado entrando y saliendo de mi mundo durante esa etapa crítica en que mi cuerpo estaba cambiando más rápidamente que las circunstancias en nuestra casa. Yo la necesitaba, y ella no estaba disponible para mí. Debido a sus decisiones, se había convertido en un objetivo para las autoridades encrgadas de las deportaciones, y al hacerlo, se había perdido algunas de las experiencias más importantes de mi infancia: la compra de mi primer brasier, ayudarme con mi período, los chicos y a pasar de ser una chica a una mujer joven. Sí, yo fingía en esa época que su ausencia no me importaba. Que yo estaba perfectamente bien. Que con la presencia de Papi era suficiente. Le resté importancia, como si no fuera nada del otro mundo, y me negué a hablar de eso. Pero en el fondo, la juzgaba, y consideraba que ella era la más responsable por el desastre que habían resultado ser nuestras vidas. En mi mente, mi padre era el héroe de nuestra historia familiar, y Mami era la villana.

Mami se había trasladado a España seis años antes porque se sentía desesperada. Ella no tenía contacto con mi papá en Colombia. Yo me había alejado poco a poco de ella. Y además, mi mamá tenía dificultades financieras. Entonces, ¿qué razón tenía ella para quedarse en Colombia? Ninguna. Su hermano, que había adquirido la ciudadanía española antes de retirarse de su trabajo como torero, la había recibido hasta que ella pudiera pagar un lugar propio. Con el tiempo, había conseguido un trabajo como empleada doméstica, ahorrado dinero y se había mudado a un lugar pequeño. De alguna manera, ella y yo teníamos trayectorias paralelas. Las dos nos estábamos reinventando. Empezando de nuevo. Reescribiendo nuestras narrativas.

—Mami, iré a verte —llamé para decirle un viernes por la mañana. La línea quedó en silencio, probablemente porque ella se sorprendió dos veces: primero, porque la estaba llamando, y segundo, porque estaba planeando un viaje de dos semanas para visitarla.

—Eso es maravilloso, Diane —dijo, su voz temblando en los bordes—. Será increíble verte de nuevo.

En octubre de 2012, tomé un avión de JFK a Madrid. Miré distraídamente por la ventana durante la mayor parte del vuelo, preguntándome hasta qué punto mi mamá estaría diferente. ¿Cómo habría cambiado su vida desde la Navidad en que viajé a Colombia? ¿Cómo le iría en su nuevo país? Habían pasado tantos años desde nuestro último encuentro que me sentía como si fuera a ver a una extraña. Mami había acordado reunirse conmigo en la zona de equipajes. La mujer que estaba allí esa noche no era la madre que yo recordaba.

Arrastré mi maleta por las puertas correderas que conducían a la zona de espera.

—Diane. —Oí—. ¡Aquí!

Mi mami y su amiga, otra mujer colombiana, estaban agitando las manos y corriendo hacia mí. «¿Es ella?», pensé. Antes de que pudiera mirarla bien, se abalanzó y pasó sus brazos alrededor de mí.

—¡Princesa! —dijo, apretándome largamente y con fuerza—. ¡Ha pasado tanto tiempo!

Retrocedí, me sequé las lágrimas y la miré. Dios mío. La nariz de mi madre era diferente. Completamente.

Antes, cuando nuestra familia estaba junta, Mami había mencionado a menudo que quería operarse la nariz.

—No lo necesitas —le decía yo—. Me gusta tu nariz así como es.

Yo siempre había pensado que era bonita y distinguida, grande y con un puente arqueado. De pequeña, recuerdo que me empinaba hasta tocarla, y me pareció que tenía cierta elegancia. Pero desde que tengo recuerdo, ella se refería a ella como su «nariz de bruja». Al parecer, en algún momento durante todos esos años, mientras yo estaba ocupada ignorando sus llamadas, se había hecho la cirugía. Me quedé mirándola boquiabierta. No es que su nariz haya cambiado de forma radical, tipo Michael Jackson, pero ya no era arqueada. Además estaba en forma, bronceada y tonificada, como si hubiera estado yendo todos los días al gimnasio. Llevaba unos Levi's oscuros y una blusa linda. Tenía el pelo un poquito más gris de lo que yo recordaba, pero todavía era largo y brillante. Su tez brillaba como si en vez de estar más vieja, tuviera siete años menos. Se veía feliz, más de lo que la había visto en Colombia.

Nuevas lágrimas brotaron de mis párpados.

—Te operaste —le dije—. Guau.

—Sí, lo hice —dijo con orgullo—. Hace unos pocos años.

Ver lo mucho que había cambiado mi madre me hizo ser dolorosamente consciente de todos los años que la había mantenido alejada de mí. De lo mucho que nos habíamos perdido de nuestras vidas. De lo débil que yo había permitido que fuera nuestro vínculo entre madre e hija. Ella había tomado esta gran decisión para operarse la nariz, y yo no había participado en eso, y ni siquiera lo sabía. Su vida había seguido adelante sin mí. Me impactó saber que ya no teníamos una relación de verdad; sólo la sombra de una anterior. Comprender esto me hizo sentir completamente sola, no sólo por mí, sino también por ella.

Mami me abrazó de nuevo y me estrechó con más fuerza que antes.

—Está bien, mi bebé —me dijo—. Ahora estoy aquí.

Desde ese primer momento en el aeropuerto, fue claro para mí que yo no había ido para volver a conectarme con la madre que me había criado; había ido para conocer a la persona en la que ella se había transformado desde entonces. Nada de su vida en Madrid se parecía a la que había tenido en Colombia. Para empezar, tenía un auto, uno de esos modelos de bajo presupuesto que parecen un juguete. Después de guardar mi maleta en el pequeño baúl, subí al asiento delantero junto a ella y volví a mirarla. Se veía aún más diferente de perfil que de frente.

—Vámonos de aquí —dijo, arrancando el motor, prendiendo la radio y alejándose del estacionamiento. Parecía muy independiente, muy dueña de sí. Circulaba por las calles con mucha energía y osadía. La última vez que había visto a mi madre manejar, yo era una niña; en Colombia, se movía en bicicleta. Así que fue sumamente extraño ver conducir a mi madre después de tantos años. Cambiaba de carril con confianza, mirando hacia atrás y hacia adelante entre la carretera y yo.

—Entonces, ¿cómo has estado, mi amor? —me preguntó.

—Bien, supongo —le dije.

—¿Quieres que paremos en la tienda y compremos algo especial para que comas esta noche? —preguntó—. Ya te preparé fríjoles y arroz, tu plato favorito.

—Con eso está bien —le dije—. Gracias.

Miré la ciudad mientras mamá cruzaba de una calle a otra. El lugar me recordó un poco a Nueva York: cosmopolita, las aceras llenas de gente, los pequeños cafés con mesas al aire libre. Sin embargo, la arquitectura le daba un aspecto único a Madrid. Por todas partes había iglesias góticas y basílicas. Parques y plazas muy bien cuidados. Mami vivía en las afueras de la ciudad, y casi media hora después de salir del aeropuerto (y luego de dejar a su amiga, quien tenía una cita en la ciudad), finalmente nos detuvimos en el estacionamiento de mi madre.

—Llegamos —dijo ella, jalando el freno de emergencia—. No es gran cosa, pero es mi hogar.

El interior del apartamento de una habitación era muy básico: un sofá, una mesa con dos sillas, una cama de matrimonio y un armario en su habitación, aunque para los estándares colombianos era silencioso y era todo suyo. Las paredes estaban desnudas en su mayoría, pero en el centro de una de ellas había colgado una foto escolar mía, de cuando yo tenía siete años. Mi sonrisa era radiante, y me faltaban tres dientes delanteros. Me encogí cuando me di cuenta. Ya no conocía a esa niña.

Mami tenía que trabajar muchas horas mientras yo estaba en la ciudad, pero pasamos tanto tiempo juntas como pudimos. Me llevó a cenar una noche. Otro día fuimos a un museo. Y posteriormente, a un concierto de flamenco. Pasé gran parte del tiempo asombrada de que allí hubiera construido su propia vida. Y ahora que lo pienso, probablemente tiene que ver con el hecho de que los recuerdos recientes que tenía de ella eran los de una persona nerviosa, asustada, que vivía a escondidas. Aquí no tenía necesidad de esconderse y no dependía de la caridad de nadie.

Un par de años atrás, había conseguido un trabajo en una granja, cuidando animales, junto con otras personas. No le pagaban gran cosa, pero era mucho más de lo que podía ganar en Colombia, y era suficiente para cubrir su alquiler. Esto le había devuelto también su espíritu de independencia, una chispa que yo notaba en ella. No estaba sobreviviendo simplemente en Madrid, parecía estar prosperando. Por fin, había recuperado el control de su vida.

No esperaba que el viaje fuera un reencuentro tipo Hallmark, pero fue más difícil de lo que pensaba. Si mi madre había cambiado, yo también lo había hecho. Y eso significaba que chocamos mucho. Cuando llevas varios años sin ver a alguien, literalmente tienes que volver a conocer a la persona, averiguar qué le molesta, qué le asusta y qué la saca de quicio. Y mientras hacíamos esto, cosas sin importancia daban lugar a tensiones. «Diane, se te está enfriando la comida. Ven a comer», me ordenaba Mami. «Deja de decirme lo que debo hacer —le contestaba yo—. Ya no soy una niña».

Luego, a medida que pasaban los días, le gustaba rememorar con frecuencia mi infancia y los viejos tiempos.

—¿Recuerdas cómo solías jugar en el patio trasero con Dana y Gabriela mientras yo cocinaba? —me preguntó.

—Claro que sí —le espeté—, pero eso fue hace mucho tiempo, Mami.

En su mente, las experiencias eran tan reales como si hubieran ocurrido el día anterior; y mientras yo me había alejado más de ella, mi mamá se había aferrado con más fuerza a esos recuerdos. Pero para mí, los recuerdos eran como viejas fotos desvanecidas, que yo había reemplazado desde hacía mucho tiempo con todos los momentos que ocurrieron después. Mami sabía muy poco de esa vida, y el hecho de que mencionara la que habíamos compartido anteriormente me producía mucha angustia.

Tuvimos algunos momentos difíciles pero muchos otros fueron muy especiales. "Mi muzzy", le decía yo, y a ella le encantaba. Durante el tiempo que compartimos, yo la hacía reír hablando con acento español e imitando a la gente que había a nuestro alrededor. Nos tomamos *selfies* por toda la ciudad. Sólo mi mamá y yo. Yo me inventaba pequeñas escenas en las que actuaba de reportera española preguntándole por el monumento o la iglesia que teníamos enfrente. Poco a poco empecé a recordar los momentos felices que habíamos compartido. Incluso de pequeña, mi madre siempre me apoyaba en mis planes más locos y me dejaba jugar con ella durante horas. Empecé a recordarlo. Mama, yo te amaba y tú me amabas a mí. You era tu niñita y tú eras mi preferida.

Conversábamos todas las noches, pero casi nunca sobre un tema que fuera muy doloroso para mí. Ella se dio cuenta de que yo todavía no estaba lista para hablar de todo. Todavía estaba en carne viva. Eso cambió cuatro noches antes del final de mi viaje. Mientras compartíamos una botella de pinot grigio, nos sentamos lado a lado en su sofá. Mami, que ya comenzaba a estar bajo los efectos del alcohol, empezó a hablar de la deportación.

—Todo ese tiempo fue horrible para mí —dijo—. La cárcel estaba sucia, no podía comunicarme con tu padre, no podía comer ni dormir...

Se me subió la presión arterial mientras hablaba. Me incorporé y la corté.

—¿Sabes qué, Mami? —grité—, ¡no quiero oír ni otra cosa acerca de lo duras que fueron las cosas para ti!

Mami, cogida por sorpresa por mi enojo, se puso de pie.

—¿De qué estás hablando, Diane?

—¡Ni siquiera sabes lo difíciles que fueron las cosas para mí! —grité—. Todo giraba siempre alrededor de ti, ¡¿verdad?! ¡Tú, tú y tú! —Comencé a llorar—. ¡Me abandonaste! —vociferé, levantándome para apuntar mi dedo índice derecho a su cara. Esas palabras, que nunca había pronunciado en voz alta, provenían de algún lugar desconocido dentro de mí, con un fuego y una furia que me sorprendieron—. ¡Destruiste nuestra familia! —gruñí—. ¡Te odio!

Mami abrió los ojos de par en par y comenzó a llorar. Trató de abrazarme, pero me resistí. Yo estaba llorando tan fuerte que no pude mantener mi cuerpo rígido. Finalmente me rendí y hundí mi cara en su pecho.

—¡Diane, nunca quise dejarte! —se lamentó Mami—. Hice todo lo que pude para estar contigo! ¡Todo! ¡Nunca quise hacerte daño!

Mami me abrazó durante muchísimo tiempo, frotando mi espalda y meciéndome de un lado a lado como si fuera de nuevo su bebé.

—¡Lo siento mucho! —susurró—. Por favor, perdóname.

Había pasado casi una década culpando a mi madre. Le eché la culpa por abandonarme. Por hacer cosas que aumentaron el riesgo de ser deportada. Por desaparecer de mi vida en el momento en que más anhelaba su amor, su cuidado, su atención. Y aquella tarde, cuando la vi despedirse de mí a través de los barrotes de un furgón policial, tomé una decisión de la que no fui consciente. En el silencio de mi corazón, decidí que ninguna disculpa que me ofreciera Mami sería suficiente, ninguna explicación bastaría para que yo dejara de lado la profunda amargura que sentía contra ella en mis entrañas. Construí una barrera a partir de esa rabia, un muro tan grueso y tan alto que nadie podía mirar a su alrededor. Mi madre podría haber dejado ese centro de detención en 2001, pero durante muchos años yo la había mantenido prisionera, como la persona responsable de mi angustia. Había hecho que fuera imperdonable, y al hacerlo, también me había encerrado a mí misma, a una parte de mi alma y a cualquier esperanza de que ella y yo pudiéramos vivir en paz. Esa noche, bajo la luz tenue de la sala de mi madre, tomé la decisión de liberarnos a las dos.

Mami me llevó a la granja durante mi último día en Madrid. Cuando encendió la radio, sonó una canción conocida de Cristian Castro, titulada «Por amarte así», y luego de cantarla juntas por medio minuto, dejé de hacerlo.

—¿Qué te pasa? —me preguntó mami.

—Nada —le dije.

—Dime —me presionó.

—Esta canción me remite al pasado —le dije. Cuando yo era pequeña, Mami arreglaba bien mi zona de la sala para darme gusto. Yo regresaba de la escuela y veía unas agradables velas encendidas, y a veces ella me tenía incluso un regalito. Una tarde, vi un CD de Castro, *Mi vida sin tu amor*, sobre mi almohada. Me enamoré de ese álbum y lo escuché tantas veces que casi lo rompo. Hasta que oímos la canción de Castro en la radio, yo me había olvidado casi por completo de que Mami me lo había regalado hacía muchísimos años. Yo había enterrado cuidadosamente ese recuerdo junto a muchísimos otros.

—Te he extrañado muchísimo, Mami —le dije.

—Yo también te he extrañado muchísimo, tesoro —respondió ella.

Lloré todo el vuelo de regreso. La dulce anciana sentada a mi lado me pasaba un Kleenex tras otro. «Está bien, querida —repetía—. Todo va a estar bien». No eran lágrimas de tristeza, eran lágrimas de liberación, de libertad, de sanación, de reconocimiento. Mi madre había recibido una mano de cartas impredecibles en la vida. Las había jugado tan bien como había podido, y al hacerlo había logrado algo mucho más valiente de lo que jamás podría haber intentado a su edad. Yo todavía no había aprendido a aceptar del todo mi realidad mientras que a ella le había tocado. Incluso hasta el día de hoy, mi madre jamás ha sido una persona amarga. Todavía me deslumbra con su espíritu maravilloso y su capacidad para enfrentarse como un soldado a cualquier reto que la vida le lanza.

Con un corazón atribulado todavía por una pérdida y dolor que no le desearía a nadie, Mami reunió el valor, con Eric todavía de brazos, para irse a un país extranjero, a una nación con un idioma que ella no hablaba, a un país que le ofrecía un refugio de la pobreza, de la violencia y de la desesperación de la que ella trataba de huir a toda costa. En el camino, se cayó, se levantó y luego volvió a caer de rodillas. Pero al final, siempre se levantaba, se arrastraba de nuevo para ponerse de pie y se ponía de pie. Y ella no merecía mi desprecio, sino mi más profunda admiración.

* * *

Había llegado el momento de conseguir un nuevo mánager. Mi gran avance con Mami había liberado un espacio gigantesco en mi interior, y con mi espíritu mucho más liviano, estaba ansiosa por seguir adelante con mi trabajo. El Susan Batson Studio organizaba espectáculos, en los que mánagers y agentes iban a evaluar nuestro trabajo. Tan pronto como regresé de Madrid, me inscribí en uno y empecé a buscar un monólogo para presentar. Me decidí por uno sobre una chica que había tenido una infancia violenta, que se había casado muy joven y que luego se había vuelto adicta a la heroína. Cuando le leí la pieza a Susan (¡sí, a la verdadera Susan Batson!), me dijo:

—Es una buena opción para ti. Es de dimensiones profundas. —Me dio un par de consejos, y más tarde esa semana ofrecí una de las actuaciones más poderosas de mi vida, si me permiten decirlo. Josh Taylor, un agente de VAMNation Entertainment, estaba allí ese día.

—Estuviste increíble —me dijo Josh—. ¿Podemos hablar?

—Claro —respondí, sonrojándome mientras me daba su tarjeta. Una semana más tarde, fui a su oficina para discutir la posibilidad de que me representara.

—Creo que eres muy talentosa —me dijo—. Y creo que puedo encontrarte trabajo.

Francamente, yo no sabía si él estaba alimentando mi ego o si hablaba en serio, pero de cualquier manera, el estímulo se sintió bien después de meses de que me dijeran que no era lo suficientemente bonita, que no tenía el talento suficiente ni la experiencia. Así que a los pocos días de nuestro encuentro, empecé a trabajar con él.

Haciendo honor a sus palabras, Josh comenzó a enviarme a audiciones de inmediato, y me llamaba con frecuencia en medio de ellas. «¿Cómo vas? —me preguntaba—. ¿Estás trabajando tus técnicas?». A veces no había ninguna audición en varias semanas. La cosa es que cuando los directores de reparto no conocen tu trabajo, rara vez quieren verte. Y no importa lo mucho que tu mánager les diga «Es fantástica», ponen los ojos en blanco y siguen con sus cosas. Así que durante mi tiempo de inactividad, también buscaba mis propias oportunidades en Craigslist, y cuando no aparecía ninguna, empecé a preguntarme si debía cambiar de rumbo. «Tal vez debería volver a la escuela de teatro —pensaba—. Tal vez necesito una formación en serio». Mientras tanto, asistí a una cantidad increíble de audiciones.

Hacía lo que fuera, desde series como *Glee*, a dramas como *Law and Order*. Iba a las audiciones, esperaba varios días a que me llamaran, no recibía noticias y más tarde descubría que había competido contra una verdadera celebridad. Una vez recibí una paliza nada menos que por parte de Nina Dobrev, de *The Vampire Diaries*. Disculpen, pero ¿tiene algún sentido que yo audicionara incluso para ese papel? No tenía ni idea. Así que asistía a estas audiciones pensando «Lo que sea, estoy segura de que no tengo ninguna oportunidad», y de cierta manera, eso me hizo sentir menos presión. En retrospectiva, ahora me doy cuenta de que todo este proceso era parte de lo que significa ser actriz. Tienes que dedicarle tiempo. Tienes que salir y mostrar a los directores de reparto quién eres, y aunque no te contraten en un principio, podrían acordarse de ti y pedir hablar contigo más adelante. Ahora lo sé, pero no me podrían haber convencido de ello antes.

Fui llamada para un episodio de *Are We There Yet?*, la serie de televisión (basada en la película de 2005) creada por Ice Cube. Fue extremadamente emocionante. Entonces conseguí un papel principal (¡hurra!) en una película independiente llamada *Emoticon*. La película no era del otro mundo, pero me pagaban casi cien dólares al día por filmar. Eso es dinero real. Además, viajé a México para algunas de las tomas. También desempeñé un pequeño papel en una película llamada *My Man Is a Loser*, con John Stamos. Así que, poco a poco, empecé a acumular mis créditos SAG y a hacerme de un (pequeño) nombre. Por lo menos estaba trabajando e invirtiendo mi tiempo en lo que me importaba. «Es sólo cuestión de tiempo antes de que la gente realmente se suba al vagón de Diane Guerrero —me decía siempre Josh—. Sólo mantente firme, ya vendrán oportunidades más grandes. Tienes que trabajar para lograrlo».

Una semana después de haber sido rechazada por un nuevo grupo de directores de reparto, Josh me envió un texto: «Hay una parte para la cual quiero que hagas una prueba —me escribió—. Es una serie en una prisión, así que no uses ningún tipo de maquillaje para la audición y lleva el pelo desordenado. Sé tan real y natural como sea posible». Dijo que era una cosa de internet, y como mi gran sueño era estar en la televisión y en las películas, no quedé muy impresionada. ¿Pero quién podía darse el lujo de ponerse difícil? Ja, ¡yo no! Al fin y al cabo había terminado en tratos con un tipo extraño de Craigslist.

Josh me envió el diálogo por correo electrónico esa noche para que pudiera empezar a trabajar. El personaje era una joven llamada Maritza, una chica arrojada que terminó tras las rejas luego de tomar malas decisiones. En la escena, Maritza se está postulando como lideresa en la cárcel, y se mete en una pelea con Flaca, su mejor amiga. Al final de la refriega, sale con una frase : «¡Vota por Maritza si quieres más pizza! ¡Vota por Flaca, está llena de caca!». *¡Qué ridículo!*, pensé. *¿Es una serie en internet? ¿Acaso la gente ve eso?*

La noche antes de la audición, llamé a mi papi con la intención secreta de tener una charla motivadora.

—Me estoy desanimando mucho por todo —le dije—. Es muy difícil seguir haciendo todas estas pruebas estúpidas.

—No te puedes dar por vencida tan fácilmente, chibola —me dijo—. Lo estás haciendo lo mejor posible, ¿verdad? Y eso es todo lo que puedes hacer. Algo saldrá bien. Confía en mí.

A las diez de la mañana del día siguiente, fui exactamente como me había sugerido Josh: sin nada de maquillaje, con una sudadera, una camiseta y mis botas de combate. Mi apariencia no era difícil de lograr, ya que me encontraba más deprimida de lo que había estado en varias semanas. Me limité a memorizar mi parte la noche anterior, pero realmente no quería estar allá. No dejaba de pensar: «¿Un proyecto de internet? No tiene sentido». Estoy segura de que la sonrisa en mi cabeza apareció en mi cara. Le recité mis líneas a la directora de casting, Ms. Jennifer Euston, y a diferencia de muchos otros, era una persona muy sencilla y alegre. Me hizo sentir cómoda.

—Lo que hiciste estuvo bien —me dijo—, pero quiero que lo hagas de nuevo para mí. Y esta vez, quiero que hagas que el personaje sea mucho más fuerte y con mucha más actitud. Hagámoslo frente a la cámara una vez más.

Qué bueno. Me está dando otra oportunidad. Debe pensar que soy una actriz decente si quiere que lo haga de nuevo, pensé. *Déjame intentarlo*. Me puse de pie con la espalda recta, me concentré y recité la primera línea. Y entonces sucedió algo inesperado.

En el momento en que empecé a leer, me sentí transportada. Volví a Boston, a mis primeros años de secundaria, a todas aquellas ocasiones en que las chicas de mi barrio me molestaban y hablaban mal de mí por «comportarme como una blanca». Mi infancia estuvo llena de docenas de Maritzas, y si yo no hubiera elegido un camino diferente, ahora sería una de ellas. En esos tres minutos delante del equipo de reparto, llevé todas esas experiencias a mi personaje. Luego, al final de la pieza, sólo para añadir un poco de drama, pegué mi cara al lente de la cámara y grité de manera improvisada: «¡Tú, puta, pégame!». Todo el personal parecía aturdido. Muy amablemente, Jen dijo:

—¡Maravilloso! Eso es todo. Gracias por venir, Diane —salí de allí sintiéndome tan bien, como si hubiera vivido un poquito de mi verdad en ese momento.

Pasó el primer día. No me llamaron. Dos días se convirtieron en una semana, que se convirtieron en tres. Nada todavía.

—Olvídalo —le dije a Josh—. Estoy segura de que ya contrataron a J.Lo para el papel —bromeé.

Casi un mes después de la audición, mi padre me llamó para ver cómo estaba. Me acababa de meter en la cama para renegar en silencio.

—¿Cómo te fue en la audición? —preguntó.

—Creo que lo hice bien —le dije—. Pero no he tenido noticias. Así que nunca se sabe. Ya ni siquiera me importa.

—¿Lo diste todo? —preguntó.

—Lo di todo de mí, y algo más —le dije.

—Entonces ganaste —comentó.

No, Papi —pensé—. *No he ganado nada si no consigo el papel.* Obviamente, no le dije eso a mi padre. Sólo le di las gracias, colgué y me metí debajo del edredón.

No le vendes zapatos viejos a un tipo extraño porque quieres una victoria metafórica. No te mudas a Nueva York para poder ganar un trofeo al «Gran Esfuerzo». No metes un diario azul de sueños debajo de tu colchón a los doce años porque quieres terminar en segundo lugar, como otra del montón. Tomas grandes riesgos para poder lograr grandes victorias. Vas porque, maldita sea, quieres que te escojan. Quieres mostrar algo por tu esfuerzo. Quieres ser la chica que consigue el papel. Casi tanto como yo quería la vida misma, eso era lo que yo deseaba.

Algunos miembros del equipo de *Orange Is the New Black* con Maritza Ramos.

CAPÍTULO 16

Orange

Un informe de prensa dijo que
mi éxito había ocurrido de la
noche a la mañana.
Pensé que se trataba de la noche más
larga que hubiera vivido.

—Sandra Cisneros, novelista

No todos los días una chica se pone un pico rojo. Era esto lo que me estaban haciendo en una tienda de maquillaje en el centro de Manhattan, y todo gracias a mi amiga Kourt. Conocí a esta chica preciosa en el rodaje de *Emoticon* ; el año anterior. Ella era la maquillista en el set y desde el primer instante yo quedé encantada con su manera de ser tan especial y genuina. Kourt tomaba clases en la academia Makeup Forever, y para su proyecto final necesitaba una modelo a la que pudiera convertir temporalmente en un ave fénix con la ayuda de una prótesis y cosméticos. ¿Quién más que yo la artista (casi) muerta de hambre, que necesitaba con urgencia dinero para pagar el alquiler?

—Makeup Forever puede pagarte ciento cincuenta dólares por tu tiempo —me dijo Kourt. Acepté sin pensarlo dos veces.

La prótesis era maciza y enorme. Kourt estaba haciendo todo lo posible para fijar la prótesis de látex sobre mi nariz con cola de maquillaje, un pegamento que se puede utilizar en la piel.

—¿Podrías quedarte quieta para pegártela bien? —dijo.

Yo escasamente podía hablar, o para el caso, respirar, porque el pico me cubría gran parte de la cara.

—Hmm, hmm —logré balbucear.

—Esto va a quedar genial —dijo.

«Por así decirlo», pensé.

Justo cuando estaba pegando los bordes, sonó mi celular. Saqué el teléfono del bolsillo y contesté, tratando de mantener mi cara lo más quieta posible.

—¿Hola? —me las arreglé para murmurar. Sonaba ahogada, como si me hubiera metido una bola de algodón de azúcar en la boca.

—Diane, soy Josh. —Parecía no tener aliento.

—¿Qué pasa? —le pregunté.

—Te tengo noticias —dijo—. ¡Te dieron un papel recurrente en *Orange Is the New Black*!

Me quedé helada.

—¿*Orange* qué? —dije. Kourt, que me estaba mirando feo, me hizo señas para que colgara.

Josh se rió.

—Lo sabes —me dijo—, es el programa en internet sobre la cárcel para el que audicionaste. Te dieron un papel recurrente para el personaje de Maritza Ramos.

Se me cayó el teléfono.

—¡Dios mío! —grité, saltando arriba y abajo. El borde derecho del pico se deslizó y quedó colgando sobre mi boca. Un par de clientes me miraron como si estuviera poseída. Kourt me miró y me sonrió como una madre orgullosa.

—¡Me dieron el papel! —grité—. ¡Me dieron el papel! —Cogí el celular y me lo llevé de nuevo al oído—. Josh, ¿sigues ahí?

—Sí, estoy aquí —dijo, riendo.

—¿Estás bromeando? —le pregunté.

—No estoy bromeando en absoluto —me dijo—. De hecho, quieren que comiences a trabajar en el rodaje en unas cuatro semanas.

La cabeza me dio vueltas.

—¿Y como cuántos episodios me podrían dar? —le pregunté con entusiasmo.

—No lo sabemos todavía —me dijo—. Podrían ser dos. Podrían ser cinco. Podrían ser ocho. ¡Pero ya estás en el programa!

Después de un festival de gritos con Kourt, me quedé quieta el tiempo suficiente para que me volviera a pegar el pico (con el papel o sin él, de todos modos necesitaba esos ciento cincuenta dólares para el fin de semana). Pero después de salir de la tienda, no puedo decirles cómo llegué a casa siquiera, porque todo el camino estuve en el mundo de los zombis. *¿Realmente está ocurriendo?* —pensaba sin cesar—. *¿Voy a estar en un programa por más de cinco segundos?*. La última vez que me había sentido tan nerviosa fue con aquel anuncio de Kmart. Pero eso no era nada en comparación con la emoción y el impacto de esta noticia. ¿Yo? ¿En serio? Algunos actores pasan varios años sin conseguir un papel recurrente. Bueno, no me estaban firmando como titular en la serie, pero a mí no me importaba en lo más mínimo. Tal como lo veía yo, íbamos a empezar a salir y a conocernos antes de que se enamoraran de mí.

A la mañana siguiente, mi euforia se había convertido en temor. ¿En qué me había metido? ¿Quién más iba a salir en esto? Y, de todos modos ¿qué era todo este asunto de esa serie web? Lo más loco es que no había investigado absolutamente nada antes de prepararme para la audición. Así soy: me gusta ir y fluir simplemente con las cosas. A veces esa estrategia me funciona, porque estoy abierta a lo que pueda pasar; otras veces, me ha causado más de un problema. Josh había mencionado algo acerca de Netflix, pero en ese momento, no era ni sombra de lo que es ahora. La idea que yo tenía de Netflix era la de un lugar en el que pedías películas, y aunque algunas personas estaban recurriendo a los contenidos web como su principal fuente de entretenimiento, eso no era muy conocido todavía. Y entonces, cuando escuché «serie web», me di cuenta de que podría implicar cualquier cosa, desde unos pocos amigos que hacen una película en un patio trasero, a una producción más bien pequeña. Esa era básicamente la razón por la cual la había descartado. Hasta que me llamaron de nuevo, y en ese momento me pareció que era la mayor decepción de mi carrera como actriz.

Josh me dio la primicia sobre la serie. Había sido creada por Jenji Kohan, el fantástico director que también había creado *Weeds* en Showtime. El programa, que está basado en la exitosa autobiografía de Piper Kerman y que lleva el mismo nombre, transcurre en un centro penitenciario femenino, de mínima seguridad y ficticio, en Litchfield, una ciudad real en el norte del estado de Nueva York (aunque la ciudad no tiene una cárcel en la vida real). El programa gira en torno al personaje principal, Piper Chapman, una neoyorquina de clase media alta cuyo pasado regresa para atormentarla y la conduce a Litchfield, al lado de un pintoresco grupo de reclusas.

—Algunas de las escenas serán rodadas en el norte del estado, en un hospital abandonado para niños con problemas mentales —me dijo Josh. La mayoría de las escenas restantes, incluyendo el episodio 2, que sería el de mi primera aparición, serían grabadas en la ciudad. Yo no sabía todavía quiénes serían los otros miembros del reparto, pero estaba empezando a sonar como algo muy importante. Se trataba de una serie con un presupuesto completo y con su propio set.

Un mes y muchas noches sin dormir más tarde, me dirigí al emblemático Estudio Kaufman Astoria en Queens a las nueve de la mañana en punto. El edificio en sí es enorme. Mientras buscaba el set de la serie *Orange*, pasé por un pasillo largo, lleno de fotos firmadas de algunos de los grandes que habían trabajado allí. Frank Sinatra, George Burns, Lena Horne, Paul Robeson. Producciones como *Goodfellas* y *Hair* se habían filmado ahí. En una esquina del edificio, vi el set de *Plaza Sésamo*, con el cubo de basura de Óscar el Gruñón y el letrero grande de Plaza Sésamo. Muy chévere. Directamente al frente estaba el set de *Nurse Jackie*. Por último, vi las puertas dobles marcadas «Orange».

Lo que me encontré en el interior fue una verdadera locura. En una gigantesca zona de espera, daban vueltas multitudes de actores, productores y extras. Firmé con un productor, y luego me quedé allí y se me caía la baba, como una colegiala pasmada. Actores reales, los de películas y programas de televisión que reconocía y admiraba, estaban por todas partes: Jason Biggs (*American Pie*), Natasha Lyonne (*Slums of Beverly Hills*), Laura Prepon (*That '70s Show*), Taryn Manning (*Crossroads*). Yo estaba con cara de «¿qué es esto?». Se trataba de actores de verdad y yo estaba a punto de comenzar a trabajar con ellos. ¡Qué nervios! Lo bueno es que no sabía de antemano quién había sido contratado. Si lo hubiera sabido, posiblemente incluso no habría ido. Así de nerviosa me sentí de inmediato.

La escena era una audición con esteroides: cantidades de piel impecable y cinturas perfectamente cinceladas. Algunas de las estrellas más grandes estaban charlando entre sí y al lado de los productores, pero la mayoría del resto de nosotros, los extras y los novatos, estábamos parados como chiflados, mirándonos unos a otros. Estoy segura de que yo no era la única que pensaba «¿Cómo voy a estar al nivel de esta gente?». Nadie me dijo gran cosa, y tampoco hablé. Soy tímida cuando me encuentro en una situación nueva. Sobre todo cuando hay mucho en juego. Y especialmente cuando casi todo el mundo en la sala ha salido en alguna de mis películas o programas favoritos.

Después de permanecer embobada por unos minutos, encontré mi camino a una fila de sillas y me senté. «¿Cuál es el protocolo? ¿Debería interactuar?», me preguntaba. Por lo que yo veía, algunos de los actores experimentados ya habían formado camarillas, probablemente cuando filmaron el primer episodio el día anterior. «Esto debe ser lo que pasa en el mundo del espectáculo», pensé. No sabía qué hacer o decir, y por eso siempre estaré agradecida con la actriz que rompió el hielo.

—Me llamo Uzo —dijo una animada mujer negra con ojos amables. Tenía una gran presencia. Muy majestuosa. Me sonrió y me tendió la mano, y yo se la estreché—. ¿Cómo te llamas? —preguntó.

—Diane —dije, inquieta en la silla—. Diane Guerrero.

Se sentó en el asiento frente a mí.

—¿De dónde eres, Diane? —preguntó.

—Originalmente, de Boston —le dije.

Su rostro se iluminó.

—¿En serio? —dijo—. Yo también soy de allá.

Uzo Aduba me agradó desde la primera conversación. Parecía muy segura de sí misma, pero también muy cálida, lo cual normalizó mi presión arterial. Intercambiamos historias sobre Boston, y después de darle la versión digerible de la mía, me contó un poco acerca de su familia: sus padres habían llegado a los EE. UU. de Nigeria.

—Mi mamá es increíble —dijo—. Es mi mayor fan. Siempre me dice: «Zo Zo, tú puedes. ¡Tienes que seguir adelante!». Y aquí estoy.

En *Orange*, Uzo había sido escogida para interpretar a Suzanne Warren, mejor conocida como «Crazy Eyes», la representación por la que ganó un Emmy y un SAG.

—¿Cuál es tu personaje? —me preguntó.

—Maritza Ramos —le dije.

—Genial —dijo, y justo en ese momento una productora nos interrumpió y me llamó a un lado.

—Te enviaremos a que te hagan el pelo y el maquillaje —me dijo—. Anda por esas puertas dobles, a la derecha y al final del pasillo. —Asentí con la cabeza, miré por encima del hombro para sonreir a Uzo y me alegré.

Mi pelo nunca me había llegado abajo más allá de la parte baja de la espalda. El estilista me lo dejó sedoso y luego lo echó a un lado mientras la artista de maquillaje comenzaba a hacer magia. Se supone que Maritza y su grupo de latinas tienen un *look glam* de gueto. Misión cumplida: En el instante en que el equipo terminó conmigo, podría haber encajado en las calles de East L.A. Muy *chola*. Muy *homie* mexicana. Mi delineador era grueso; un labial café oscuro, casi burdeos, me cubría los labios.

Siguiente parada: el vestuario. Una costurera me entregó una ropa nueva de hospital color caqui.

—Póntela —me dijo. ¿Puedo contarles un secreto? Me gusta más mi traje de *Orange* que cualquier otro que haya tenido que usar. Es sencillo. Es cómodo. Es básico. Y no tengo que preocuparme acerca de cómo se verán mis tetas o trasero con un vestido ajustado. También es casi exactamente lo que todos los demás están usando (aunque todas tenemos diferentes formas de llevarlo, al fin y al cabo somos mujeres estilosas...). El hecho de que todas tuviéramos que llevar la misma ropa me hacía sentir que era parte de algo. De una comunidad. Desde el primer día, no fui a intentar ser una niña linda. Quería ser una actriz que hiciera un trabajo serio, y no una que sólo se preocupa por su apariencia.

Cuando salí del vestidor, otra productora se reunió conmigo.

—Hoy estamos retrasados —me dijo—, pero hablaremos contigo cuando tu escena se acerque. —Asentí con la cabeza—. Ponte cómoda. Podría tardar un tiempo. —Me dejó en otra sala de espera, que estaba llena de un grupo de actrices que no había visto antes.

Reconocí algunas caras: Danielle Brooks, Samira Wiley, Emma Myles. Las tres estaban sentadas en un círculo al otro lado de la sala, riéndose y almorzando juntas, y era claro que se habían vuelto amigas. Vi una silla vacía en un rincón y me dirigí hacia allá. Unos minutos después, Danielle me llamó.

—Oye, chica —me gritó desde el otro lado—, ¿cómo te llamas? —Caminó hacia mí.

—Diane —le dije con timidez cuando se acercó.

—¿Y por qué estás sentada ahí tan callada? —dijo con una sonrisa.

—No lo sé —dije—. Es mi primer día. Ni siquiera sé si me van a utilizar. ¿Crees que me van a descartar? ¿Normalmente tienes que esperar un buen rato?

Se rió.

—Espera, espera, espera, anda despacio, chica —dijo—. Vendrán por ti, no te preocupes. Simplemente relájate, quédate con nosotras hasta que lo hagan.

La seguí al otro lado de la sala, donde me presentó a sus amigas.

—Oigan, chicas, ella es Diane —anunció—, y está nerviosa de que la descarten. Pero no irá a ninguna parte. ¿Podemos mostrarle un poco de amor? —Las chicas se rieron y aplaudieron. Un par batió palmas conmigo. «Tal vez esto no es tan malo», pensé.

—Entonces, ¿a quién estás interpretando? —me preguntó Emma. Le hablé de Maritza, pero mientras lo hacía, no pude dejar de notar sus dientes horribles: amarillos, torcidos, picados, burdos. Traté de comportarme como si no la estuviera mirando, pero me pilló.

—Ah, lo siento —me interrumpió—. Quería decirte que estos no son mis dientes reales. —Dejé escapar una risita, una que le confesó que sí había observado sus dientes—. Interpreto a una adicta a las metanfetaminas en el programa —dijo—. Es una dentadura postiza. Por lo general, me veo mucho mejor.

Hilarante.

Uno a uno, los actores fueron llamados a grabar sus escenas en las tres horas siguientes. Una pareja lo hizo a las dos de la tarde. Alguien más a eso de las cuatro. Algunos otros a las seis y a las nueve de la noche. Para la medianoche, sólo cinco personas y yo estábamos todavía en la sala de espera. Por fin, a las dos de la mañana llegó mi turno.

—Vengan conmigo —nos dijo la productora. Las demás y yo la seguimos a la «aldea de video», esa zona en el set donde todos los directores y productores se reúnen. Cuando doblé la esquina, varias productoras importantes me miraron de arriba abajo, y luego hicieron un corrillo y empezaron a susurrar. «Dios mío —pensé.— Definitivamente me van a enviar a casa». Después de un minuto, que me pareció más como treinta, una de ellas se acercó a mí.

—Te ves demasiado bonita —dijo.

Levanté las cejas.

—¿Qué? —le dije.

—Estás demasiado maquillada para este papel —explicó—. No va a funcionar, necesitamos que Maritza sea mucho menos glamorosa. Te enviaremos de nuevo a la sección de pelo y maquillaje.

Me fui y volví sin lápiz labial. Las productoras parecieron aprobar de mi nuevo aspecto y me acompañaron al set, uno de los más básicos que haya visto: una cafetería, una sala de recreo, una cocina, una comisaría y una celda con literas, que es donde surgió mi primera estrella. Todas las actrices de mi escena ya estaban allí, esperando a que yo regresara después de quitarme el maquillaje. Casi antes de que pudiera poner en orden mis pensamientos, el director gritó «¡Acción!».

¿Resumo la historia? Fracasé en la primera escena. En ella, me meto en un pequeño problema con un par de chicas latinas. Tres de las actrices de mi escena, Elizabeth Rodríguez (Aleida), Dascha Polanco (Dayanara) y Selenis Leyva (Gloria), habían trabajado juntas en el episodio uno, y ya tenían un ritmo; yo, sin embargo, tenía la lengua en la garganta. Me habían dado tres líneas para memorizarlas, y me pifié en todas. En cada una. «¡Corte!», seguía gritando el director. ¡Qué vergüenza! Lo intentamos de nuevo. Y otra vez. Y otra vez. Todavía no sé si el director dijo que termináramos porque estaba satisfecho, o porque, a las tres quince de la mañana estaba demasiado cansado para continuar. La verdad es que no *todo* gira en torno a Diane...

Teniendo en cuenta lo mal que estuvo la primera escena, me obligué a levantarme temprano para el rodaje del día siguiente. Cada episodio exige unos nueve días de rodaje; sólo en el tercer día cambié y realmente comencé a relajarme. Eso tuvo mucho que ver con el hecho de conocer a Jackie Cruz, quien interpreta a la Flaca, la mejor amiga de Maritza. Nos llevamos bien de inmediato. Ella es tan arrojada, tan divertida, tan accesible.

—¿Quieres almorzar? —me preguntó esa primera semana.

—Claro —le dije. Ese fue el principio no sólo de una camaradería en el trabajo, sino de una verdadera amistad. Les diré más sobre esto en un segundo.

El elenco es enorme y hasta este punto todavía estaba conociendo a un personaje nuevo cada media hora. Y a pesar de lo tímida que soy, fue muy chévere conocer a Taylor Schilling (quien interpreta a Piper). Parece tan dedicada. Es alta y tiene una gran sonrisa y una risa contagiosa que me recordó a Adrienne, mi compañera de habitación en la universidad. Me mencionó que es de Boston y eso me llenó de orgullo. ¡Sí! ¡Éramos tres chicas de Boston en el mismo programa en Nueva York! ¡Tómalo ya, ciudad que odia a Boston!

Mi único objetivo es hacer una interpretación memorable de Maritza. «¿Quién es ella en realidad? —me preguntan muchos fans y entrevistadores—. ¿Cuál es su historia?» Aquí está la cosa: en un programa como *Orange*, los personajes son desarrollados para nosotras las actrices casi tan lentamente como lo hacen para nuestros televidentes; los escritores sólo nos dan el guión para el episodio siguiente, y no para la temporada completa. Así que todavía estoy conociendo a Maritza, y esto es lo que les puedo decir acerca de ella: es una fiera. Tiene un lado gracioso. Siempre trata de sacar el máximo provecho de su situación. Y está buscando desesperadamente una familia, una cierta seguridad. ¿Les suena familiar? Y aunque es inteligente, no creo que se preocupe por esforzarse demasiado. Es una chica que ha usado lo que sea que ha tenido al alcance de las manos, como muchas otras en su situación. (Conozco a una que otra chica así...) Creo que encontrarás que Maritza es mucho más de lo que aparenta.

Maritza, y su bagaje, aparecerán mucho más en la temporada cuatro y espero que más adelante. Me divierto mucho con todas las diferentes posibilidades que hay en su vida. Una alternativa que me he imaginado es que Maritza viene de una familia suburbana blanca y rica que la adoptó desde su nacimiento, y ha crecido lidiando con problemas de identidad. Cuando su madre se presenta en Litchfield para verla, piensa «Maritza, ¿por qué estás hablando como si fueras del barrio? ¿Qué dirían las chicas del country club si te escucharan hablando así, después de todo lo que hemos hecho por ti?». Esa posible historia, como tantas otras, me hace reír. Vamos a ver cómo se conjuga con lo que crean los escritores. La verdad es que el programa es tan bueno que no hay duda de que seguirá sorprendiendo y atrapando la atención del público con todas esas increíbles historias. Historias verdaderas sobre mujeres verdaderas. Tal como lo dice Lea DeLaria, también conocida como Big Boo: «*Fuck yeah!*».

Cuando pienso en que el programa está a punto de inicar su cuarta temporada, me doy cuenta de lo diferente que era todo en un principio. Mis preocupaciones han cambiado. Mi corazón está en otro lugar. No puedo creer lo mucho que he crecido a través de esta experiencia. Siento que pertenezco a una familia y soy parte de algo más grande. Desde la primera temporada, el programa ha roto tal cantidad de barreras y ha arrojado luz sobre tantos problemas que necesitan atención. ¿Cuántas series conocen que hagan eso? No sólo hemos cambiado la forma en que la gente ve televisión, sino que hemos generado toda una camada de activistas. Qué maravilla ser parte de una toma de conciencia política y social. Increíble. Estamos peleando por los derechos de las mujeres, los derechos LGBT, la desigualdad social, la reforma penitenciaria... Y ahora espero que mis hermanos y hermanas se unan a mí en mi lucha por la reforma migratoria.

La línea más memorable de Maritza (¡hasta ahora!) es aquella con la que hice la prueba de audición: «¡Vota por Maritza si quieres pizza!». ¡Y no sólo es porque aparezco en esa escena que me parece una de las mejores de la primera temporada! (Está bien, sí es porque aparezco en ella, ¡obvio!) No, pero hablando en serio, fue después de ese episodio que me di cuenta de que la gente me estaba reconociendo. Empecé a ver mi cara por todo el Internet que decían «¡Vota por Maritza si quieres pizza!». Les juro, la gente todavía se me acerca en las calles y grita esa frase. Me sentí ridícula cuando dije esa frase (más tarde me fruncí al verla...), por lo que es curioso e irónico que resultara ser uno de los mejores momentos de Maritza.

Muchas de mis escenas son con Jackie, que es como ochenta pulgadas más alta que yo (en serio, mide 5′9″, comparados con mis 5′2″). Los directores no habían planeado inicialmente que fuéramos tan buenas amigas. Pero cuando se dieron cuenta de lo cercanas que Jackie y yo nos habíamos hecho en la vida real, lo utilizaron y modificaron nuestras historias (o al menos esa es la historia que Jackie y yo tenemos planeado contarle a nuestros nietos entonces si no recuerdo bien los detalles de cómo fue que nuestros personajes se hicieron tan amigas, es completamente irrelevante.En el episodio seis de la segunda temporada, nuestra conexión frente a cámara se hizo más fuerte de repente. Cuando leí el guión de esa semana, vi que era sobre una fiesta de San Valentín, *hooch* (también conocido en la cárcel como alcohol ilegal) y un beso entre dos amigas del alma. ¿Que si me sentí incómoda? De inmediato comencé a hiperventilar cuando me di cuenta de que Jackie y yo tendríamos que besarnos. Nunca había hecho una escena con besos, y mucho menos con otra chica. Y como Jackie y yo somos tan amigas fuera de la cámara, me pareció aún más raro.

Toda esa semana, practiqué mi técnica de besos en el espejo; pegaba mis labios al vidrio, cerraba los ojos y luego miraba para ver cómo se veía. ¿En una palabra? Inquietante. Me veía bizca y con los labios completamente brotados. No quería pensar siquiera cómo me verían otras personas. Cuando estás besando a alguien en la vida real, no prestas atención a cómo te ves; se supone que ni siquiera debes hacerlo. Estás inmersa en el momento. Tu cara se pone fea. Puede ser que babees, incluso. Jackie y yo no hablamos al respecto de antemano; probablemente ella se sentía igual de extraña que yo. Así que cuando llegamos al set ese día, las dos estábamos nerviosas.

—¿Estás lista? —me preguntó.

—Tanto como pueda llegar a estarlo —le dije, riendo.

Una cosa es picotear simplemente a alguien en los labios, pero hacer una sesión completa de besos es totalmente diferente. Cuando sucede esto último, te sientes cohibida. Las personas te están viendo. Te están reposicionando. Te van dando instrucciones. «¡Trata de colocarte a la izquierda, Diane!», me ordenaba el director. Al final de la escena, no me importaba si estaba besando a mi novia o a un hipopótamo. Sólo quería que la terrible experiencia terminara de una vez por todas.

Y muy pronto acabó. La Flaca (y sí, me ayudó a recordarme a mí misma que era la Flaca quien besaba a Maritza, y no Jackie a Diane) se inclinó y me plantó un beso. Las cosas se pusieron pesadas, y luego, las dos paramos y dijimos: «¡Nooo!». Después, durante el almuerzo, Jackie y yo nos reímos de lo sucedido y volvimos a ser lo que somos hasta el día de hoy: compañeras platónicas. Aunque de vez en cuando ella se pone un poco melosa y tengo que echarle agua a la cara para que me quite las manos de encima.

—Es que te mueres por mí —me dice en broma.

—Ay Dios mío, Jack, ¡supéralo! ¡Para nada! —le digo.

—¿Entonces por qué te estás poniendo roja?

—Eee, porque me estás haciendo dar vergüenza.

Nos morimos de la risa con el hecho de que yo me sienta rara cuando la gente me toca o me da un abrazo largo. Sólo tus amigos se atreven a mencionarte tus rarezas y locuras.

—No eres muy melosa, ¿no? —me dice bromeando.

¿Qué, yo? Justo en ese momento recuerdo un sinfín de momentos en los que me he puedo tiesa al encontrarme en un contexto social. Con todo gusto seré tu roca y un hombro sobre el cual llorar pero por favor no te acerques demasiado a mi cuerpo porque me pondré tiesa como una tabla. A menos que esté borracha o intentando seducirte. Sí, soy bastante básica.

Todavía estoy trabajando en ello. Mi madre dice que es porque no confío en los demás, por mi trauma de niña, bla, bla, bla.

Incluso si no estuviéramos juntas en un programa exitoso, pasaría el tiempo con Jackie. Puedo ser ridícula con ella. No hay juicios. De hecho, ella es tan tonta como yo. Hacemos muchas cosas juntas fuera del set. Hemos ido al ballet, nos gusta ensayar distintos restaurantes y, por encima de todo, somos compradoras sin remedio. Después de un día de rodaje, por ejemplo, nos vamos de compras por SoHo. Luego vamos a que nos arreglen las uñas pero no sin antes tomarnos cientos de *selfies* cortesía de la reina Cruz de los *selfies*. Yo me quejo pero tengo que decir que sin ella es probable que no tendría ninguna evidencia de mis salidas.

Con tanto estrógeno en el set de *Orange*, algunos podrían pensar que peleamos constantemente. En realidad es un ambiente de plena y libre expresión; un ambiente llevado por mujeres, para mujeres. Esta es una de las razones por las cuales aprecio tanto a Jenji Kohan y a los productores de *Orange*. Jenji no sólo ha cambiado mi vida, me ha inspirado a través de su liderazgo. El hecho de trabajar en una producción como esta me ha enseñado que no hay límites a lo que puedo hacer. Puedo ser fuerte y puedo ser mujer al mismo tiempo. Sé que suena un poco antiguo y que el movimiento de la liberación de las mujeres ya sucedió hace tiempo, pero todavía tenemos que lidiar con presiones de una sociedad que nos dicta que no somos tan fuertes o competentes como los hombres. Jenji es un recuerdo constante de que esto no es el caso. Es una guerrera que ha elegido la historia de Piper Kerman —junto con la de millones de mujeres que pasan por el sistema penitenciario— para mostrar lo poderosas que somos. Es una luz que brilla en el mar de injusticia que debemos enfrentar. El mundo necesita más mujeres como tú, Jenji, y espero convertirme en una de ellas; alguien que contribuye a que el mundo sea un lugar más justo en el que las mujeres son iguales a los hombres.

Yo diría que las actrices que aparecen en *Orange* son algunas de las mejores personas que he conocido en toda mi vida. No es raro abrir la puerta del camerino de otra actriz y escucharla gritar en el teléfono o cantar a todo pulmón. Somos personas reales, y llevamos nuestras personalidades reales al set. Estamos las unas para las otras y no sólo hablo del elenco sino de todo el equipo. Nunca he visto una producción más impecablemente manejada. Trabajamos duro y somos felices. Me siento respetada y valorada. Estar allá me recuerda mi tiempo en la Academia de Artes de Boston. No hay censura de lo que puedas decir, y sé que allí mis sentimientos están en buenas manos.

Incluso con todo el amor y la calidez que hay en el equipo, de todas formas he tenido algunos días difíciles. Por un lado, nadie en el elenco, incluyendo a Jackie, sabía lo que había pasado en mi familia. Me guardé eso para mí misma porque me avergonzaba y porque no quería pensar o hablar de ello. Pero ¿cómo puedes negarte a reconocer algo cuando todo tu entorno te lo recuerda a gritos? Con casi todos los guiones, en casi todos los rincones del set, me enfrenté a la verdad: *esta era la vida de mis padres*. Mi madre había estado con las manos esposadas; mi padre estuvo vestido una vez con un overol naranja igual a las docenas que permanecían dobladas en nuestro departamento de vestuario. Para mí y para las demás actrices en nuestro programa todo esto era fantasía, la recreación de un mundo del que poco sabíamos; para Mami y Papi, no podría haber sido más real o doloroso.

Traté de utilizar la experiencia, de recurrir a mis sentimientos puros y canalizarlos en mi interpretación de la forma en que me habían enseñado a hacerlo en Susan Batson. Algunos días eso funcionaba muy bien; otros, terminaba triste y retraída. He tenido tantas escenas en las que la Flaca y yo estamos haciendo trabajos sucios, como limpiar la cocina o trapear los pisos, que es cuando más pienso en mis padres. Mucho antes de que terminaran en la cárcel, habían pasado años haciendo los trabajos más desagradables, esos que muchas veces eran evitados por otros: labores manuales, salarios bajos, cero respeto. Deben haberse sentido completamente atrapados. Debe haber sido muy difícil para ellos mantener su dignidad cuando otros los miraban con desprecio o, peor aún, no los notaban en absoluto.

Mientras terminábamos de rodar la primera temporada, el material de la serie me pareció de repente aún más semejante a lo que sucedía en casa. Mi hermano me llamó para darme algunas noticias sobre su hija, mi sobrina Erica. Ella y yo habíamos perdido el contacto desde hacía mucho tiempo, y siempre me arrepentí profundamente de eso. Así que cuando Eric me dijo que ella había hecho malas amistades en la escuela secundaria y había terminado en la cárcel, se me partió el corazón. Unos años antes, Gloria parecía haberse dado cuenta de que Erica iba por mal camino, y había hecho todo lo posible para corregir su rumbo. Pero con mi hermano en Colombia y con las dificultades propias de criar a una hija con un solo sueldo en un barrio duro, los esfuerzos de Gloria no fueron suficientes para salvar a su amada hija.

Experimento muchas emociones cada que recibo noticias de Erica. Culpa por no haber logrado mantenerme en contacto con ella. Rabia de que se hubiera visto obligada a crecer sin la presencia edificante de mis padres y la guía de su padre. Y tristeza de que hubiera tropezado en un agujero del que no podía salir. Ahí estaba yo, viviendo el momento más feliz de mi carrera, interpretando vidas de mujeres en una prisión ficticia, y mi única sobrina, mi propia carne y sangre, estaba viviendo su punto más bajo en una prisión real. Eso, junto con todo aquello por lo que habían pasado mis padres, hizo que mi trabajo en *Orange* me dejara una sensación agridulce. La vida realmente puede imitar al arte y, a veces, lo hace terriblemente bien.

* * *

Durante mi segunda temporada en *Orange*, recibí una llamada de Josh.

—Hay otro programa para el que creo que serías perfecta —me dijo. Hice la audición y dos semanas más tarde, recibí una llamada y volé a Los Ángeles para una prueba. ¿La serie? *Jane the Virgin*, una comedia dramática transmitida por The CW. Es la historia de Jane, una virgen que es inseminada artificialmente por error y queda embarazada.

Ese viaje fue la primera vez que fui a California. Todo era tan amplio y grande. Para mí era algo increíble. No podía imaginarme a mí misma empezando de nuevo en otro lugar y siempre me dije a mí misma que si me iba a Los Ángeles sería sólo si el trabajo así lo requería. Los Ángeles es otro mundo y yo quería entrar formalmente.

La ciudad es completamente diferente de Nueva York. Pero me gustó el cambio de ritmo. Y era preciosa: la naturaleza, los atardeceres, los jugos verdes. *Yo podría sin problema vivir entre las dos costas,* pensé. *Ahora lo único que necesito es conseguir el empleo.*

El día de la audición estaba obnubilada e impresionada por todo.

¡Estaba en Los Ángeles! La canción que escuchaba en mi cabeza pasó de ser «Some People» de Gypsy a ser «Amber» de 311. Lo mismo me había sucedido la primera vez que pisé los estudios de CBS; la música pasó a ser la de *Jaws*, aterradora e imperiosa. Era la primera vez que visitaba un estudio en Hollywood y me parecía aterrador. Nunca había visto nada igual. Me sentía como un ratoncito. *¡Hollywood, baby!* ¿Y yo por qué no iba a poder? La tarde de la audición hice la prueba y esperé pacientemente a saber si me iba a ir de Los Ángeles con un nuevo trabajo o sólo una nueva experiencia, ¡o ambos! Para cuando aterricé en Nueva York, ya me había comido todas las uñas. Apenas me metí al carro, sonó mi teléfono. Era Jenni Urman, la creadora del programa.

—Nos gustaría ofrecerte el papel de Lina, la mejor amiga de Jane.

—¿Qué?

—Pensamos que serías maravillosa en ese papel.

—¿¡En serio!? —grité.

—Sí, en serio —dijo.

Y así, no más, en un lapso de diez segundos había duplicado mi número de papeles recurrentes. No, no era el personaje principal, ¡pero no estaba nada mal para ser mi primera vez en Los Ángeles! Conseguí un trabajo ¡y eso ya era enorme! No iba a dejar de trabajar duro y permitirme soñar en grande (Presione aquí para la música de E.T.). Nunca, en mis sueños más locos, me habría imaginado que yo, ese ratoncito, tenía una oportunidad como esa. Me sentía honrada y hambrienta. Es la única forma en que he aprendido a avanzar en este negocio.

Filmamos el episodio piloto y eso sí que fue una experiencia maravillosa. Fue genial poder interpretar a un personaje que fuera otro que Maritza. Tenía muchísima experiencia trabajando en un set gracias a *Orange* y aproveché ese conocimiento para sentirme más cómoda en el set de *Jane*. ¡Todavía tengo que pellizcarme con frecuencia porque estoy en dos programas increíbles! Y me encanta interpretar el personaje de Lina. Es tan viva y adorable. También me encanta cuando se me acercan chicas jóvenes para decirme que les encanta la amistad entre Lina y Jane, #bestfriendgoals. Lina adora a Jane y haría cualquier cosa para protegerla. Es una amiga leal ¡y siempre está dispuesta a hacer cualquier cosa! Y ni hablar del hecho de que siempre está intentando que Jane pierda la virginidad. Quiero decir, es la mejor amiga idea, ¿no? «Dale, Jane, hazlo ya!».

Otra cosa que me encanta de este nuevo trabajo es que he tenido el privilegio de conocer a mi gran amiga Gina Rodríguez. La gran mayoría de las escenas en las que aparezco son con Gina y ella no sólo es una gran actriz sino que es una maravillosa persona. Está llena de energía. Es inteligente y divertida. Y de verdad le importa mucho el resto del elenco y sabe cómo mantenernos unidos. Muchas veces en los días de filmación, Gina reúne a todos los actores de fondo, se pone de pie sobre un pequeño podio y les agradece por el trabajo que hacen. «Jamás habríamos podido hacer esto sin ustedes», les dice con frecuencia. «Quiero decir, ¡nos veríamos bastante estúpidas estando en un club nocturno sin nadie más a nuestro alrededor! Gracias por estar aquí». ¡Guau, qué chica! Todos tenemos algo para aprender de ella. Es difícil no apreciar y sentirse cercano a una persona tan generosa y abierta.

Y claro, es bueno llevársela bien con la gente con la que trabajas, y el resto del elenco hace que eso sea muy fácil. Son tan lindos y tan generosos como Gina. Yo no podría haber elegido a un equipo mejor. Otro aspecto que hace que este show sea tan especial es que cuenta, en su mayoría, la historia de una familia latina. Jane y su familia son venezolanos. La serie refleja mucho de lo bello que tiene mi cultura y lo que es para nosotros crecer en Estados Unidos. Muestra a una familia que se mantiene conectada a sus raíces pero que también está anclada y conectada con los valores y el estilo de vida americano. Muestra a toda una generación de familias que rara vez aparecen en televisión. ¡Eso es importantísimo! Y el hecho de que al programa le haya ido tan bien demuestra lo mucho que la gente está buscando este tipo de contenido y lo grande e importante que es nuestra comunidad en los Estados Unidos. Nuestras historias están entretejidas en la realidad de este país y es hora de que aceptemos que es parte de la norma. No hay mejor manera de celebrar quien soy y de dónde vengo. Gracias, Jennie.

Una vez *Jane* arrancó con fuerza, me tomé un fin de semana para pasar tiempo con mis chicas en Atlantic City y celebrar el cumpleaños de una de nuestras amigas. Nos quedamos en el Golden Nugget Hotel and Casino y alrededor de las diez de la noche bajamos a Haven, el club nocturno del hotel. No tenía ningún tipo de expectativa más allá de ver chicas blancas borrachas con mis amigas. Estaba bailando y haciendo algunos de mis movimientos de hombros más seductores, cuando de repente se me acercó un hombre. Era guapo, acicalado, tenía una cara escultural preciosa e iba vestido impecable. Era como si Dios hubiera pintado su cara utilizando uno de Sus pinceles más finos. Y olía como los dioses. Dios mío, qué olor tan delicioso. *¿Quién eres?* pensé.

Cuando se trata de contar la historia de cómo se conocen dos personas, todo lo que voy a contar a continuación parecerá un cliché, como escena de comedia romántica. Era como si él y yo fuésemos las únicas personas que había en el lugar. Ni una distracción, ni un ruido, sólo luz y brillo.

—Hola, te vi desde el otro lado del salón y sólo quería presentarme. Me llamo Hov. *OH, H-to-the-O-V.*

Mentira, es una broma. En realidad lo que dijo fue:

—Hola, me llamo J y encuentro que eres muy bella.

—Hola —dije yo, haciendo como si no tuviera tiempo para hablar. *Esta noche es para mis chicas, no para ti. Aunque eres muy bonito y, ay Dios, aunque hueles tan bien, ve y encuentras a otra chica para impresionar, pero a mí no.*

—¿Te puedo ofrecer algo para beber?

—No, no te preocupes ya tengo una bebida. Pero gracias por preguntar.

Y así tan fácil, cerré la puerta a la posibilidad de que nos conociéramos.

—Bueno, si cambias de parecer, allí está mi mesa —me dijo. No parecía herido en lo más mínimo. *Mmm*, pensé. *¡Es muy guaapoo!* Pero dejé de pensar en el asunto y seguí bailando.

Unos minutos más tarde y todavía un poco mareada por el encuentro que acababa de tener, regresé al pie de mis amigas. Y por alguna razón, no podía parar de sonreír. ¿Acaso era posible que este hombre me hubiera dejado encantada? ¡No! ¡Aquí soy yo quien decide cómo y cuándo suceden las cosas! Con seguridad no era más que el efecto del alcohol. Intenté no dejarme afectar por la situación pero, ay, terminé acercándome a su mesa.

—Beberé un Jameson solo —le dije. Y no volví a mirar atrás. Él tampoco sabía lo que le esperaba.

Me encantaba estar con J. Era todo un caballero pero con cierta agudeza. Tenía un acento muy Nueva York, estilo *Goodfellas*. Era así tal cual y tenía un contoneo que muchas personas envidiarían. Era muy él. Era y es una persona completamente original.

A partir de esa noche empecé a apreciar muchas más cosas que sólo el acento de J. Nunca me he sentido más apoyada, más vista y más escuchada por una persona. Somos compañeros. Es responsable y trabajador y siente curiosidad por el mundo y por las cosas que son importantes para mí. Hace todo lo posible por conectar conmigo y por entender quién soy. Es lo que me gusta llamar «fancy», lo cual quiere decir que casi siempre sabe cuál es la mejor botella de vino o a qué lugar hay que ir. No tiene ni un pelo de snob y eso es algo que me encanta de él. Es mi bebé blanquito.

La verdad es que si hubiera conocido a J sólo unos pocos años antes, probablemente no me habría sentido ni remotamente lista para estar con él. En aquellos días, yo era una chica que ansiaba a alguien, a cualquiera, para que solucionara mi vida e hiciera por mí lo que sólo yo podía hacer por mí misma. Pero en el instante en que conocí a J, mi corazón ya había pasado por un proceso de sanación. Había conocido a Lorraine, había enfrentado por fin las experiencias desgarradoras y desagradables de mi pasado, había viajado hasta Madrid para reavivar una de las relaciones más importantes que puedo tener. El día en que por fin empiezas a afrontar tu pasado es el día que dejas de arrastrarlo al presente. Todavía lo estoy intentando. Todavía me estoy enfrentando a cosas difíciles. Todavía estoy mejorando y creciendo. En J, he encontrado a un hombre que está dispuesto a emprender ese largo camino a mi lado.

* * *

Me impresiona el éxito de *Orange*. Bueno: es la serie más vista de Netflix. Las críticas elogiosas han llovido desde todos los rincones del planeta. Los espectadores envían al elenco cientos de cartas cada mes. Sólo en su primera temporada, el programa recibió doce nominaciones a los Emmy y, ¡hola!, en 2015 ganamos el premio SAG al Mejor Reparto para una Serie de Comedia. ¿Qué más puede pedir una chica?

Para empezar, arreglarme las uñas de los pies y las manos. Porque déjenme asegurarles que cuando llegó el momento de la entrega de premios, sentí un gran placer al verme emperifollada. El proceso de preparación es realmente el mejor momento, sobre todo para una chica femenina como yo. En primer lugar, tienes que escoger un vestido (escogí un Jill Stuart increíblemente rojo y brillante). Luego tienes que combinar todos tus accesorios. (Elegí unos hermosos y delicados aretes de diamantes con un detalle azul, y unas pulseras finas de diamantes). Después tienes que elegir tus zapatos. Yo siempre intento estar lo más cómoda posible pero no puedo evitar sentirme atraída por los zapatos que más duelen. Pero no importa, la belleza duele, ¿verdad? Ah, y la alfombra roja. Dios mío. El asunto en sí es tan glamoroso como se ve en la televisión, y yo debería saberlo, pues he visto casi todas las ceremonias SAG, Emmy, Golden Globe y Oscar que se han transmitido desde el comienzo de los tiempos.

Pasearse por la alfombra carmesí en los SAG es a la vez emocionante y abrumador. Los reporteros te meten sus micrófonos en la cara. Las luces brillantes y las cámaras están destellando por todo el lugar. Las principales celebridades están pavoneándose y posando. Emma Stone y Meryl Streep estaban justo delante de mí en la pasarela. Algunas de mis compañeras de reparto conocieron personalmente a Meryl en una fiesta. Saludé a Keira Knightley, pero aparte de eso, mantuve la boca cerrada. Me da muchos nervios ir a presentarme a otros actores, porque me preocupa que, después del saludo inicial, no tenga nada más que decir. Tuve el valor para acercarme a cierta actriz importante que no voy a nombrar, y, bueno... digamos que no fue muy receptiva. Me miró con cara de *¿quién eres y por qué me debería importar?* Ja ja, esos encuentros siempre me recuerdan que debo reírme y nunca ser así.

El punto culminante de la noche es, por supuesto, el espectáculo en sí. No me importa cuántos actores afirmen que es «simplemente emocionante ser nominado», lo cierto es que todo el mundo quiere ganar. Si no lo hiciéramos, no dedicaríamos decenas de horas y demasiado dinero para tratar de parecer como si acabáramos de salir sin esfuerzo de las páginas de *Vogue*. Y cuando tomas tu asiento en una de las mesas, no es que pienses «Ja, sé que estoy aquí por este premio importante, pero espero que se lo den a otra persona este año». No. Yo, por ejemplo, permanecí sentada conteniendo la respiración cuando pronunciaron la frase mágica: «Y el SAG es para... ». Es difícil describir adecuadamente ese momento en que *Orange* fue anunciado como el ganador. Surrealista es la palabra que se me viene a la mente. Tuve un miniflashback a ese momento en que, en mi último año en la Academia de Artes de Boston, la multitud aplaudió al final de mi recital. Hay una energía increíble en el aire, un hormigueo en tu cuerpo, una sensación de querer levantarte y gritar: «¡Sí!».

Mis padres estuvieron pendientes de cada minuto de esta aventura apasionada. Un día después de los SAG, Mami me llamó (habíamos estado hablando más desde mi visita) y gritó: «¡Estoy muy feliz por ti!». Había visto la transmisión desde Madrid. Papi y mi otros familiares en Colombia me enviaron textos y mensajes por WhatsApp, felicitándome por el premio y mencionando todas las revistas en las que me habían visto. Mami y Papi prestaban atención a cada detalle y casi nunca se perdían un episodio de *Orange*. ¿Se sonrojarían por el contenido picante de la serie? Tal vez un poco, pero mis padres son bastante abiertos cuando se trata de expresiones artísticas. Si alguien se sonrojaba, era yo. Sé que esto es difícil de entender, pues solía trabajar como mesera de cócteles contoneando mi brasier, pero actualmente puedo ser un poco conservadora. Creo que simplemente se debe a mi idea de lo que representa un estilo de vida sano y adecuado; en mi ojo mental, esto siempre ha implicado a una mujer rica con una camisa de cuello alto, un doble collar de perlas y grandes gafas de sol elegantes mientras se dirige a pasar el verano en Nantucket o los Hamptons. Es como, «Oh, no, no hablemos de sexo en público. No es de buena educación». Por eso también a veces me he sentido como «¡Mami, deja de ser tan bullosa! Los blancos no son tan bullosos». Lo gracioso es que yo no tenía ni idea de lo que los blancos hacían o dejaban de hacer, o, para el caso, cómo vivía alguien de puertas para adentro. Y Dios sabe que la gente bullosa viene en todos los colores. Pero en el mundo en el que yo me crié, en medio de las innumerables imágenes de los medios que vi cuando era niña, tuve esta idea loca de que ser blanca, adinerada y educada te hacía inherentemente superior. Lamentablemente, y por el contrario, me pareció que para ser yo —oscura, arruinada y escondida de las autoridades durante la mayor parte de mi infancia—, de alguna manera me hacía menos valiosa en ciertos momentos ante mis propios ojos que a los de los demás. En ambos casos, estaba totalmente equivocada.

Me siento afortunada de ser parte de una serie como *Orange*. Es entretenida, sí, pero me gustaría creer que su valor va más allá. Las historias son muy reales. Muchos espectadores me escriben y dicen: «Mi hermana está en la cárcel», o ellos mismos han pasado tiempo en prisión. Estados Unidos tiene la mayor población carcelaria de cualquier país desarrollado, con más de dos millones de personas tras las rejas, según algunos cálculos. Hay más cárceles que universidades en este país. Es un privilegio poder arrojar un poco de luz sobre un mundo en el que muchas personas de nuestro país casi nunca piensan.

También es importante para los espectadores latinos ver actores y actrices que se parezcan a ellos. Estoy orgullosa del hecho de que tanto *Jane the Virgin* como *Orange* tengan elencos que incluyen chicas morenas. No hace mucho tiempo, Jackie Cruz y yo estábamos terminando un día en el set cuando una mujer hondureña se nos acercó afuera del estudio de grabación; su hija, una chica tímida de quince años, con brackets en la boca, permanecía a su lado.

—¿Les importaría si mi hija se tomara una foto con ustedes? —preguntó.

—No hay problema —le dijo Jackie. Después de tomarnos la foto, la chica se cubrió el rostro con las manos y comenzó a llorar.

—¿Qué pasa? —le pregunté.

—Lo siento —interrumpió su madre—, simplemente está nerviosa. Ustedes son una gran inspiración para ella. Es que estamos tan orgullosas de ustedes.

Jackie y yo nos miramos como diciendo: *¿Nosotras? ¿Una inspiración?* Era otro recordatorio de que tengo una plataforma poderosa en calidad de actriz, y ya sea que me dé cuenta o no, estoy influyendo en personas que no conozco. Y eso significa que no puedo hacer o decir lo que quiera. Tengo la responsabilidad de hacer un buen uso del escenario.

Espero que *Orange* y *Jane the Virgin* sean sólo el comienzo para mí. Tengo la intención de seguir esforzándome. Quiero tomar papeles que me hagan crecer. Quiero subir todo el camino hasta la cima de este negocio, y no tengo ninguna vergüenza en hacer esto público. Algunas personas no se atreven a decir lo que desean con más fuerza. Tal vez temen parecer agresivas. O codiciosas. O desagradecidas por lo que tienen. Pero cuando guardas tus sueños, cuando los escondes bajo un cojín del sofá, nunca reciben la luz que necesitan para crecer. Creo ciegamente en ese crecimiento, que es lo que me mantiene en movimiento día a día. Yo, literalmente, no puedo esperar a ver lo que hay a la vuelta de la esquina. Imaginen de todo lo que me habría perdido si, en una azotea de Boston en una noche nevada de diciembre, hubiera tirado todo por la borda.

Con mi novio junto al mar.

CAPÍTULO 17

A la luz del día

*Estados Unidos es el tipo de lugar
donde puedes elegir tu propio camino.
Nunca debemos olvidarlo.*

—HENRY CEJUDO, luchador olímpico
estadounidense y medallista de oro,
hijo de inmigrantes mexicanos

Hay tres cosas que siempre me enloquecerán. En primer lugar, recibir flores o incluso una llamada telefónica de mi novio, J. En segundo lugar, los zapatos. No hay por qué decir más. ¿Y en tercer lugar? Recibir una invitación, como sucedió en 2014, para reunirme con el presidente de Estados Unidos. Voy a decirlo de una vez por todas: el presidente

Obama es mi chico. Ay, ya. Ustedes todas piensan que también es su chico, ¿verdad? Y es que acaso no deberíamos sentirnos así hacia nuestro presidente?

Bromas aparte, les diré cómo tuve la oportunidad de conocer al primer presidente negro de los Estados Unidos, Barack Obama (o Barry, como le decimos J y yo). En septiembre de ese año asistí a una ceremonia de premiación patrocinada por *Cosmopolitan for Latinas*. La revista estaba homenajeando a todas estas mujeres maravillosas que han hecho un trabajo comunitario increíble. Yo estaba realmente inspirada por una mujer en particular: Grisel Ruiz. Ella es una abogada del Centro de Recursos Legales para Inmigrantes (ILRC), una organización sin fines de lucro que ayuda a quienes enfrentan el riesgo de ser deportados. Mientras la escuchaba hablar con tanta pasión por su trabajo, pensé: «Guau, quiero ser como ella». Tenía muchísimas ganas de participar en esta causa, de hacer algo para ayudar a las familias inmigrantes que no tienen a nadie a quién acudir. Me encantaba el hecho de que Grisel y la ILRC estuvieran instruyendo a las personas acerca de sus opciones legales.

Pocos días después de la entrega de los premios, me acerqué a Grisel y le dije que quería involucrarme de alguna manera.

—¿Por qué no escribes un artículo de opinión? —me sugirió. El ILRC había estado presionando para que el presidente proporcionara protección legal temporal a los trabajadores indocumentados—. Compartir tu experiencia mantendrá al país centrado en el tema.

Así, por primera vez —y un poco preocupada por aquello en lo que podría acabar de meterme— escribí sobre el día en que mis padres fueron deportados. La historia fue publicada el 15 de noviembre de 2014 en el diario *Los Angeles Times*, cinco días antes del gran anuncio del presidente. Yo no sabía cuál sería la respuesta al artículo, o lo que podría suceder después. Mientras escribo estas palabras, todavía estoy asombrada por lo que sucedió.

La columna se volvió viral veinticuatro horas después de ser publicada. Miles de personas comenzaron a hablar súbitamente, a enviar trinos por Twitter, mensajes de texto, mensajes instantáneos y por Facebook acerca de mi historia. En la oficina de prensa de la ILRC, el teléfono no dejaba de sonar con peticiones de los medios después de un comunicado:

NBC, ABC, The Huffington Post, NPR. Todos los medios importantes estaban pidiendo mi opinión. ¡La mía! Más bien a regañadientes (todo esto sucedió muy rápido…), acepté una breve entrevista con Michaela Pereira, la presentadora de *New Day*, de CNN. Fui a su programa por la mañana, completamente nerviosa, pues era la primera vez que hablaba en público sobre la terrible experiencia de mi familia, sin contar una breve mención a un reportero de Fusion unos meses antes. Incluso algunas personas que conocía desde hace muchos años, como excompañeros de secundaria y de la universidad, no sabían absolutamente nada acerca de la deportación.

—Esa parece ser la peor pesadilla de cualquier niño: que le arrebaten a su familia —me dijo Michaela con compasión en su voz. Asentí con la cabeza, y luego le dije que había podido ir a visitarlos en Colombia—. ¿Cómo así? —me preguntó. Y entonces me desmoroné.

—Es duro —le dije, las lágrimas brotando antes de poder contenerlas—. Hemos estado separados durante tanto tiempo que a veces siento como si no nos conociéramos. Hay cosas de ellos que son nuevas, que no reconozco. Eso duele.

Hasta el día de hoy.

Después de esa entrevista, la historia pareció cobrar una mayor importancia. Gente que no conocía se me acercaba en la calle y me decía: «¿No eres la chica de *Orange* cuyos padres fueron deportados?». Me fruncía cada vez que oía eso, debido a que todas las dificultades de mi familia se habían reducido a una humillante frase hecha. Con el mismo fervor con que había escrito la columna de opinión, me habría gustado borrarla. «Revelé demasiado —pensé—. Fue un gran error». Había abierto las compuertas para que la gente me juzgara. Dije cosas crudas sobre mis padres. Pensaba que la gente ahora sabía todo de mí porque habían visto un artículo o un videoclip.

Y déjenme decirles: el odio llegó en abundancia. Hubo gente que me escribió cartas desagradables, diciendo que mis padres deberían haber sido enviados de vuelta a Colombia incluso varios años antes. «De hecho —escribió alguien—, deberían haberte deportado junto con ellos». No voy a repetir algunos insultos raciales que recibí. Si me hubieran criticado, por ejemplo, por mi trabajo ante las cámaras, habría pensado «Lo que sea, amigos». Había aprendido a restarle importancia cuando criticaban mi actuación, o cuando era rechazada para un papel, pero esto era diferente. No estaba acostumbrada a que otras personas atacaran a mi familia. Todavía no tenía la piel gruesa para eso. Y además, también estaba bastante segura de que mi carrera había terminado. «Nadie se volverá a meter conmigo —pensé—. Tal vez estoy siendo demasiado política. Tal vez tengo que limitarme a las artes o hablar de salvar a las ballenas». El tema de la inmigración genera mucha polarización.

El cambio llegó para mí mientras leía todas las otras cartas que recibí. Por agobiante y tóxica que pueda ser la negatividad, siempre habrá un mayor poder en lo positivo. Por cada uno de los mensajes de odio, otros tres me escribieron con historias de reconocimiento; tras escucharme hablar sobre lo que pasó con mi familia, sus miedos privados habían adquirido una voz. Una cara. Una afirmación. Por fin, alguien los entendía.

Los mensajes más desgarradores que recibí fueron de niños.

—Tengo tanto miedo de que esto me pase —me dijo un niño de nueve años—. ¿Qué pasa si pierdo a mi mamá y a mi papá? ¿Qué haré?

Una chica de dieciséis años me detuvo en el centro de Los Ángeles y me dijo:

—Mi madre y mi padre fueron deportados el año pasado. He estado sola desde entonces.

Y una mujer, aunque no había sido afectada personalmente por asuntos de inmigración, se identificó con los sentimientos de dolor y abandono que yo había descrito.

—Perdí a mis padres cuando tenía doce años —me dijo mientras contenía las lágrimas—. Sé por lo que estás pasando. Es muy difícil.

Cuanto más oía y leía, más claro se hizo que esto era algo mucho más grande que la simple tragedia de mi familia. Millones de personas vivían a escondidas, avergonzadas, como lo hice yo, por decir una palabra, acerca de su situación. Para beneficio suyo, yo necesitaba contar mi historia, y no sólo parte de ella, sino toda la verdad, por desagradable que fuera. Mientras tomaba la decisión de afrontar la situación en lugar de esconderme, recibí apoyo de tantas personas que respeto. Mis compañeros y compañeras de elenco, el equipo, mis amigos. «No sabíamos que habías pasado por algo así —me escribieron—. Eres valiente al hablar de ello».

Eso realmente me conmovió. Me recordó que, aunque es difícil dar la cara, no estaba evadiendo la situación. Cualquier causa que valga la pena asumir requiere valor. Y no puedes esperar a sentirte valiente para actuar; si lo hiciéramos, la mayoría de nosotros nunca haría nada. Tienes que dar la cara a pesar del hecho de que te sientas aterrado. Y esto me sucede con frecuencia.

Poco después de publicar mi columna, me llamaron de la Casa Blanca. Gebe Martínez una reportera de larga data y ahora el publicista de la organización Mi Familia Vota (y hoy en día mi mano derecha) me hizo llegar el mensaje de ILRC: «Al presidente Obama le gustaría invitarla a participar en su discurso sobre la reforma migratoria —me dijeron—. Se sentiría honrado de contar con su presencia». Por poco me atraganto al escucharlo, así de aturdida estaba. Qué cosa tan grande. En ese momento, me olvidé de todas las sensaciones negativas que pudiera tener y pensé: ¡voy a oír hablar a mi ídolo! El discurso histórico, que sería televisado en horario estelar, se llevaría a cabo en Del Sol High School en Las Vegas, Nevada. Volé sin la menor expectativa de encontrarme personalmente con él, pero entre ustedes y yo, recé para que sucediera.

El discurso fue tan fascinante como importante para el futuro de nuestro país. El presidente había emprendido una acción ejecutiva para extender la suspensión de deportación a millones de inmigrantes, y sentó las bases para que los indocumentados pudieran trabajar legalmente. Permanecí en la audiencia, las lágrimas amenazando con llegar hasta mi vestido blanco, mientras pensaba en mi mami y en mi papi. Pensé en todo aquello en lo que la nueva orden del presidente podría haber marcado la diferencia entre su presencia aquí conmigo y su deportación inmediata. Pensé en todos los años y sufrimientos que habían padecido, en los miles de dólares que entregaron a ese abogado y en todos los esfuerzos que hicieron para tratar de hacer lo correcto.

Después del discurso, un asesor de la Casa Blanca se acercó a mí.

—Al presidente le gustaría darte la bienvenida —me dijo. DIOS MÍO. Otras veinte personas y yo fuimos conducidas a una zona de recepción privada en la parte trasera del coliseo. Entre los invitados estaban: Wilmer Valderrama, el actor talentoso que ha sido un firme defensor de la reforma migratoria. Lo he admirado y me ha inspirado con su ejemplo, así que fue emocionante estar a su lado mientras esperábamos reunirnos con el presidente.

—¿Esta es tu primera reunión con el señor Obama? —me preguntó. Le dije que sí—. No te preocupes, será genial. Obama es *cool*.

Incluso antes de decirle una sola palabra al presidente, ¡me sentí totalmente confundida! Cuando llegó mi turno, él me miró directamente y me dijo:

—Te conozco. —Comencé a llorar—. Oh, no —dijo, dando un paso hacia mí—. No llores. —Yo estaba en shock porque el presidente de Estados Unidos, el líder del mundo libre, ¡me estaba hablando! Increíble. Me recuperé lo suficiente para darle la mano—. He escuchado tu historia y sé por qué estás aquí, y quiero que sepas que eres importante. —(O al menos así lo recuerdo). Eso me hizo llorar aún más. Mucho más.

A partir de ahí, el presidente mencionó *Orange*.

—Michelle y yo estamos impacientes por el comienzo de la nueva temporada —me dijo. *¿En serio? ¿El presidente y la primera dama en realidad ven el programa?*, pensé—. Eres combativa en esas escenas de la cocina —dijo con una sonrisa—. No intentes nada extraño aquí, ya llamé a seguridad.

Qúé divertido. Me hizo un par de preguntas acerca de la próxima temporada, y le dije:

—No, señor presidente, no le voy a dar ningún adelanto.

Un momento después, un fotógrafo nos tomó una foto oficial, que más tarde me enviaron con una nota del presidente: «Diane, fue maravilloso verte. Gracias por involucrarte. Barack Obama». *Se me quería salir el corazón*. El presidente recorrió el salón para abrazar a los asistentes, y de alguna manera, terminé cerca de él.

—¡Ah! —le dije—. ¡Otra vez estoy aquí! Lo siento, no sé qué estoy haciendo acá.

—No —respondió—, estás en tu sitio.

Y fue entonces cuando se agachó para abrazarme. Después, llamé a Mami y grité en el auricular:

—¡Acabo de conocer al presidente!

Añadiré que no suelo emocionarme cuando conozco a alguien famoso pero cuando se trata de alguien que admiro, actúo como una principiante en un concierto de NSYNC en 1999.

La foto en la que yo salía con el presidente terminó en la primera página de *El Tiempo*, el periódico más importante de Colombia. Mami y Papi no lo podían creer. El clip de CNN también se había vuelto viral, y lo habían visto varias veces. Si les digo la verdad, estaba preocupada de haber avergonzado a mis padres. Se lo dije a mi madre.

—Es tu historia —me dijo—. Cuéntala como quieras, y no tengas miedo. Utiliza aquello por lo que hemos pasado para ayudar a otros.

Papi también se estaba animando, pero fiel a su naturaleza, parecía un poco nervioso. Yo me sentía igual que él, como si nuestra peor experiencia de toda la vida pudiera resumirse en un titular de cinco palabras. Para otros, eran las «noticias». Para nosotros, era un recordatorio agónico del trauma y la separación.

—Recuerda siempre que estás a cargo de tu propia historia —me dijo Papi—. Tienes la oportunidad de decidir lo que quieres compartir. No dejes que otros te hagan decir cualquier cosa con la que te sientas incómoda.

Ese consejo me sirvió mucho. En las semanas siguientes a mi columna, cualquier persona con un bloc de notas o un micrófono parecía pensar que estaba bien interpretar a Diane Sawyer y hacerme las preguntas más íntimas e inquisitivas que estoy segura que la harían retorcerse si estuviera en mi posición. Gran parte del tiempo, no sabía qué decir, y por eso parecía ser cortante y estar un poco molesta. Pero después de tener esa conversación con Papi, tracé mi línea en la arena. Esta es mi historia. Es mía. Así que si no tenía ganas de hablar de ello durante una entrevista en particular, lo decía de antemano. Quiero divulgar mi vida, pero a mi manera, a mi tiempo y con el contexto completo de todo aquello por lo que pasamos. Esa es una razón por la que decidí escribir este libro.

Consignar por escrito mi calvario ha sido desgarrador. Me he sentido vulnerable en cada paso. He tenido que mirar hacia atrás, a aquellos momentos que prefiero olvidar. He tenido que examinar mis elecciones, mis motivaciones y mis pasos en falso, y los de mis seres queridos. Este proceso ha sido como terapia a la décima potencia, y aunque, sí, he encontrado por fin un poco de sanación y alivio al abrirme, la ruta a ese punto ha sido un camino árduo. De hecho, poco faltó para que llamara a mi editor y le dijera: «Olvidémonos de esto. No estoy lista». ¿Qué me hizo seguir adelante? Los apasionados correos electrónicos que todavía recibo por docenas. Los esposos y esposas que, en este mismo instante, se ven obligados a vivir separados el uno del otro. El entendimiento de que, mañana y el día siguiente y el otro después de ese, un niño llegará a casa para encontrarla vacía. He escrito el libro que me gustaría haber podido leer cuando era niña, y espero que, en estas páginas, otros encuentren el consuelo que una vez anhelé con todas mis fuerzas.

* * *

Mi madre está de regreso en Colombia, al menos por ahora, para poder estar más cerca de mi hermano. No sé qué le deparará el futuro, pero tiene la opción de volver a Europa. Cuando dejó Madrid, le di mi palabra en algo.

—No me voy a olvidar de ti —le dije.

Estoy agradecida de que mi hermano se haya recuperado. Por fin acudió a un consejero y no sólo se siente mucho mejor, sino que está trabajando a tiempo completo como profesor. Estoy orgullosa de Eric. En nuestra cultura, no es fácil hablar acerca de la salud mental y mucho menos tener la valentía de pedir ayuda. Ojalá viviéramos en un mundo donde más personas lo hicieran, y me gustaría que un mayor número de personas los apoyáramos, en lugar de juzgar a quienes buscan ayuda.

Durante la Navidad de 2014 viajé a ver a mis padres en compañía de J. Yo estaba un poco nerviosa de que fuera conmigo; nunca había presentado a mis padres a ninguno de los hombres con los que estaba saliendo. Pero me pareció que sería buena idea. Pronto me di cuenta de que no tenía ninguna razón para ser aprensiva, porque J encantó a mis padres. Mami se quedó prendada de sus ojos y de su cara tan dulce, de su actitud tranquila y de lo amable que era conmigo. Papi apreció su ética de trabajo.

—Es un joven serio —me dijo—. Es disciplinado.

Se había dado cuenta de que J generalmente se acostaba y se levantaba temprano; trabajaba en su negocio en las mañanas para poder relajarse conmigo y mi familia en las tardes y en las noches. Mis padres querían tanto a J que, un par de veces en las que no me porté muy bien con él, me regañaron.

—Háblale bien —me dijo Mami. He estado lejos de mis padres durante más de una década, pero una cosa no ha cambiado: no dudan en decirme cuando estoy siendo desagradable.

J y yo hicimos un viaje a Armenia y sus alrededores, la región de Colombia donde se cultiva uno de los mejores cafés de exportación. Papi vino con nosotros. J, quien cada vez se ha involucrado más en consolidar los negocios de su familia, estaba particularmente interesado en visitar la región. Nos enamoramos de Armenia. Los paisajes son magníficos y los cultivos de café se extienden hasta donde alcanza la vista, con colinas y montañas impresionantes como telón de fondo. Y, por supuesto, hay una hermosa cultura cafetera. En esta ciudad y en los pueblos de los alrededores, los lugareños frecuentan los cafés al aire libre y disfrutan de las mejores bebidas del país.

La visita me dio la oportunidad de relacionarme con mi padre. Papi y Diane, ¡juntos de nuevo! Éramos como uña y mugre. Aunque yo había visitado a Mami en Madrid poco antes, no había visto a mi padre desde aquella Navidad en la universidad cuando fui a Colombia. No hicimos nada del otro mundo, pero el simple hecho de pasar tiempo con él me pareció especial. Me hizo recordar aquellos tiempos, años antes, cuando mi padre me llevaba a la playa o al carnaval. Y fue genial ver cómo él y J se fueron conociendo. Durante muchos años mi padre se había sentido un poco deprimido a causa de la forma en que salieron las cosas; pero mientras él y J hablaban y compartían historias al calor de una taza de café, parecía más como la persona que había sido anteriormente: abierto, divertido y cálido, tal como lo recordaba de nuestros días en Boston. Y a pesar de que probablemente es un poco tímido, en realidad conversó bastante con J. Una buena señal.

Una tarde, cuando Papi y yo caminábamos solos por el campo, entablé una conversación con él.

—Papi —le pregunté—, si pudieras volver a Estados Unidos, ¿qué harías?

El año anterior, había estado insistiendo como nunca antes en la posibilidad de regresar a Estados Unidos. Tenía curiosidad de saber qué tipo de vida se imaginaba él allá.

Se detuvo por un momento, pasó su mano por la frente y miró la vegetación exuberante.

—Haría cualquier cosa —dijo—. Cualquier trabajo estaría bien.

—¿Cualquier cosa? —insistí.

—Sí —dijo—. Tal vez podría encontrar otro trabajo en una fábrica. Realmente no me importa.

—¿Qué quieres decir con que no te importa?

Se dio vuelta y me miró directamente, sin inmutarse.

—Es sólo que no quiero perderme ninguna otra cosa de tu vida —me dijo—. Sólo quiero ir para estar cerca de ti. Ya hemos estado lejos demasiado tiempo el uno del otro. —Me acerqué y lo abracé, y mientras lo hacía, él se inclinó y me dio un beso en la frente—. Te amo, chibola. Siempre lo haré.

Voy a ser honesta: hasta entonces, me había sentido molesta por la insistencia de mi padre en regresar a Estados Unidos, parecía obsesionado. Lo mencionaba casi cada vez que hablábamos. «¿Cuándo vas a empezar a tramitar los papeles?», me insistía. Yo quería decirle: «Mira, tienes que hacer lo mejor de tu vida en Colombia». Pero en ese momento, mientras estábamos en el campo, comprendí, lo entendí: mi papá no estaba buscando llevar una vida grandiosa. Simplemente quería estar cerca de su única hija. E incluso aunque ya tenía alrededor de sesenta años, una época en la que muchos hombres se están jubilando, él estaba dispuesto a aceptar un trabajo humilde sólo para poder estar cerca de mí. Esa tarde tomé una decisión, tranquila. Haría todo lo posible para traer a mi papi de regreso a Estados Unidos.

Haré lo mismo por Mami. Actualmente, ella y yo hablamos al menos un par de veces por semana, lo cual es un gran cambio después de siete años de silencio. Mi madre es muy linda: cada mañana me manda mi horóscopo del signo cáncer en WhatsApp. O me envía una foto, una cita inspiradora y cualquiera de los artículos en los que aparezco. Si pasan unos días y no sabe nada de mí, siento el pánico en ella. «Diane, ¿dónde estás? —me escribe—. ¿Podrías responderme?». Me duele sentir su desesperación. Me hace ser consciente de todas las maneras en que la he excluido, en todos los años que hemos perdido. Sueño con recuperar algunos de esos momentos compartiendo las cosas más simples con ella. ¿Cómo sería poder ir a HomeGoods y escoger un espejo o una silla? ¿Cómo sería poder decir: «Oye, Mami, cómo se vería esto en la sala?». Esas son las pequeñas cosas que echo de menos. Y cuando piensas en ello, no son cosas pequeñas en absoluto. Son las experiencias que, sumando cada pequeño momento, conforman una vida.

Han pasado más de catorce años desde que Mami y Papi fueron deportados, y de cierta manera los necesito más ahora que antes. Todos los días tengo nuevas preguntas sobre el rumbo que debería tomar, tanto en mi carrera como en mi vida personal. Anhelo su orientación. Me dan algunos consejos por teléfono, pero no es lo mismo que tenerlos a mi lado. Y debido a que están en un país donde la vida del día a día es tan ardua, a menudo se distraen con los fundamentos de la supervivencia.

Está claro que mis padres nunca volverán a estar juntos. Esa es una pena con la que voy a tener que vivir. Y sin embargo, mantengo viva una fantasía. Me imagino que el día en que pueda traer a Mami y a Papi de nuevo a Estados Unidos, les compraré un dúplex cerca de mí, uno vivirá arriba y otro abajo. Ni siquiera tendrían que verse mucho, y, sin embargo, estarían a un par de millas de mi casa. Podrían venir a cenar, o yo podría estar en la cocina de Mami y disfrutar de sus guisos caseros. Cada uno tendría una copia de la llave de mi casa, por lo que yo podría llamarlos y decir: «Oye, se me olvidó que el plomero vendrá hoy. ¿Puedes venir para dejarlo entrar?». Hablando del futuro, si tengo suerte de tener mis propios hijos, me imagino a mis padres cargando a sus nietos en sus regazos, meciéndolos, balanceándolos y cantándoles para que se duerman, así como una vez lo hicieron conmigo.

Me gustaría poder decir que mi historia tiene un final perfecto; pero eso sólo existe en los mundos de fantasía de mi infancia. Incluso en el mejor de los casos, la vida es una mezcla de decepciones y triunfos, de angustias y alegrías. La vida te da todo lo anterior, y no podemos escoger qué cantidad recibiremos de cada cosa, o en qué orden aparecerá. Pero nosotros elegimos cómo vivir nuestros días: si nos acobardamos debajo de las cobijas todas las mañanas o si nos levantamos para asumir los retos. Dios sabe que he hecho ambas cosas. Y ahora que estoy de este lado, les recomendaría esto último.

Tengo mucha gratitud por lo que he recibido. Todavía estoy respirando, sigo viva y coleando, y considero un milagro querer estar en este mundo. Ahora tengo a J en mi vida. Tengo una carrera increíble, que sigue sorprendiéndome con todas sus vueltas y revueltas. Casi todos los días tengo una experiencia, ya sea pequeña o enorme, que me recuerda que algo grande está obrando, que Dios no me ha dado la espalda. Y aunque no tengo a mis padres en Estados Unidos, todavía los tengo en este mundo y en mi corazón. Sería muy fácil para mí pensar demasiado en su ausencia, y durante años lo hice. Tengo días malos, incluso ahora. Sin embargo poco a poco, estoy aprendiendo a apreciar los momentos que tengo con mi familia, aunque nos separe un océano. Sueño con el día en que podamos reunirnos en este país, y creo que lo haremos. Hasta que eso ocurra, me aferraré a esa esperanza.

Diane — It was wonderful to see you! Thanks for getting involved.

Yo con POTUS.

Llamado a la acción

*Una vida no vivida para los demás
no es una vida.*

—MADRE TERESA, misionera católica

En la tarde en que me metí debajo de la cama de mis padres, aterrada y temblando, nuestro gobierno me había ignorado por completo. Todavía me resulta sorprendente que, desde ese lugar en las sombras, la vida me haya llevado al set de una serie de Netflix aclamada por la crítica, a la alfombra roja de los premios SAG y a una reunión con el presidente de Estados Unidos. A lo largo de ese camino, pasé mucho tiempo tratando de comprender por qué he pasado por todo esto y cuál es mi misión aquí. Me di cuenta, después de indagar durante años, que una respuesta me había estado mirando a la cara. Soy la chica a quien sus padres le fueron arrebatados. También soy la chica que está aquí para asegurarse de que ninguna otra familia tenga que padecer ese infierno.

Nuestro sistema de inmigración es especialmente perjudicial para los niños. El Departamento de Seguridad Nacional informa que sólo en 2013, más de setenta mil padres de niños nacidos en Estados Unidos fueron deportados. Los niños que tienen al menos un inmigrante indocumentado como padre representan alrededor del siete por ciento de los estudiantes K–12, y la gran mayoría de ellos son ciudadanos de nacimiento de acuerdo con el Centro de Investigaciones Pew. En un día cualquiera, y sin previo aviso, estos niños y niñas pueden volver a casa para descubrir que han quedado huérfanos de repente. Yo tenía catorce años cuando eso me pasó. ¿Se imaginan la sensación tan desgarradora para un niño de cinco o de ocho años? Puedo imaginarlo. Cualquiera que sea nuestra opinión en lo referente a la inmigración, no hay excusa para que nuestro gobierno abandone a sus hijos. A ninguno.

Aquellos cuyos padres son arrebatados con frecuencia terminan en hogares de acogida, y pasan de familia en familia, todo esto mientras padecen de trastorno de estrés postraumático y depresión clínica grave; como no tienen el consentimiento de sus padres biológicos, podrían ser adoptados por personas que pueden maltratarlos aún más. Los que se quedan bajo el cuidado de un segundo padre o pariente a menudo se ven obligados a recibir asistencia pública, sobre todo cuando la persona deportada había sido el principal sostén de la familia. ¿Y qué pasa con los que, como yo, no son contactados en absoluto por el ICE o por los servicios de protección infantil? Algunos quedan sin hogar, o tienen que suplicar a sus amigos para que los dejen vivir en sus casas, como lo hice yo. Todos estos niños son susceptibles de caer en las redes de traficantes sexuales, de traficantes de drogas y de líderes de pandillas. La falta de una debida diligencia por parte de nuestro gobierno deja repetidamente a nuestros ciudadanos más jóvenes en el aire y sin una red de seguridad. Cuando los funcionarios de inmigración arrestan a una empleada doméstica o a un trabajador sin comprobar si un niño quedará abandonado, las familias y las comunidades se vuelven inestables. Esa inestabilidad nos afecta tanto directa como indirectamente y en docenas de formas, a mí y a cada persona que vive en Estados Unidos.

La primera vez que expresé públicamente que me había quedado sola, muchos me expresaron su simpatía, pero otros me sugirieron que reservara un vuelo de ida a Colombia si quería estar con mis padres; ellos por supuesto que habrían querido quedarse conmigo aquí. Sin embargo, en mi propia familia y en las familias de decenas de personas, la solución es mucho más complicada que el simple hecho decidir quién se queda y quién se va. Por un lado, mi condición de ciudadana estadounidense —y mi capacidad para ganar un salario digno, algo que mi mami y papi no pueden hacer—, me permite cubrir sus gastos básicos. Y en segundo lugar, este país, fundado por quienes buscaban el mismo refugio que mis padres vinieron buscando aquí, es mi hogar. Es la única nación en la que he vivido o que he conocido. Para miles de padres, llevar a sus hijos de vuelta a sus países de origen significaría ponerlos en situaciones graves, potencialmente mortales; esa es por lo general la razón por la que estos padres y madres han escapado de allí en primer lugar. En Honduras, que según la ONU tiene la tasa de homicidios más alta del mundo (seguido de Venezuela, Belice, El Salvador y Guatemala), la violencia se ha extendido tanto que los lugareños viven con terror de que sus pequeños sean secuestrados o asesinados. Y tienen una buena razón para tener miedo, según informó el diario *Los Angeles Times* en 2014. Horas después de que un adolescente bajara de su vuelo en San Pedro Sula, Honduras, luego de ser deportado, fue salvajemente asesinado a tiros por miembros de pandillas.

Los niños que permanecen en Estados Unidos no tienen más remedio que encontrar su propio camino. Después de que mis padres fueron detenidos, yo no tenía conocimiento de ninguna línea telefónica a la cual llamar. No sabía nada de mis derechos como ciudadana. Y aparte de eso, había pasado mi infancia escondida, sabiendo que no debía mencionar nunca el estatus legal de mis padres. Aunque existían recursos, yo no era consciente de ellos, e incluso si lo hubiera sido, tomar una mano amiga habría significado la superación de un miedo enorme. Me habían enseñado a no confiar en nadie.

Ese miedo sigue vigente para un sinnúmero de niños. Es lo que inicialmente me llevó a asociarme con el Centro de Recursos Legales para Inmigrantes (ilrc.org). Antes, cuando mis padres estaban tratando de ser ciudadanos, nunca les dijeron que a pesar de su estatus migratorio, tenían derechos básicos (en las cárceles, los agentes que llevan a cabo entrevistas con los detenidos no tienen que identificarse como funcionarios del ICE, y muchos de los encarcelados, como mis padres, no saben que tienen derecho a permanecer en silencio). Las acciones de Mami y de Papi se basaron en gran medida en el miedo y en los rumores. Contactarse con un grupo de defensa habría hecho una gran diferencia para mis padres. De hecho, si hubieran sido guiados correctamente, todavía podrían estar aquí conmigo.

* * *

Los trabajadores indocumentados contribuyen con millones de dólares a la alcancía de Estados Unidos. La economía de nuestro país depende en gran medida de su fuerza de trabajo. «Los inmigrantes quitan empleos a los estadounidenses —se ha dicho—. Son una carga financiera». Justamente lo contrario es cierto. Los trabajadores indocumentados contribuyen mucho más allá de lo que podrían recuperar. ¿Cómo así? Para empezar, compran regularmente mercancías y servicios, y, al hacerlo, contribuyen con el impuesto al consumo. También pagan al Seguro Social y a Medicare (a través de los números de Seguro Social inválidos y de los números de identificación de contribuyente, el último de los cuales se puede obtener sin importar tu estatus legal). El dinero que estos trabajadores no pueden recuperar es transferido a los ciudadanos. Stephen Goss, director actuario de la Administración del Seguro Social (SSA), ha informado que los trabajadores indocumentados contribuyen con casi quince mil millones de dólares al año para la Seguridad Social. Sin estos depósitos, estima Goss, tendríamos un déficit diez por ciento mayor en nuestro financiamiento para este programa. Está en nuestro mejor interés financiero dar a los inmigrantes un camino a la ciudadanía. Sin su trabajo, nuestro tren económico se frenaría en seco.

Quienes huyen a Estados Unidos aceptan habitualmente los trabajos más agotadores como encargados de limpieza, pintores de brocha gorda y, por supuesto, como agricultores. Nuestra nación no sólo gana con la mano de obra barata de los trabajadores agrícolas, sufriría absolutamente sin ella. «Si deportáramos un número considerable de trabajadores agrícolas indocumentados —declaró en alguna ocasión el economista laboral James S. Holt al Congreso—, habría una tremenda escasez de mano de obra». Esto se debe a que más de la mitad de los dos millones y medio de agricultores de Estados Unidos son indocumentados, y algunos recogen uvas, arándanos y manzanas por sólo cuatro dólares la hora; sus ingresos miserables son los que mantienen bajos los precios de los alimentos. Ellos están haciendo, literalmente, el trabajo sucio de Estados Unidos mientras viven muy por debajo de la línea de pobreza. Es por eso que muchos tienen que conseguir dos o tres empleos para ganarse la vida. Eso es lo que mis padres tuvieron que hacer.

La explotación de estos trabajadores es rampante. Las condiciones de la fábrica en que trabajaba mi padre eran deplorables y sus supervisores eran abusivos. Su jefe lo humillaba y amenazaba. En las semanas cuando le pagaban a tiempo, él se consideraba afortunado, y en algunas ocasiones, su salario era retenido por completo. Muchos propietarios de negocios, especialmente aquellos que emplean a trabajadores poco cualificados, saben que no tendrán que rendir cuentas por sus abusos. Ellos tienen el poder impune de infligir crueldades a los desposeídos, quienes a menudo no hablan inglés y están aterrorizados de ser deportados. En el peor de los casos, la explotación es cruel y francamente vergonzosa.

El maltrato ha sido ampliamente documentado en la prensa. Como parte de una serie de 2015 titulada «Sin barniz», el *New York Times* develó el abuso de las manicuristas, muchas de las cuales son inmigrantes indocumentadas. Al entrevistar a ciento cincuenta trabajadoras y propietarios de salones de uñas, los reporteros del diario encontraron que un número abrumador de empleadas recibía pagos por debajo del salario mínimo; y a muchas no les pagaban en absoluto. Las humillaciones eran constantes:

las propinas de las manicuristas eran confiscadas por los errores más ínfimos. Las regañaban y maldecían. Y los propietarios controlaban en secreto todos sus movimientos.

En un salón del elegante Upper West Side de Manhattan, el *Times* descubrió que a las trabajadoras les pagaban sólo diez dólares al día, mientras masajeaban las manos de las personas más acaudaladas de la ciudad. En un salón en East Northport, Nueva York, las manicuristas presentaron una demanda alegando que les habían pagado un dólar y medio por hora en una semana de trabajo de sesenta y seis horas. En una cadena de salones de Long Island, las trabajadoras dijeron que eran despedidas cuando cometían errores. Y no estoy hablando de los peligros para la salud: algunos de los productos químicos y los gases que se encuentran en los productos para uñas (inhalados a diario por estas trabajadoras) se han relacionado con el desarrollo de cáncer, defectos de nacimiento y abortos involuntarios. Este problema es mucho más grave que el hecho de que un jefe gruñón te abra los ojos de vez en cuando. Es un maltrato bárbaro y prevalente que pone en peligro las vidas de las personas. Y no debería ser tolerado por nadie que tenga conciencia.

El diario *Los Angeles Times* llamó la atención sobre la difícil situación de Josué Melquisedec Díaz, un trabajador contratado ilegalmente después del huracán Gustav. Díaz y otros once trabajadores fueron llevados a limpiar una comunidad devastada por las inundaciones, informó el periódico en 2011; mientras que a los trabajadores estadounidenses les suministraron guantes, máscaras y botas para protegerse contra las infecciones, el grupo de Díaz no recibió nada. «Nos hicieron trabajar a mano limpia, recogiendo animales muertos —declaró a *Los Angeles Times*—. Trabajábamos en aguas contaminadas». Más tarde, Díaz dijo a al Congreso que él y otros habían pedido equipos de seguridad. En respuesta, el supervisor redujo su salario a la mitad, momento en el que se declararon en huelga. La policía y funcionarios de inmigración llegaron para enviar a Díaz y sus colegas a la cárcel, y más tarde fueron trasladados al centro de detención federal de inmigración.

¿Las leyes de nuestro país protegen a los trabajadores de la construcción como Díaz? Sí, pero esas leyes no tienen sentido porque los empleadores saben que pueden ignorarlas. Es muy poco probable que un trabajador indocumentado se defienda como lo hizo Díaz. Los empleadores saben que pueden poner en peligro la vida y la salud de sus empleados sin sufrir consecuencias, y por eso lo hacen.

El abuso de los detenidos es igual de inhumano. Cuando mis padres fueron detenidos y llevados a los centros de detención, no tuvieron la oportunidad de contar con una audiencia imparcial y con un buen abogado, ya que, por supuesto, no tenían suficiente dinero para contratar uno. Todos los días, al menos treinta y cuatro mil inmigrantes —esa es la cuota mínima de detenidos que deben mantenerse bajo custodia en todo momento, según lo dispuesto por el Congreso—, se ven obligados a luchar por sus casos mientras permanecen aislados y encarcelados. ¿Protecciones del debido proceso para estos reclusos? Olvídenlo. En el sistema de justicia penal, a las personas le asignan un abogado de oficio si no pueden pagar otro, pero ese mismo derecho no existe en el proceso de deportación. Según el ILRC, ochenta y cuatro por ciento de los detenidos no cuenta con representación jurídica alguna, como fue el caso de mi madre y mi padre. Miles de personas pueden calificar para permanecer aquí legalmente, pero son deportadas porque no logran obtener una representación legal. Un número desproporcionado de detenidos y presos son morenos o negros, lo cual no es una coincidencia. Nuestro sistema de inmigración, al igual que el sistema de justicia penal, se dirige habitualmente a la gente de color a través de la acción policial, discriminación racial y un encarcelamiento desproporcionado de miembros de ese sector de la población.

La deportación puede ser un castigo doble. Alguien que ha sido previamente condenado por un delito y que ya ha pagado su deuda con la sociedad, puede ser sin embargo transferido al ICE y deportado. Si, por ejemplo, un trabajador indocumentado es detenido por la policía por una violación de tráfico, el conductor estaría obligado a pagar las multas respectivas, y luego sería entregado para su deportación y destierro permanente de Estados Unidos; muchas veces, esa persona es repatriada a un país violento, donde su vida está en peligro. E incluso si alguien es arrestado y detenido por errores que ocurrieron décadas antes —y aunque se haya rehabilitado totalmente—, eso no cuenta en las cortes de inmigración.

Mi trabajo en *Orange* me ha enseñado lo siguiente: los seres humanos no somos categóricamente malos debido a nuestros errores. Podemos aprender de ellos y encarrilarnos de nuevo. Nadie debería ser castigado para siempre a causa de una parte de su historia. Nadie debería estar tampoco en una cárcel simplemente por razones monetarias. Los residentes permanentes legales con vínculos familiares de larga data, los sobrevivientes de torturas y las víctimas de la trata de personas se encuentran detenidos durante meses o incluso años, empeorando así los problemas de salud mental asociados con sus traumas del pasado. La industria de las prisiones es una operación multimillonaria en la que las corporaciones ganan dinero literalmente a costa de los sectores más pobres de la sociedad. Y eso es completamente negativo.

Mis padres hicieron todo lo que estuvo a su alcance para trabajar aquí legalmente. Lo hicieron utilizando el único sistema de inmigración disponible para ellos: el nuestro, que es disfuncional y anticuado. Existen muy pocas opciones para que la gente venga a Estados Unidos legalmente y muchos no tienen opciones para su legalización. Más bien, ninguna. A menudo reciben la orden de «moverse a la parte de atrás de la fila». Vamos a dejar una cosa en claro: no hay ninguna parte de atrás de la fila. De hecho, no hay fila. Estamos mucho más allá de los años en que los recién llegados hacían cola en Ellis Island para someterse a pruebas para su elegibilidad y posible entrada. E incluso si existiera dicha fila, se extendería de costa a costa y de regreso; cualquier persona en esa fila podría esperar décadas para llegar a la parte delantera.

Si, por ejemplo, un ciudadano estadounidense presenta la documentación necesaria para patrocinar a su hermano mexicano, la espera para procesar esa solicitud sería probablemente de veinte años o más. Y los que están aquí con un niño ciudadano o cónyuge que pueden patrocinarlo no están en mejor situación. Una serie de restricciones obliga a casi todas las personas que están en Estados Unidos a esperar diez años *fuera del país* antes de que la solicitud de la tarjeta de residencia pueda ser presentada y considerada. Eso es tan irracional y absurdo como si alguien sugiriera que arrestáramos a todos los trabajadores indocumentados y los enviáramos de vuelta a sus respectivos países. En términos logísticos,

¿cómo haces para localizar, detener y deportar a once millones de personas, y quién demonios pagará por ello?

El Foro Estadounidense, un instituto de política de centro-derecha, hizo cálculos sobre el costo potencial de una deportación masiva. Su investigación muestra que tendríamos que gastar entre cuatrocientos mil y seiscientos mil millones de dólares, y con ese golpe a nuestra fuerza laboral, el PIB real de la nación se desplomaría en más de un billón y medio de dólares. Eso es exageradamente caro, por no hablar de poco práctico y dispendioso en términos de tiempo. (El Foro Estadounidense estima que el proceso de deportación, si es que puede implementarse, podría tardar hasta dos décadas). Cuando estamos tratando de encontrar soluciones, debemos vivir en la realidad. Y debemos hacer lo que sea más inteligente, como por ejemplo implementar reformas para que nuestra economía progrese en lugar de fallar.

Otra idea que se comenta mucho: la construcción de una pared o valla a lo largo de las fronteras de Estados Unidos. Les digo de una vez que no funcionará. Casi la mitad de las personas que se instalan en este país llegan en aviones y se quedan cuando sus visas expiran. Mis padres no tuvieron que saltar ningún muro o valla. Una barrera física de mil novecientas cincuenta y cuatro millas entre Estados Unidos y México no habría impedido que mis padres colombianos la cruzaran. Y los obstáculos para iniciar incluso un proyecto de este tipo son numerosos: los ganaderos que viven a lo largo de la frontera lucharán para mantener sus tierras; el muro tendría que atravesar reservas indígenas, y la topografía —por ejemplo las del desierto de Arizona y las montañas de Nuevo México, por no hablar de los lagos y ríos a lo largo de la frontera— harían que la construcción de un muro fuera un gran desafío, si no imposible.

Y así se construyera un muro, no sería una panacea. Porque cuando un ser humano se enfrenta a una hambruna o a una violencia inimaginable, hará casi cualquier cosa para sobrevivir, incluyendo escalar un muro o cruzar un océano, como hemos sido testigos con la multitud de refugiados sirios que escapan a Europa. Si un muro es lo único que se interpone entre una muerte casi segura y la posibilidad de vida, ustedes y yo lo arriesgaríamos todo para pasar por encima de él, porque el riesgo de quedarse atrás es mucho mayor que el temor de ser descubierto. «Muéstrame un muro de cincuenta pies —dijo una vez Janet Napolitano, la exsecretaria de Seguridad Interior— y te mostraré una escalera de cincuenta y un pies». El Muro de Berlín debería servir como prueba para toda la humanidad de que los muros no funcionan. Por el contrario, construir puentes que fomenten la comunicación entre los países es algo que sí funciona.

«Las personas que entran a Estados Unidos sin papeles están violando las leyes —argumentan algunos—. No es justo». Tampoco era «justo» que nuestros antepasados despojaran de sus tierras a los indígenas norteamericanos, pero no oigo a muchas personas quejarse de los beneficios que disfrutamos por haberlo hecho. Tampoco era justo que nuestros antepasados importaran esclavos para trabajar en sus cultivos de algodón; propietarios de plantaciones que forjaron la riqueza de esta nación degradando a los negros, un grupo que una vez el Congreso declaró que tenía sólo tres quintas partes de seres humanos. La justicia rara vez ha sido la brújula principal de este país en la determinación de la mejor acción a tomar. Así que en vez de discutir sobre si los inmigrantes deben estar aquí, debemos centrarnos en la creación de un plan que realmente nos lleve hacia adelante; es decir, una reforma migratoria integral.

El Senado pasó una ley de inmigración de sentido común pero la Cámara de representantes, bajo el liderazgo de anti inmigrantes, bloqueó la reforma migratoria. El hecho de que el Congreso abdicara su deber llevó al presidente Obama a usar su autoridad ejecutiva en noviembre 2014, la semana en que lo conocí por primera vez. Obama extendió una línea de vida mediante la ampliación de la DAPA (Acción Diferida para los Padres de Estadounidenses y Residentes Legales Permanentes) y DACA (Acción Diferida para Llegadas de Infantes). Para cualquier persona que se sienta perdida en esta sopa de letras de acrónimos, esto es lo mínimo que debe saber: la acción ejecutiva del presidente proporcionó alivio para un máximo de cinco millones de miembros indocumentados de la comunidad. (Al momento de escribir estas líneas, esos beneficios están pendientes de una revisión por parte de la Corte Suprema). Era un paso en la dirección correcta. Nuestro futuro depende de elegir líderes que mantengan este tema en primer plano, porque no nos engañemos: no tienes que ser el pariente, el amigo, o el empleador de un trabajador indocumentado para verte afectado económicamente. Todos y cada uno de nosotros nos veremos afectados, simplemente porque vivimos aquí.

Si estás a favor de un sistema de inmigración razonable que dé a la gente la oportunidad de trabajar aquí legalmente, tienes compañía. Gallup informa que al ochenta y siete por ciento de nosotros le gustaría ofrecer un camino a la ciudadanía a los inmigrantes indocumentados, muchos de los cuales han estado pagando impuestos durante años. Y, de acuerdo con una encuesta de Gallup, el apoyo general de los estadounidenses a la inmigración va en aumento, con setenta y cinco por ciento de los ciudadanos estadounidenses que ven el traslado de otros a nuestra nación como positivo. Mark Zuckerberg, el fundador y CEO Facebook, está de acuerdo. Ha dicho que la reforma de inmigración es «el tema de derechos civiles de mayor relevancia de nuestro tiempo», y está hablando en nombre de aquellos que no tienen poder.

Necesitamos tu voz también. Hay una acción simple, pero potente, que cada estadounidense puede llevar a cabo: votar. Muchas personas sacrificaron sus vidas para darnos ese privilegio, y debemos utilizarlo en toda su extensión. Si te sientes tan horrorizado como yo por algunas de las ideas propuestas por los candidatos presidenciales a las elecciones de 2016 —ideas como la modificación de la Constitución para negar la ciudadanía por nacimiento—, puedes hacer algo más que sentarte y debatir al respecto. En realidad, puedes ir a tu centro de votación el 8 de noviembre de 2016, y también puedes instar a tus amigos y familiares para que voten. Me identifico con la actriz América Ferrera, quien escribió una carta abierta a Donald Trump, publicada en *The Huffington Post*: «Gracias por recordarnos que no debemos permanecer resignados en casa el día de las elecciones, sino que más bien debemos acudir a las urnas y proclamar que no hay lugar para su tipo de politiquería racial en nuestro gobierno... Gracias por enviar el grito de guerra». Amén. Tanto en las elecciones presidenciales de 2016 como en todas las que sigan, vamos a asegurarnos de que nuestras opiniones sean contadas.

Votar es el primer paso, pero no es el único que puedes dar. Podemos mantener la presión sobre el Congreso para hacer lo correcto y aprobar un proyecto de ley de reforma migratoria integral; hasta que esté completa, nuestros esfuerzos deben continuar. No tienes que ser un pez gordo de la política para involucrarte. Puedes llamar y escribir a tus funcionarios electos. Y sí, tu opinión importa. «Nunca dudes de que un grupo de ciudadanos reflexivos y comprometidos puede cambiar el mundo —dijo alguna vez la antropóloga cultural Margaret Mead—. De hecho, es lo único que lo ha logrado». Estoy luchando por la medida de alivio más amplia posible, que otorgaría a millones de personas el derecho a residir aquí legalmente, seguir contribuyendo al bienestar económico de nuestro país y mantener a sus familias intactas. Ni una madre y ni un padre deben ser separados de sus seres queridos, ni un solo niño debería estar temblando debajo de una cama.

* * *

Mi historia representa todo lo que se debe celebrar acerca de Estados Unidos. Sólo aquí podría la hija de unos inmigrantes crecer para tener éxito en el mundo competitivo y emocionante de la actuación. Y sólo aquí podría una chica como yo ser invitada a conversar con el presidente. Siempre apreciaré esas oportunidades.

Y, sin embargo, mi experiencia en este país también refleja una realidad que todavía me cuesta enfrentar. En una nación que valora la unión de las familias y la salvaguarda de los niños, yo era invisible. O los funcionarios de inmigración no me vieron, o decidieron mirar para otro lado. Nunca sabré qué sucedió. Pero sí sé que los estadounidenses podemos hacer las cosas de una manera mucho mejor. Podemos demostrar una mayor compasión y podemos presionar a nuestros líderes para proteger a los más vulnerables entre nosotros. Es una de las formas en que podemos ayudar a las personas que lo necesitan desesperadamente.

Servir a los demás: creo que ese es el propósito que tiene cada persona en este planeta. «La mejor manera de encontrarte a ti mismo es perderte en el servicio a los demás», dijo alguna vez Mahatma Gandhi. El doctor Martin Luther King, Jr., lo expresó de otra manera: «Toda persona tiene poder para la grandeza, no para la fama, sino para la grandeza, porque la grandeza está determinada por el servicio... No tienes que tener un título universitario para servir. No tienes que hacer que el sujeto y el verbo coincidan para servir. Sólo necesitas un corazón lleno de gracia». Podemos estar divididos sobre cómo llevar a cabo reformas, pero unámonos en nuestro deseo de dejar un nuestro planeta mejor de lo que lo encontramos.

Mi deseo de servir a los demás no se limita al tema de la reforma migratoria. He descubierto el poder de mi voto y el hecho de que cada uno de nosotros tiene ese poder. Quiero recordarles a todos los votantes, y sobre todo a los votantes nuevos, los jóvenes, que tenemos el poder de cambiar las políticas de nuestro país. A través de nuestros votos podemos asegurar también el derecho de toda mujer a un salario igual al de un hombre, podemos hablar de los derechos reproductivos, podemos asegurarnos de que nuestras políticas de salud pública incluyan mejores leyes de control de armas y sí, podemos trabajar para dejar un planeta más verde que el que encontramos. Entonces no se sorprendan si me ven abogando por una gama más amplia de derechos. La dignidad para los inmigrantes no es más que el comienzo.

Todavía no comprendo todas las razones por las que mi vida ha resultado así, pero esa ya no es la pregunta que más me importa. Lo que más me importa es cómo puedo convertir el trauma de mi experiencia en algún tipo de cambio significativo para mí y para los demás. No tiene ningún sentido pasar por una situación difícil si después los cambios son pocos. Eso es tan cierto para mí en lo personal como lo es para nosotros colectivamente. ¿El dolor tiene un propósito? No estoy segura. Pero podría tenerlo si le damos uno solo, y he decidido ver mi terrible experiencia como una oportunidad para ser la voz de millones de personas. Por el bien de todos los que vienen a nuestra tierra, espero que te unas a mí en esta causa.

¿Quieres saber más acerca del debate sobre la reforma migratoria y participar en él? Los siguientes son algunos recursos:

- Centro de Recursos de Inmigración (www.ILRC.org)
- Mi Familia Vota (www.mifamiliavota.org)
- Iniciativas Comunitarias para Visitar Inmigrantes en Confinamiento (CÍVICAS)—(*www.endisolation.org*)
- Red de Vigilancia de Detención (www.detentionwatchnetwork.org)

Agradecimientos

Las palabras no bastan para transmitir el amor abrumador y la gratitud que siento hacia todos aquellos que han caminado a través de las aguas más oscuras conmigo. Pero como las palabras son todo lo que tengo, aquí van. Gracias, porque sin su presencia en mi vida, yo no sería la persona que soy ahora. Necesitaría otro libro para nombrar a todos aquellos que han sido parte de mi viaje, y quiero que cada uno de ustedes sepa lo agradecida que estoy por darme una oportunidad, por ofrecerme un hombro para llorar en los momentos difíciles, y por aclamarme cuando no creí que pudiera seguir adelante. La siguiente lista es sólo para algunas de las personas que me gustaría mencionar por su nombre:

Mami: Gracias por ser valiente y por nunca renunciar a nuestra familia, incluso cuando las probabilidades en contra eran más grandes que el Monte Everest. Gracias por enseñarme el verdadero significado del amor.

Papi: Gracias por ser el caballero de buen corazón que eres. Puedo decir que soy feminista porque me enseñaste a creer en mí misma y a sentirme igual a los hombres. Me enseñaste a respetar a los demás y a ser respetada.

Para mis padres: Mami y Papi, gracias por ser la madre cariñosa y el padre que son, y por apoyarme en cada momento de mi vida, ya fuera que viviéramos cerca o lejos. Nunca dejaré de luchar por nosotros. Nunca.

Mi hermano: Gracias por ser mi hermano grande y por siempre ser tan cariñoso. Nunca sabrás lo mucho que te quiero.

Tía Milly: Gracias por siempre ser como eres sin importar lo demás. Gracias por enseñarme la importancia del altruismo y la bondad para con todas las personas. Gracias por respetarme y guiarme siempre con la mayor positividad y verdad. Gracias también por todos mis primos. ☺

Tío José Guerrero: Gracias porque en 1986 me bautizaste «Diane» cuando mi mamá estaba a punto de cometer el grave error de llamarme «Maria Emilia». Detuviste la imprenta, entraste al hospital y dijiste, «No, se llamará Diane». Gracias por siempre estar allí. Te quiero.

A todos mis tíos: Edgar Guerrero y Cachi, Pacho, Moiso Becerra: gracias por quererme y apoyarme siempre.

A todas mis tías: Maye, Omir, Tenda y Luceni Guerrero y Maria Eugenia Bohorquez: Gracias por ser las mejores tías que jamás podría soñar con tener, y gracias por transmitirme su sabiduría y sentido del cuidado. Gracias por hacerme sentir querida y por hacerme ver que tengo una familia.

Mis cuzzos: Alejandro Cobo, Gisella, Jackie, Dayron, Jasmine Alvarez, Harris Davino García y Jasmine Álvarez: gracias por amarme siempre, sin importar lo cursi que haya sido o que me las arreglara para seguir siéndolo.

Mis primos: Lina Maria Urbano, Omar, Sara, Aura María y Fabián Guerrero, Felipe, Juan Sebastián Becerra: gracias por ser dulces y cariñosos, sin importar el tiempo que pase sin vernos. Puedo sentir sus corazones y caras sonrientes a miles de millas de distancia. Además, *no me llamen Nanan por la mañana.*

Andrés Sanclemente: Mi cómplice. Desde las bromas que nos hacíamos de niños hasta nuestras ingeniosas réplicas que nunca acaban, atesoro nuestra relación. Gracias por siempre cubrirme la espalda y por ser una fuente de sabiduría y conocimiento para mí. Y gracias por tener las agallas de ser el único doctor de la familia. Te quiero, amigo.

Orfilia, Diana y Anthony: Gracias por estar siempre ahí para mi familia y para mí. Su amor y su apoyo han sido sumamente importantes en mi vida. Gracias por enseñarme la importancia de la limpieza y no de ser una malcriada.

Lucy: Mi familia y yo estamos muy agradecidos por tu amor y tu apoyo.

Ana: Gracias por darme la bienvenida cuando pensé que mi vida había terminado. Estuviste ahí para sostenerme y protegerme en el peor de los tornados. Tu fuerza como mujer es inquebrantable. Tú me enseñaste a espabilarme y a tratar de ganar la serie mundial. Gracias también por darnos a mí y a todos nosotros a Grisell. ☺

Grisell: Mi compañera de por vida. Escasamente pasa un momento en que no piense en nuestro tiempo juntas, desde la ventisca de 1996 a la época en que llegamos a ser hermanas de verdad. Te agradezco por ser siempre una mujer de palabra y por enseñarme a cuestionar el poder y luchar siempre contra él.

Stacy: Gracias por ser una amiga increíble de principio a fin. No estoy segura de que habría podido sobrevivir a la escuela secundaria sin ti. Eres lo máximo.

Diana: Gracias por llenar mi infancia de risas. Todavía pienso en nuestros días en clase, componiendo canciones y viendo cómo atormentar a la señora Clifford. ¡Jack! ¡Ja!

Emma y don Fernando: Gracias por dejarme conocer a su familia. Gracias por su calidez y por hacerme sentir querida, comprendida y especial. Ustedes reemplazaron a mis padres y nunca desentonaron. También, gracias por Nani. ☺

Stephanie, también conocida como Nani: Mi hermana de otro señor, gracias por compartir un pedazo de tu vida conmigo. Fue amor a primera vista en el concurso de Halloween, donde competimos vistiendo el mismo traje. Yo sabía que seríamos las mejores amigas de por vida, y eso ha demostrado ser cierto. Gracias por tu amor y confianza, mi amiga querida.

Academia de Artes de Boston: Gracias por salvarme. Gracias por proporcionarme un espacio y un currículo que me permitieron desarrollarme como artista y explorar mi potencial.

Kelly: Gracias por ser la mejor amiga blanca que una niña morena podría pedir. Me has mostrado la verdadera amistad una y otra vez, y sin ti, no habría logrado hacer lo que hecho en Nueva York. Eres mi ángel.

Kyle: Gracias por ser la mejor amiga asiática que una niña morena podría pedir. Gracias por escucharme siempre y ser madura y razonable. Si no hubieras estado en mi vida, en estos momentos estaría en el fondo de un pozo. Tu belleza y la bondad resuenan siempre, y soy afortunada de tenerte.

Vamnation Entertainment: Gracias por defenderme siempre, sea lo que sea. Jamás estaría aquí sin ustedes.

Josh Taylor: Gracias por ser el mánager más increíble que podría pedir. Gracias por ver algo en mí y por darme la oportunidad de mostrar lo que puedo hacer. Eres una parte integral de mi éxito y de mi cordura. Eres más que un mánager; eres mi amigo. Gracias.

Abrams Artists Agency: ¡Qué clasudos que son! Gracias por ser un equipo tan genial y por apoyarme siempre.

Danielle DeLawder: Eres una agente fenomenal, y, en serio, no sé qué haría sin ti. Gracias por creer en mí y mantenerme encarrilada y puntual, incluso cuando soy realmente pesada.

Steve Ross: Gracias por ser el mejor agente literario que hay en el planeta. Gracias por creer en mi historia y por animarme a asumir este proyecto. Este libro es posible debido a tu pasión y a tu poderosa labor de apoyo. Te aprecio, de verdad.

Jenji Kohan de *Orange is the New Black*: Gracias por darme una oportunidad, y por darle al mundo la oportunidad de llegar a conocerme. Nada de esto sería posible sin ti.

Elenco de *Orange is the New Black*: Ha sido un honor trabajar con personas tan talentosas e interesantes. Me siento muy agradecida de ser parte de esta familia.

Grisel Ruiz del ILRC: Gracias por inspirarme para hacer más. Verte dar tanto y dedicarte a este trabajo ha activado algo en mí que nunca creí que fuera posible. Me enseñaste que mi voz tiene más poder del que pueden tener el odio y la intolerancia. Gracias por ayudarme a descubrir mi propósito.

Gebe de Mi Familia Vota: Eres muy importante para mi trabajo. Gracias por tu orientación y espíritu generoso. No podría imaginarme haciendo nada de esto sin ti a mi lado.

P.D.: Conocer juntas al POTUS tampoco estuvo nada mal. ☺

Chicas de Regis: Gracias Abby Kuzia, Jaime Girard, Jen Vidrio, Sam Lynn y Paulette Benetti por ser mis compañeras de la universidad y por estar conectadas hasta el día de hoy. Las quiero, chicas.

Jackie: Nuestra amistad comenzó exactamente igual que la escena de *Forrest Gump*, donde todos los asientos están ocupados, pero Jenny le dice a Forrest: «Puedes sentarte aquí si quieres». Gracias por dejarme sentar contigo en el primer día de clases. Gracias por ser mi chica a lo largo de este viaje increíble.

Mis socios y socias: Gracias a todas estas hermosas almas en mi vida: Nathan Anthony, B.B., Lesley Coehlo, Amaris Delgado, Dascha Polanco, Selenis Leyva, Uzo Aduba, Lea DeLaria, Emma Myles, Danielle Brooks, Adrienne Moore, Esther Caporale, Erica Lavelanet, Ahn Mai, Dan Libman, Peter Berkrot, Alex Metz, Gina Rodríguez, Shane Patrick Kerns, Michael Harney, Doreen Maya, Susan Batson Studios.

Toni: *Mama*, gracias por ser siempre una fuerza tan positiva en mi vida, y por mostrarme una bondad y una abnegación verdaderas. Nadie podría compararse contigo, pero espero que los valores con los que has vivido tu vida se manifiesten de alguna manera en la mía. Trabajaré duro y seré digna de tu hermosa familia y haré que te sientas orgullosa. Eres una verdadera luz en mi vida, y no hay un solo día que no piense en ti. Te amo.

J: Mi amor, gracias por ser mi pareja y mi mejor amigo. Gracias por la confianza y el apoyo que me has dado desde el primer día que te conocí. Gracias por ser paciente conmigo y con mi personalidad tan pintoresca, y gracias por no rehuir potencialmente de uno de los grandes amores de la historia. Eres único, y soy una chica muy afortunada. Así que date prisa y proponme matrimonio, mi amor. El resto de nuestras vidas nos espera.

Gianna: Oh, Bethany, gracias por ser la mejor *sisi*. Gracias por ser tan querida y cuidadosa. Me encanta pasar tiempo contigo y no puedo esperar a que nuestra relación crezca en un hermoso árbol de Navidad. Siempre estaré aquí para ti como tu gran *sisi* porque eres mala.

Jim: Gracias por ser tan generoso y acogedor. Eres un padre maravilloso, y te doy las gracias por compartir tu hermosa familia conmigo. Espero que el futuro le depare lo mejor a nuestras familias. Gracias también por J. ☺

Mi coautora, Michelle Burford: *Chiiiiica*, gracias por todo ese trabajo tan duro. Este libro es, literalmente, una realidad sólo gracias a ti. Gracias por tu paciencia conmigo, y por tu inteligencia de principio a fin. Agradezco lo bien que has entendido mi visión, y la manera en que me has ayudado a darle vida por medio de este libro de memorias. Y sobre todo, gracias por manejar mi historia con tanto cuidado y sensibilidad.

* * *

Realmente, se requiere de una gran cantidad de personas para armar un libro de memorias, y mi equipo en Holt ha sido absolutamente increíble. Gracias a Gillian Blake y a Serena Jones, que creyeron en mi historia desde nuestra primera reunión y me han apoyado hasta el final. Serena, gracias también por ser una redactora de primera clase. Un agradecimiento especial a Patricia Eisemann y a Leslie Brandon en el departamento de publicidad. Mucho aprecio también para David Shoemaker, Meryl Levavi, Molly Bloom, el extraordinario equipo de ventas en Macmillan, y a cada persona, tanto a los mencionados públicamente, como a los que están detrás de las escenas, y quienes colaboraron en este proyecto. Estoy muy agradecida tanto por su competencia como por su entusiasmo con este libro.

Acerca de las autoras

DIANE GUERRERO actúa en el exitoso programa *Orange Is the New Black* y en *Jane the Virgin*. Es voluntaria en la organización sin fines de lucro Immigrant Legal Resource Center, así como en Mi Familia Vota, una asociación que promueve la participación de la sociedad civil. Es, además, Embajadora de Ciudadanía y la Naturalización, nombrada por la Casa Blanca. Vive en la ciudad de Nueva York.

MICHELLE BURFORD es editora fundadora de *O, The Oprah Magazine* y autora de muchos libros éxitos de venta, entre los que se cuentan ilas memorias de la gimnasta olímpica Gabby Douglas, la cantante Toni Braxton y de Michelle Knight, sobreviviente del Secuestro de Cleveland.